W0171443

ANDREA BACHMANN

Tübingen
Der Stadtführer

Oertel+Spörer

Darstellung Stadtplan und Touren: © Kartografie Anneli Nau, München

Bibliografische Information der Deutschen Nationalbibliothek

Die Deutsche Nationalbibliothek verzeichnet diese Publikation in der Deutschen Nationalbibliografie; detaillierte bibliografische Daten sind im Internet über http://dnb.d-nb.de abrufbar.

Besuchen Sie uns im Internet: **www.oertel-spoerer.de**

© Oertel + Spörer Verlags-GmbH + Co. KG · 2010
Postfach 1642 · 72706 Reutlingen
Alle Rechte vorbehalten
Schrift: Slimbach 8,7/11 pt
Satz und Repro: Uhl + Massopust GmbH, Aalen
Druck und Bindung: Oertel + Spörer Druck und Medien-GmbH + Co., Riederich
Umschlaggestaltung: Bertele Büro für Gestaltung, Tübingen
Englische Übersetzung: David Whitehead, Backnang
Printed in Germany
ISBN: 978-3-88627-439-0

Inhalt

Grußwort 5
Vorwort 6

Stadtgeschichte im Überblick 8

Alemannische Wurzeln 10
Von der Siedlung zur Stadt 11
Tübingen bekommt eine Universität 13
Wechselhafte Zeiten 15
Blütezeit 18
Kriegswirren und ihre Folgen 19
Beginn einer konsequenten Stadtentwicklung 22
Gründerzeit und wirtschaftlicher Aufschwung 24
Tübingen zwischen den Weltkriegen 26
Aufschwung und Wachstum 27
Kultur und Wissenschaft heute 29
Tübingen wird „grün" 30
🇬🇧 Overview of Town History 33
🇫🇷 Histoire de la ville de Tübingen 37

Unterwegs in der Oberstadt 42

Der Marktplatz 44
Das Rathaus 45
Der Neptunbrunnen 47
Das Schlossportal 48
Die Schlossanlage 50
Rund ums Schloss 51
Eine kleine „Baugeschichte" 52
Vom Schloss zur Münzgasse 53

Das Evangelische Stift 55
Die Burse 57
Der Hölderlinturm 58
Die Stiftskirche 60
Die Alte Aula 63
Das Martinianum 63
Das Cotta-Haus 64
Der Holzmarkt 65
Der Bebenhäuser Pfleghof 66
Am Lustnauer Tor 67
Die Neue Aula 67
Die Universitätsbibliothek 69
🇬🇧 Upper town 70
🇫🇷 La ville haute 75

Unterwegs in der Unterstadt 80

„Tübinger Rebmännle" 82
Das Stadtmuseum 83
Der „Löwen" 86
Krumme Brücke – Judengasse 86
Die Ammergasse 87
Der Haagtorplatz 88
Die Jakobuskirche 91
Der Fruchtkasten 94
Die Tübinger Kelter 96
„Am grünen Meer" 96
St. Johannes 97
Collegium illustre – Wilhelmstift 98
Das Nonnenhaus 100
🇬🇧 Lower town 103
🇫🇷 La ville basse 106

Unterwegs im Süden 110

Die Volkshochschule 115
Der Lorettoplatz 115
Lilli-Zapf-Straße 117

Gölzstraße   117
Katharinenstraße   118
Königsberger Straße   119
Aixer Straße   119
Bei den Pferdeställen   120
Panzerhalle   121
Werkstadthaus   122
Platz des Unbekannten Deserteurs   123
Provenceweg   124
🇬🇧 The South   127
🇫🇷 Les nouveaux quartiers au sud de Tübingen   130

Unterwegs zur Kunst   134

Galerie Gottschick   136
Deutsch-Amerikanisches Institut   137
Der Hölderlinturm   138
Museum Schloss Hohentübingen   138
Antiquitätengeschäfte   140
„Marquardtei"   140
Ugge Bärtle – Skulpturengarten und Atelierräume   140
Das Stadtmuseum   141
Druck und Buch   143
Der Tübinger Künstlerbund   144
Kulturhalle   145
Kunstamt   146
Die Shedhalle   146
Kunst im Salon   147
Galerie Grießhaber   148
Galerie wenke kunst   148
Kunsthalle   149
🇬🇧 Art   151
🇫🇷 Musées et Galéries   154

Unterwegs im Grünen   158

Der Tübinger Stadtfriedhof   160
Der Alte Botanische Garten   162
Über die Mühlstraße zur Neckarbrücke   163
Die Neckarinsel   164
Die Alleenbrücke   169
Der Tübinger Schlossberg   169
Das Goethehäuschen   170
Der Tübinger Bismarckturm   171
Ins Ammertal nach Schwärzloch   172
🇬🇧 Open spaces   174
🇫🇷 Sous les arbres   176

Serviceteil   180

Unterwegs im Rollstuhl   182
Ausflüge in die Umgebung   187
24 Stunden Tübingen   196
Essen und trinken   198
Bummeln und einkaufen   203
Feste und Märkte   208
Tübingen für Kinder   212
Sport und Freizeit   217
Museen und Galerien   219
Theater und Literatur   222
Musik und Film   225
Übernachten   229
Noch mehr Tübingen   231

Dankeschön   232
Literatur   234
Bildnachweis   235
Register   236

Liebe Gäste, liebe Tübingerinnen und Tübinger, liebe Reigschmeckte und Einheimische!

Tübingen, die „große kleine Stadt": den meisten Zeitgenossen gilt unsere altehrwürdige Universitätsstadt als Ort der Kultur, der Musen und der Tradition. Mit Recht: Als Sitz einer Universität mit einer langen Geschichte ist Tübingen mit seinen 87.000 Einwohnern bis heute ein wichtiges Zentrum für Bildung und Wissenschaft. Etwa 23.000 junge Leute studieren hier und verleihen der Stadt ein junges, internationales Flair. Mit seinen Bibliotheken, Theatern, Kinos, Museen, Kunstgalerien und zahlreichen weiteren Kultureinrichtungen spielt Tübingen eine wichtige kulturelle Rolle für die gesamte Region.

Tübingen ist auch überregional bedeutendes Behördenzentrum und, weltweit vernetzt, attraktiver Standort für die Wirtschaft. Die Stadt besitzt eine dichte und vielfältige urbane Struktur, in der sich malerische historische Quartiere mit jungen, neu entstehenden Stadtteilen verbinden – städtebauliche Projekte, die vielfach ausgezeichnet wurden. Tübingen ist aber auch eine Stadt mit vielen grünen Inseln und einem überaus reizvollen Umland, eine Stadt übrigens, die sich einer nachhaltigen Umwelt- und Klimaschutzpolitik verschrieben hat.

Gästen wie Einheimischen bietet sich einiges: Neben mannigfachen Einkaufsmöglichkeiten laden zahlreiche Straßencafés und Weinstuben, gemütliche Studentenkneipen und Restaurants zum Bummeln und zum Verweilen ein. Und übers Jahr verteilt locken zahlreiche Feste wie das Stadtfest, der Umbrisch-Provenzalische Markt, die chocolART oder der Weihnachtsmarkt viele Besucherinnen und Besucher an.

Ich lade Sie herzlich ein, die vielen Facetten Tübingens besser kennen zu lernen – dieser Stadtführer wird Ihnen dabei helfen.

Boris Palmer
Oberbürgermeister der
Universitätsstadt Tübingen

Vorwort

Dieses Buch ist eine Liebeserklärung: Ganz gleich, ob Sie für einen Tag oder eine Woche nach Tübingen gekommen sind, ob Sie ein Semester hier verbringen wollen oder den Rest Ihres Lebens, ob Sie neu in dieser Stadt sind oder schon immer hier gelebt haben: Es ist unmöglich, dem Charme Tübingens zu widerstehen, das gleichzeitig verträumt und quicklebendig, alt und jung, international und urschwäbisch ist.

Vor über zwanzig Jahren bin ich vom äußersten Norden Deutschlands hierhergekommen. Ich habe in Tübingen gerne und lange studiert. Ich habe zumindest passive Schwäbischkenntnisse erworben und gelernt, dass Nudeln und Linsen zusammen gegessen werden können. Und ich habe mich verliebt. In Hölderlin und Mörike. In verwinkelte Altstadtgassen und viele Buchhandlungen, in die wunderschöne Tübinger Umgebung und das üppige Kulturangebot. In eine kleine Stadt, die keine Kleinstadt ist. Es gefällt mir, dass ich jeden Abend ausgehen kann und keine zehn Minuten laufen muss, um mich auf eine Wiese legen zu können. Es gefällt mir, dass im Straßencafé immer dieselben Gesichter sitzen und dass immer neue darunter sind.

Mittlerweile lebe ich mit meinen vier Kindern im Herzen der Tübinger Altstadt. Sie sind alle mit Ammerwasser getauft und verstehen Schwäbisch längst besser als ich. Gemeinsam trotzen wir tapfer dem Taubenmist und den akustischen Konsequenzen studentischer Vergnügungssucht. Wir bezahlen ohne zu murren eine astronomische Miete für eine Wohnung ohne Garten und Balkon. Wir genießen es, autofrei zu leben, die komplette Altstadt als Abenteuerspielplatz für uns zu haben, viele verschiedene, meist liebenswerte Menschen um uns herum, Kinderuni, Freibad, Musikschule und Kino direkt vor der Haustür und Ammertal und Schönbuch als Wochenendalternative zum Tübinger Kopfsteinpflaster.

Seit zehn Jahren habe ich die Stadt zu meinem Beruf gemacht.

Ich führe Gäste aus nah und fern durch die Altstadt und den Tübinger Süden. Ich erzähle ihnen von den Menschen, die hier gelebt und der Welt etwas gegeben haben, und von den Ereignissen, die sich in den Straßen und auf den Plätzen dieser Stadt zugetragen haben. Ich steige mit ihnen auf den Stiftskirchenturm hinauf und hinunter in den Karzer der Universität. Ich wandere mit ihnen nach Schwärzloch und auf dem Jakobsweg nach Rottenburg. Und ich schicke sie essen und einkaufen und abends ins Theater.

Einige dieser Stadtführungen gibt es jetzt auch in schriftlicher Form. Lassen Sie sich die Universitätsstadt Tübingen von mir zeigen und lassen Sie sich mit mir auf diese Stadt ein. Natürlich müssen Sie einen Altstadtbummel machen, Stocherkahn fahren und schwäbisch essen gehen. Aber Tübingen hat noch viel mehr zu bieten als diesen touristischen Dreierschritt. Kommen Sie mit und sehen Sie es sich an. Ich bin sicher, Sie werden mich verstehen, wenn ich sage: Ich will hier nicht mehr weg.

Andrea Bachmann
im Februar 2010

**In Tübingen unterwegs –
Bunte Touren durch die Stadt**
In fünf ausgewählten Spaziergängen werden Sie durch verschiedene Teile der Stadt geführt. Die Spaziergänge haben unterschiedliche thematische Schwerpunkte und sind zur besseren Orientierung farbig gekennzeichnet. Die farbigen Hinweise deuten auf

eine genauere Beschreibung in einer anderen Tour hin (Bsp.: **8** bedeutet: Unterwegs im Grünen Nr. 8).

Rot: Unterwegs in der Oberstadt
Orange: Unterwegs in der Unterstadt
Blau: Unterwegs im Süden
Lila: Unterwegs zur Kunst
Grün: Unterwegs im Grünen

Die Neckarfront mit Stiftskirche

Stadtgeschichte
im Überblick

Stadtgeschichte im Überblick

Seit Jahrhunderten schon siedelten und lebten Menschen auf dem Gebiet der Altstadt. Kommen Sie mit auf einen Gang durch Tübingens Stadtgeschichte, von den alemannischen Anfängen über die Zeit der Staufer bis zur Herrschaft des Hauses Württemberg, von der Zeit des ersten und zweiten Weltkrieges bis in unsere heutigen Tage.

Alemannische Wurzeln

Schon in der mittleren Steinzeit, als die Menschen noch als Jäger und Sammler unterwegs waren, haben sie einige wenige Spuren in der Umgebung der Stadt hinterlassen.

Vom 8. bis zum 6. Jahrhundert v. Chr. wurden Grabhügel an verschiedenen Stellen des heutigen Stadtgebietes angelegt. Sie werden noch heute Römergräber genannt, obwohl die Römer, die nach den Kelten die Region besiedelten, sich im benachbarten Rottenburg, das sie Sumelocenna nannten, niederließen und nicht in Tübingen.

Das heutige Tübingen geht auf alemannische Siedlungen zurück. Die Alemannen waren ein germanischer Stammesverband, der sich erfolgreich gegen die römische Vorherrschaft zur Wehr setzte. Gegen Ende des 3. Jahrhunderts zogen die Römer ab oder integrierten sich in der nachfolgenden Bevölkerung. Neue Siedlungen entstanden. Die Namen der meisten von ihnen enden auf die Silbe -ingen. Diese Orte gehen vermutlich auf den Namen dessen zurück, der sie gegründet hat. In Tübingen wird das ein gewisser Tuwo gewesen sein. Tübingen bedeutet also so viel wie: „Bei Tuwos Leuten". Über diese wissen wir so gut wie nichts, erst einige Reihengräberfriedhöfe aus dem 6. Jahrhundert liefern wenige Informationen über die Anfänge der heutigen Stadt. Diese Friedhöfe wurden bei Bauarbeiten 1936 und 1969 in der Münzgasse direkt vor der Stiftskirche gefunden.

Das deutet jedoch nicht darauf hin, dass es an dieser Stelle eine Art „Urdorf" gegeben hätte, aus dem sich die Stadt entwickelt hat. Vermutlich gab es mehrere Gehöfte oder Kleinsiedlungen, von denen einige größer wurden und zusammenwuchsen, während andere wüst fielen.

Nachdem 1050 mit der Errichtung der Burg begonnen wurde, baute man Tübingen relativ systematisch zu einem Herrschaftsmittelpunkt aus. Die Grafen von Tübingen waren zu dieser Zeit eine angesehene Familie des Hochadels. Sie besaßen Liegenschaften im Schwarzwald, am Neckar, an der Donau und auf der Schwäbischen Alb. Als 1078

der Name Tübingen zum ersten Mal erwähnt wurde, musste es schon ein ziemlich wichtiger Ort gewesen sein: Heinrich VI. war nach seinem Gang nach Canossa in Schwaben eingefallen und belagerte die Burg der Grafen von Tübingen. Über dieses Ereignis wird in einer Urkunde berichtet. Wären Burg und Siedlung völlig unbedeutend gewesen, hätte niemand die Mühen einer Belagerung auf sich genommen.

Von der Siedlung zur Stadt

1140 verlieh Stauferkönig Konrad den Tübinger Grafen die Pfalzgrafenwürde, damit spielten sie eine wichtige Rolle auf dem politischen Schachbrett des Heiligen Römischen Reiches deutscher Nation. Auf

Hohentübingen muss sich damals der ganze Glanz der Stauferzeit entfaltet haben: Man konnte in einem Garten mit edlen Tieren lustwandeln und der Minnesänger

Der Ammerkanal

Heinrich von Rugge besang die Schönheit der Frauen und die Herrlichkeit der Stauferkaiser.

Von diesen erhielten die Pfalzgrafen das Recht, mit ihren Silbervorkommen aus dem Schwarzwald eine Münze zu prägen, den „Tübinger Pfennig". Um diese Münze in Umlauf bringen zu können, brauchte man einen Markt, der im 11. Jahrhundert eingerichtet wurde und einen bedeutenden Schritt in Tübingens Entwicklung zur Stadt darstellte; 1231 wird der Ort zum ersten Mal auch als solche bezeichnet.

1150 wurde die kleine Pfarrkirche abgerissen und durch eine neue romanische Basilika ersetzt. 1200 wurde mit dem Bau der Jakobuskirche begonnen. Außerhalb der Stadt wurde von dem Fluss Ammer ein Kanal abgeleitet, der die Stadt mit Brauchwasser versorgte und als Wasserkraftwerk genutzt wurde. In der ersten Hälfte des 13. Jahrhunderts begann man außerdem mit dem Bau der Stadtmauer, die nicht nur eine Verteidigungsanlage war, sondern auch ein Prestigeobjekt, ein wichtiges Zeichen urbaner Kultur.

Die Stadt wächst schnell. Neben den Bürgern, die auf der oder für die Pfalzgrafenburg arbeiten, und den Händlern kommen auch immer mehr Bauern in die Stadt. Unter den Handwerkern stellen die Münzer, die Gerber und die Tuchmacher die stärksten Gruppen. Wein und Getreide waren die wichtigsten Handelswaren. Es entstand so etwas wie eine soziale Infrastruktur. Augustiner-Eremiten und Franziskaner bauten Klöster in der Stadt und kümmerten sich um die seelische Betreuung der Bevölkerung. Im Spital wurde für Alte und Kranke gesorgt und ein Sondersiechenheim außerhalb der Stadt nahm Menschen mit ansteckenden Krankheiten auf. Seit 1312 gab es eine Lateinschule.

1280 kam es zum ersten großen Stadtbrand, der etwa 150 Häuser im

Bereich der heutigen Kornhausstraße vernichtete. Stadtbrände werden das Gesicht Tübingens in den kommenden Jahrhunderten stärker prägen als die Folgen kriegerischer Auseinandersetzungen.

Mit der Hinrichtung Konradins, eines Enkels Friedrich II., in Neapel wurde der Untergang der Staufer besiegelt und damit verloren auch ihre Parteigänger, die Tübinger Pfalzgrafen, ihre politische Bedeutung. Dazu kam eine ungeschickte Familienpolitik; die Dynastie zersplitterte immer mehr, was einen weiteren Aufstieg verhinderte. Missernten, Geldentwertung und kriegerische Auseinandersetzungen verschärften die Situation. Ende des 13. Jahrhunderts bekommt auch Tübingen die Auswirkungen der Verarmung der Pfalzgrafen zu spüren.

Davon profitierten im Wesentlichen das Zisterzienserkloster Bebenhausen, das sich wenige Kilometer von Tübingen in schönster Schönbucheinsamkeit befindet, und die Grafen von Württemberg. Zunächst versuchten die Pfalzgrafen, die Stadt an das Kloster zu verpfänden, entschlossen sich aber 1342 zum endgültigen Verkauf von Stadt und Burg an die Grafen. Tübingen verlor seine Funktion als zentraler Herrschaftsort und gehört seitdem zu Württemberg.

Trotz alledem blieb Tübingen eine große, wohlhabende Stadt mit einer gut funktionierenden Infrastruktur. Das bürgerschaftliche Selbstbewusstsein zeigte sich nicht zuletzt 1435 im Bau eines stattlichen Kauf- und Rathauses auf dem Marktplatz. 1453 wurde wenige Meter vom Marktplatz entfernt ein Kornhaus errichtet, wo der gesamte Getreidehandel der Stadt stattfand, in dem aber auch eine sogenannte Bürgerstube für kulturelle und gesellschaftliche Veranstaltungen eingerichtet wurde.

Tübingen bekommt eine Universität

1477 gründete Graf Eberhard im Bart in Tübingen eine Universität, die das Leben und die Stellung der Stadt bis auf den heutigen Tag beeinflusst. Was die Erfindung des Buchdrucks, die Entdeckung Amerikas oder die Eroberung von Konstantinopel für ganz Europa war, bedeutete die Universitätsgründung für die Stadt am Neckar: den Beginn der Frühen Neuzeit.

Die Gründung einer Universität ist mit einem hohen bürokratischen und finanziellen Aufwand verbunden. Vor allem die dafür notwendige päpstliche Erlaubnis stellte Graf Eberhard vor Schwierigkeiten, denn es gab im Südwesten mit Heidelberg, Ingolstadt, Basel und Freiburg eigentlich genug Universitäten. Außerdem war die Gründung einer solchen Hohen Schule auch eher Sache eines Erzherzogs oder eines hohen kirchlichen Würdenträgers als die eines einfachen Grafen. Hier kam Graf Eberhard zugute, dass er mit einer italienischen Markgrafentochter verheiratet war, Barbara von Mantua aus dem Hause Gonzaga. Deren Familie verfügte über beste Beziehungen zum Heiligen Stuhl, was die diplomatischen Bemühungen um die Lizenz zur Universitätsgründung stark vereinfachte.

Finanzielle Unterstützung erhielt Eberhard vor allem von seiner Mutter Mechthild von der Pfalz. Sie verlegte die Propstei und acht Kanonikate samt Pfründen des reichen Augustiner-Chorherrenstiftes aus Sindelfingen, das Teil ihres Witwengutes war, an die Georgskirche in Tübingen und schaffte so die materielle und personelle Basis für die Realisierung der Hochschulpläne ihres Sohnes. Darüber hinaus erließ sie ihm die Zölle für den Holztransport auf dem Neckar, die einzunehmen sie berechtigt war. Auf diese Weise konnte Eberhard das für den Bau eines Universitätsviertels in großen Mengen benötigte Bauholz günstig aus dem Schwarzwald nach Tübingen schaffen – übrigens ein Grund, weswegen Tübingen und keine andere württembergische Stadt zum Universitätsstandort bestimmt wurde.

Mit der Unterstützung der beiden klugen, gebildeten und reichen Frauen und seines Lehrers, Johannes Vergenhans, der der erste Kanzler der Universität wurde, gelang es Eberhard, sein Vorhaben wie geplant zu verwirklichen. Am 1. Oktober 1477 nahm die Universität ihren Lehrbetrieb auf.

Die Gründung der Universität zog natürlich eine rege Bautätigkeit nach sich. Die alte romanische Pfarrkirche war schon 1470 abgerissen worden, um einer größeren, moderneren und repräsentativeren Kirche Platz zu machen. Deren Bauherrin war unter anderen Barbara von Mantua, deren Wappen deshalb auch heute noch über dem Eingangsportal der Kirche zu sehen ist. Außerdem entstanden großzügige Universitätsgebäude wie die Sapienz, die Vorläuferin der Alten Aula, die Burse oder die juristische Fakultät in der Münzgasse, in deren Keller das universitätseigene Gefängnis, der Karzer, eingerichtet wurde.

Die Universität verschaffte der Stadt einen wirtschaftlichen Aufschwung, was sich wiederum in der Entwicklung der gesamten Stadt niederschlug. Rathaus und Kornhaus wurden erweitert, die Jakobuskirche umgebaut, und es entstanden viele neue großzügige Bürgerhäuser. Die Stadt wuchs: Um 1500 hatte Tübingen etwa 3500 Einwohner.

Die Universität war aber nicht nur Renommierobjekt und Wirtschaftsfaktor, sondern auch eine eigene Verwaltungskörperschaft mit eigener Gerichtsbarkeit. Die „cives academici", wie die Universitätsangehörigen genannt wurden, genossen weit reichende Privilegien: nicht nur Professoren und ihre Familien, sondern auch alle, die für die Universität arbeiteten, ohne direkt zum akademischen Korps zu gehören – Buchdrucker, Apotheker, Verwaltungsbedienstete. Jahrhundertelang werden in Tübingen zwei verschiedene Gruppen leben: Die Bürger der Universität und die Bürger der Stadt. Sie werden durch dieselben Straßen gehen, ihr Brot bei demselben Bäcker kaufen und in derselben Kirche beten. Man musste sich miteinander arrangieren, was mal mehr, mal weniger gut funktioniert hat.

Wechselhafte Zeiten

1496 stirbt Graf Eberhard. Sein Nachfolger, Herzog Ulrich, der Sohn eines Cousins, übernahm 1503 im Alter von 16 Jahren die Regierung. Mit einer übertrieben aufwändigen Hofhaltung und massiver Misswirtschaft häufte er immer mehr Schulden auf, die er über Steuererhöhungen zu tilgen versuchte. Gegen ihn erhob sich daraufhin im Remstal der Aufstand vom „Armen Konrad", der sich rasch in großen Teilen Württembergs ausbreitete. Um die Lage zu stabilisieren, berief der Tübinger Obervogt Konrad Breuning einen Landtag mit Vertretern der württembergischen Städte ein, der sich mit dem Abbau der Schulden und der Niederwerfung des Bauernaufstands befasste. Breuning und

Münzgasse

Innenhof des Evangelischen Stiftes

der württembergischen Ehrbarkeit gelang es, sich politische Mitspracherechte wie ein Vetorecht bei Landesveräußerungen und Kriegserklärungen und den freien Zuzug von Bürgern zu sichern. Der „Tübinger Vertrag", der 1514 unterzeichnet wurde, ist als „Magna Charta Württembergs" in die Geschichte eingegangen. Obwohl dessen Inhalt nur eine ganz kleine Marge der Bevölkerung betraf, ist er doch ein erster Schritt in Richtung Demokratie. Herzog Ulrich unterzeichnete den Vertrag zähneknirschend. Nur drei Jahre später wird er diese Einschränkung seiner Macht mit der Missach-

tung des Vertrags rächen und Konrad Breuning öffentlich zu Tode foltern lassen. Trotzdem wird der Tübinger Vertrag noch jahrhundertelang die württembergische Verfassung prägen.

Es war nicht das einzige Mal, dass Herzog Ulrich sich über Recht und Gesetz hinwegsetzte. Nach einem Überfall auf die freie Reichsstadt Reutlingen sprach der Kaiser gegen ihn die Acht aus. 1519 wurde Ulrich vom Schwäbischen Bund vertrieben und Kaiser Karl V. übergab Württemberg seinem Bruder, dem Erzherzog Ferdinand von Österreich.

Unter der habsburgischen Herrschaft verlor Tübingen an Bedeutung und versank in wirtschaftlicher und kultureller Bedeutungslosigkeit. Das änderte sich 1534: Herzog Ulrich eroberte sich Württemberg zurück und führte die Reformation ein.

Das hatte weit reichende Folgen für alle Lebensbereiche, die im protestantischen Sinn neu geregelt werden mussten. Der Universität fiel bei dieser Neuordnung eine wichtige Rolle zu und Tübingen rückte wieder an eine zentrale Position. Katholische Professoren wurden durch evangelische ersetzt, die den Neuanfang oft positiv zu nutzen verstanden und neue Impulse für die Universität brachten wie zum Beispiel der Direktor der medizinischen Fakultät, Dr. Leonhart Fuchs.

Die Rolle der Kirche änderte sich: Klöster wurden aufgehoben, die Kirchen häufig von Bilderstürmern leer geräumt und die Feiertage reduziert. 1537 wurde der Chor der Stiftskirche zur Grablege für die württembergischen Grafen und Herzöge umfunktioniert. Damit verlor er seine Funktion als liturgischer Ort und wurde stattdessen zu einer Stätte staatlicher Repräsentation.

Damit die Reformation überhaupt durchgesetzt werden konnte, richtete Herzog Ulrich in dem ehemaligen Augustiner-Eremitenkloster eine Ausbildungsstätte für den württembergischen Pfarrernach-wuchs ein. Diese bot den Söhnen aus allen Bevölkerungsschichten Württembergs die Möglichkeit eines kostenlosen Theologiestudiums. Diese besondere Form der Ausbildung, einzigartig in Deutschland und, modernen gesellschaftlichen Bedürfnissen angepasst, noch immer möglich, war Chance und Risiko zugleich.

Einerseits bot sie Landeskindern aus bescheidenen Verhältnissen die Möglichkeit des sozialen Aufstiegs. Das Paradebeispiel ist der Astronom und Begründer der modernen Naturwissenschaft, Johannes Kepler, der Ende des 16. Jahrhunderts als Sohn eines Söldners und der Wirtin eines Bierausschanks ohne ein Stiftsstipendium kaum in den Genuss einer akademischen Ausbildung gekommen wäre. Studieren war teuer und deshalb Söhnen aus reichen Familien vorbehalten. Am Stift zählte allein das Talent. Aus diesem Grund konnte sich hier eine intellektuelle Elite herausbilden, die ihresgleichen suchte. Andererseits durchliefen jetzt alle zukünftigen Pfarrer in Württemberg dieselbe Ausbildung. Das führte dazu, dass es in Württemberg zur Herausbildung einer sehr homogenen Pfarrerschicht kam, die noch heute das Bild des „Schwäbischen Pfarrhauses" prägt, das die Tübinger Schriftstellerin Ottilie Wildermuth bereits im 19. Jahrhundert humorvoll-satirisch porträtiert hat.

Blütezeit

Zwischen der Reformation und dem Dreißigjährigen Krieg erlebte Tübingen eine Blütezeit, die noch heute das Stadtbild prägt. Die Universität genoss einen internationalen Ruf und der Weinbau, Tübingens wichtigster Wirtschaftsfaktor, warf genug Geld ab: Die Stadt wurde größer und schöner. Zunächst war es wieder ein Brand, der 1540 die Häuser zwischen Marktplatz und Stiftskirche vernichtete. Während des Wiederaufbaus entstanden jedoch die prächtigen hohen Bürgerhäuser mit den schönen Fachwerkfassaden, die wir noch heute bewundern können. Die

Wilhelmstift

Friedhöfe wurden jenseits der Stadtmauer an das Ufer der Ammer verlegt. Auf dem ehemaligen Kirchhof bei der Stiftskirche baute man 1587 die erste Mädchenschule.

1588 schließlich errichtete Herzog Ludwig von Württemberg auf den Ruinen des 1540 ebenfalls abgebrannten Franziskanerklosters in der heutigen Collegiumsgasse das sogenannte Collegium illustre. In diesem weltlichen Gegenstück zum Evangelischen Stift sollten moderne Staats- und Verwaltungsbeamte ausgebildet werden. Das Collegium wurde aber rasch zu einer elitären Ritterakademie, in der der junge protestantische Adel Europas das lernte, was man zum Adligsein brauchte: Rechts- und Kameralwissenschaften, moderne Fremdspra-

chen für die Kavalierstour durch Europa, Tennis, Fechten, Reiten, Tanzen. Für die Stadt bedeutete das zwar eine weitere Belastung durch noch mehr junge Männer, die zu Pferde durch die Straßen preschten, dem Alkohol in meist übertriebener Weise zusprachen, Krach machten und die Mädchen belästigten, aber auch eine Menge Kaufkraft, denn die 120 Collegiaten ließen nicht nur in den gastronomischen Betrieben ihr Geld liegen, sondern beschäftigten auch Stammbuchmaler und Handschuhmacher, Waffenschmiede und Schneider.

Kriegswirren und ihre Folgen

Spätestens 1634 ist es mit den guten Zeiten vorbei. Zuvor hatte der Dreißigjährige Krieg Tübingen nur Randerscheinungen wie Truppendurchzüge und Wirtschaftskrisen beschert. Nach der Schlacht bei Nördlingen wurde Tübingen jedoch mit dem gesamten Herzogtum zum Opfer eines gnadenlosen und brutalen Krieges. Der Herzog, Eberhard III., floh nach Straßburg und ließ das Land schutzlos zurück. Das Rückgrat der württembergischen Wirtschaft, Ackerflächen und Weinberge, wurde verwüstet, marodierende Soldaten zogen plündernd durch Städte und Dörfer und was die Soldaten verschonten, holte schließlich noch die Pest. Am Ende des Krieges lebte von der ursprünglichen Bevölkerung noch etwa ein Drittel und das Land war völlig zerstört. Ein wirklicher Wiederaufbau wurde durch ständige kriegerische Auseinandersetzungen verhindert und Tübingen startete unter denkbar schlechten Voraussetzungen ins 18. Jahrhundert.

Noch immer lebte die Stadt hauptsächlich vom Weinbau und von der Universität. Dabei gliederte sich Tübingen in drei Bereiche: Zwischen Stiftskirche, Evangelischem Stift und dem Marktplatz befand sich das Universitätsviertel, in dem die Professoren, die Studenten, die Angehörigen akademischer Berufe und die Kaufleute in stattlichen Bürgerhäusern lebten. In dem Bereich, der von der Metzgergasse über die Froschgasse bis zum Haagtor reichte, waren die Handwerker zu Hause. Die Häuser sind kleiner, aber immer noch relativ urban und repräsentativ. In der unteren Stadt schließlich, rund um die Jakobuskirche, war der Eindruck eher der eines Dorfes als einer Stadt: Hier waren die Weingärtner und Ackerbauern zu Hause.

Das respektable Aussehen des Universitätsviertels war allerdings nur noch schöner Schein: Die Universität war längst völlig herunterge-

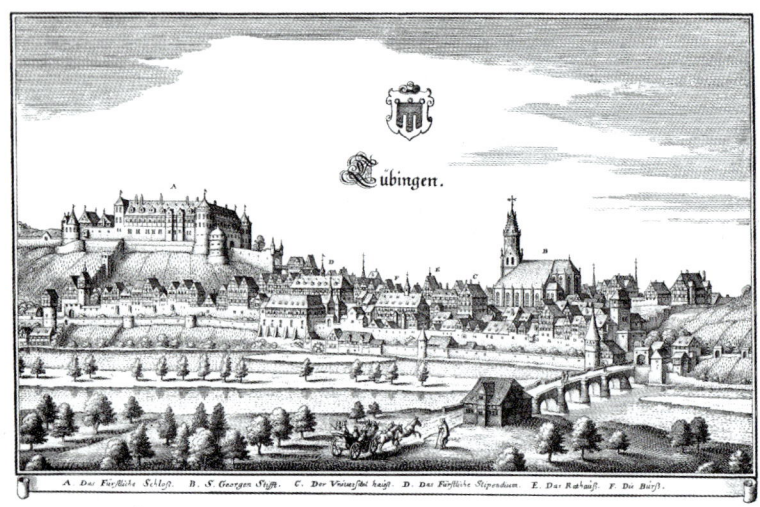

Tübingen um 1650

kommen. Halle, Göttingen und Leipzig galten als moderner und wissenschaftlich aufgeschlossener und zogen eine Menge Studenten von Tübingen ab. Das Vermögen der Universität war durch den Krieg verloren gegangen. Die Ländereien lagen brach und brachten keine Zinsen und Pachten mehr ein. Zu schlechter Letzt wurde es immer üblicher, Professuren einfach an Söhne oder Neffen zu „vererben", was verhinderte, dass neue Köpfe frischen Wind in den Lehrbetrieb bringen konnten. Schließlich hatte die Tübinger Universität nur noch 400 Studenten. Als 1770 der Herzog

Karl Eugen die Hohe Karlsschule in Stuttgart zu einer modernen und attraktiven Akademie ausbaute, drohte der Universität Tübingen sogar die Schließung.

Tübingen hatte im 18. Jahrhundert etwa 4500 Einwohner, die Universitätsbürger nicht mitgerechnet, die immer noch eine ganze Reihe geldwerter Privilegien genossen. Die Hälfte der Bevölkerung lebte von der Landwirtschaft, das soziale Gefälle vom reichen Gutsbesitzer bis zum armen Ackerbauern war hoch. Die anderen waren fast alle Handwerker. Das Zusammenleben dieser sehr unterschiedlichen Bevölkerungsschichten gestaltete sich nicht immer einfach.

Das Jahrhundert endete für Tübingen mit einer weiteren Brandkatastrophe. Im September 1789 brannten in wenigen Stunden 45 Häuser und mehrere Scheunen bis auf die Grundmauern herunter, noch drei Tage später soll in Stuttgart die Rauchwolke zu sehen gewesen sein. Der Herzog erlaubte eine kirchliche Kollekte, um für den Wiederaufbau zu sammeln, und so entstand im Bereich der Neuen Straße ein geschlossenes frühklassizistisches Bauensemble mit modernen, eleganten Häusern und einer geraden Straßenführung.

Der gesellschaftliche, wirtschaftliche und politische Umbau Europas zwischen der französischen Revolution und dem Ende der napoleonischen Herrschaft hinterließ auch in Tübingen viele Spuren. Württemberg wurde zum Königreich erhoben, das Land wurde vergrößert und Stuttgart seine Hauptstadt. Damit verlor Tübingen den Rang einer Residenzstadt. 1803 wurde das Schloss der Universität vermacht, 1817 eine Fakultät für katholische Theologie gegründet und das ehemalige Collegium illustre zum Priesterseminar. 1829 wurde schließlich das akademische Bürgerrecht aufgehoben, die Universitätsangehörigen hatten gegenüber den Bürgern keine Privilegien mehr.

Schloss

Noch immer lebte die Stadt hauptsächlich von der Landwirtschaft, wobei der Weinanbau, der Tübingen lange Zeit einen gewissen Wohlstand sicherte, sich zum Problemfall entwickelte. Eine unvernünftige Massenproduktion, klimatische Veränderungen und andere Trinkgewohnheiten – man trank mehr Bier und favorisierte beim Wein sehr süße Sorten, die auf Tübinger Boden nicht gedeihen – machten aus dem ehemals so wichtigen Wirtschaftszweig einen regelrechten Armutsfaktor. Nach Missernten und Hungersnöten in den Jahren 1816/1817 gab es immer wieder Streit um die Verteilung von Weideplätzen und sogenannte „Brotkrawalle". Der Tübinger Weingärtner, der „Gôg", wurde zum Symbol für Armut und Verelendung. Da es keine großen Gewerbebetriebe gab, die die Arbeitskräfte aus der Landwirtschaft hätten auffangen können, ging es der Stadt schlecht. In den Gassen ohne Straßenbeleuchtung lagerte der Unrat, Holz, Fuhrwerke und Gerätschaften machten ein Durchkommen mühsam – es war dunkel, dreckig und eng.

Beginn einer konsequenten Stadtentwicklung

Erst in den 1820er Jahren gab es erste Ansätze einer echten Stadtentwicklung. Der prominente Architekt und Professor für Baukunst, Marcell Heigelin, baute in der Gartenstraße, außerhalb der Stadtmauern, neue Häuser. Die Stadtmauern wurden nach und nach abgerissen, 1829 ein neuer Friedhof außerhalb der Stadt angelegt und der Botanische Garten vergrößert. Schließlich entstand gegen Mitte des 19. Jahrhunderts in der sogenannten Wilhelmsvorstadt zwischen Tübingen und Lustnau ein neues Universitätsviertel mit der Neuen Aula und neuen Institutsgebäuden. Für damalige Verhältnisse lag der neue „Campus" relativ weit außerhalb der Stadt und die Professoren protestierten heftig gegen diese Zumutung. In dieser Zeit bürgerte sich der noch heute gebräuchliche Spitzname „akademische Rennstrecke" für die lange Wilhelmstraße ein, die damals von großer Eleganz war. Sie war die erste Straße mit richtigen Bürgersteigen, auf denen man flanieren konnte, ohne Angst haben zu müssen, von einer Kutsche oder einem Fuhrwerk abgedrängt zu werden.

Die Universität war in Bewegung. Die Studenten gehörten zu denjenigen, die die Idee einer deutschen Nation proklamierten, der sie in der Gründung von Studentenverbindungen, Turnerbünden und Sängerkreisen Ausdruck verliehen. Sie galten als so aufrührerisch, dass ein Regie-

Blick auf den Österberg mit Verbindungshäusern

rungskommissar mit eigener Polizeitruppe extra nach Tübingen beordert wurde. Nachdem der Tübinger Student Karl Ludwig Sand 1819 auf den Schriftsteller und russischen Generalkonsul August von Kotzebue ein Attentat verübt hatte, wurden die Burschenschaften verboten und an der Universität herrschte eine erzwungene Ruhe.

Ähnliches spielte sich bis zum Scheitern der Revolution im Jahre 1848 immer wieder ab. Auf nationale, liberale und demokratische Bestrebungen folgte eine Phase der Repression. Die nationale Begeisterung war dabei durchaus nicht einstimmig. Während die meisten Mitglieder der Universität einen deutschen Nationalstaat unter preußischer Führung favorisierten, tendierten die Tübinger Bürger zu einem Bündnis zwischen Württemberg und Österreich. Das hatte anlässlich des preußisch-österreichischen Krieges 1866 natürlich zur Folge, dass die Tübinger untereinander völlig zerstritten waren. Nach der Niederlage Württembergs musste sich das Königreich unter preußischen Oberbefehl stellen.

Trotz all dieser politischen Wirrnisse erlebte Tübingen in der zweiten Hälfte des 19. Jahrhunderts ein wirtschaftliches Wachstum, das vermutlich noch besser ausgefallen wäre, wenn man der Industrialisierung nicht so skeptisch gegenübergestanden wäre und den Bau von Fabriken auf Tübinger Gemarkung verboten hätte. 1861 bekam Tübingen als eine der letzten Städte in der Region einen Eisenbahnanschluss. Im selben Jahr wurde an der Reutlinger Straße ein Gaswerk gebaut, nachdem die Universität eine Mindestabnahmemenge zugesichert hatte. Der Versuch, ein großes Wasserkraftwerk auf dem Wöhrd zu bauen und hier ein richtiges Industriegebiet anzusiedeln, scheiterte jedoch, denn für die Universität hielt man die reizvolle landwirtschaftliche Umgebung wichtiger als eine industrielle Vorstadt.

Der Sieg über Frankreich im Krieg von 1871 wurde auch in Tübingen als großer Erfolg gefeiert. Man war erfüllt von nationaler Begeisterung, was sich auch in der Haltung gegenüber den früher so skeptisch beäugten Studentenverbindungen niederschlug. Sie waren diejenigen, die die jetzt so gefeierte nationale Einheit einst unterstützt hatten. Damit waren sie absolut gesellschaftsfähig, bauten burgähnliche Häuser auf die Tübinger Höhen und prägten das gesellschaftliche Leben der Stadt. 1874 wurde Tübingen Garnisonsstadt. So konnten die Studenten ihren Militärdienst in Tübingen ableisten, was die Attraktivität des Universitätsstandortes erhöhte. Es wurden zwei Kasernen gebaut, deren Casino zu einer Ausgehadresse für die Tübinger Oberschicht avancierte.

Gründerzeit und wirtschaftlicher Aufschwung

Gründerzeiten und Hochkonjunktur des Kaiserreichs bescherten auch Tübingen goldene Zeiten. Das Stadtbild veränderte sich nachhaltig. Es entstanden neue und attraktive bürgerliche Wohngebiete mit prächtigen Gründerzeitvillen, in der Innenstadt wurden die Tierhaltung verboten und die unvermeidlichen Misthaufen entfernt. Die Abwasserkanalisation wurde besser geregelt und seit 1879 versorgte ein Wasserwerk die Stadt mit sauberem Trinkwasser. 1863 gründete man einen „Verschönerungsverein", der zum Beispiel die Aussichtspunkte der Stadt mit Türmen ausstattete. 1885 begann man mit dem Bau der Mühlstraße, die die schönste und belebteste Straße der Stadt werden sollte. Die Eisenbahn fuhr bis Herrenberg, es wurden neue Schulen gebaut, am Neckar ein Elektrizitätswerk errichtet, der Fluss selbst wurde begradigt und beruhigt. Ein Flutkanal hilft, dass die immer wieder auftretenden Hochwasser besser abgeleitet werden. Das Neckartal, das seine Bedeutung als landwirtschaftliche Nutzfläche weitgehend verloren hatte, wurde vollständig umgestaltet. Es entstanden Schulgelände, ein Stadtpark und der Anlagensee. Sogar ein bisschen Industrie kam auf. Die Metallwarenfabrik Zanker wird bis in die 80er Jahre des 20. Jahrhunderts Waschmaschinen herstellen, im Süden baute die Stuhlfabrik Schäfer „Tübinger Stühle", die heute über eine Art lokalen Kultstatus verfügen, wenngleich die Fabrik selbst in den 1970er Jahren geschlossen und zum Landestheater umfunktioniert

wurde. Die Himmelwerke versorgten die Städte im deutschen Südwesten mit Gaslaternen. Und doch wurde Tübingen keine Industriestadt, denn auf die schöne landschaftliche Umgebung wurde immer noch mehr Wert gelegt als auf den wirtschaftlichen Fortschritt. Bei der Ausweitung des Eisenbahnnetzes und dem Bau des Schlossbergtunnels gab es 1909 einen heftigen Streit um die Erhaltung der Alleenlandschaft im Neckartal. Dieser Streit war unter anderem Anlass für die Gründung des Schwäbischen Heimatbundes.

Die Universität vergrößerte sich immer mehr. 1863 wurde in Tübingen die erste naturwissenschaftliche Fakultät in Deutschland gegründet

Waschmaschinen der Firma Zanker

und um die Jahrhundertwende entstanden viele neue Kliniken. Vor allem aber hielten Frauen ihren Einzug in die Universität: Nachdem 1903 der erste Jahrgang des Stuttgarter Mädchengymnasiums das Abitur bestanden hatte und somit die formaljuristische Zulassung zum Hochschulstudium besaß, erkämpften sich drei mutige junge Frauen vor Gericht die ordentliche Immatrikulation an der Tübinger Universität. Seit Ende des 19. Jahrhunderts hatte es bereits immer wieder ein paar Gasthörerinnen gegeben, aber diese durften keine Prüfungen ablegen und mussten jedes Semester schriftlich die Genehmigung zum Besuch der Lehrveranstaltungen bei den jeweiligen Dozenten einholen. Jetzt war das Studium für jede Frau möglich, die ein Abitur vorweisen konnte. Die drei Stuttgarter Abiturientinnen stellten mit 12 weiteren Gasthörerinnen ein Prozent der Studierenden. Heute liegt der Frauenanteil unter den Studierenden bei knapp 60 Prozent.

Tübingen zwischen den Weltkriegen

Am Vorabend des I. Weltkriegs herrschte in Tübingen eine so hohe nationalistische Einstellung, dass es kaum kritische Äußerungen gab. Vor allem die Universität beteiligte sich an der begeisterten „Kriegsstimmung" und feierte den Heldentod, in den die Studenten bereitwillig zogen.

Nach dem Krieg wurde Tübingen endgültig zur „Universitätsstadt". Die Hochschule, die mittlerweile der größte Arbeitgeber der Stadt war, bestimmte das öffentliche Leben wie nichts sonst.

Mit der Weimarer Republik konnte sich die Universität, die vor allem von den 48 Studentenverbindungen geprägt wurde, nicht identifizieren. Auf Heldengedenkfeiern und ähnlichen Veranstaltungen wurde dafür gesorgt, dass revanchistisches Gedankengut gepflegt werden konnte. Dazu kam bereits früh eine gehörige Portion Antisemitismus. Schon in den 1920er Jahren gab es Studentenverbände und Vereine, die Juden ausschlossen. Je gehobener das Bürgertum, desto früher und deutlicher war es nationalsozialistisch eingestellt. Deshalb bedeutete die Machtübernahme auch kein Problem. Sie wurde vor allem von Universitätsangehörigen regelrecht gefeiert, kritische Stimmen gab es kaum, wirkliche Gegner gar keine. Die NSDAP erhielt überdurchschnittlich viele Stimmen. Schon 1933 wurden Straßen umbenannt und Juden der Eintritt ins Tübinger Freibad verboten.

Die Universität verlor viele Studenten, 1939 waren es nur noch 1500. Dafür entstanden in der Stadt viele spezielle NS-Bildungseinrichtungen wie zum Beispiel eine SS-Bräuteschule. Uniformen und Fahnen waren im Straßenbild allgegenwärtig, an der Universität gehörte die Beschäftigung mit „Rassenhygiene" zum guten akademischen Ton. Viele Universitätsangehörige machten eine unrühmliche Karriere bei SS-Einsatztruppen, die für die Ermordung Hunderttausender verantwortlich waren.

Während des Krieges blieben der kleinen Stadt schwere Bombardierungen erspart. Da auch die Lebensmittelversorgung einigermaßen funktionierte, war die Situation verhältnismäßig erträglich.

Der Einmarsch der Franzosen im April 1945 verlief ebenfalls glimpflich, vor allem, weil es dem Oberfeldarzt Dr. Theodor Dobler und einigen seiner Kollegen gelang, den Franzosen eine geplante Bombardierung auszureden und die deutschen Militärs die Verteidigung der Stadt aufgaben.

Am Ende des Kriegs konnten sich die Tübinger über eine nahezu unversehrte Stadt freuen, nur etwa vier Prozent der Gebäude waren beschädigt worden. Das wiederum bescherte der Bevölkerung aber eine schwere Nachkriegszeit. Das größte Problem waren die Wohnungsnot und die Versorgung der vielen Menschen, die in die Stadt strömten: Vertriebene, Menschen, die aus den Trümmern anderer Städte geflüchtet waren und in Tübingen ein Obdach suchten. Nicht zu vergessen die Studenten und Dozenten, die alle nach Tübingen kamen, weil die weitgehend unzerstörte Universität bereits zum Wintersemester 1945 den Lehrbetrieb wieder aufnehmen konnte. Die französischen Besatzer requirierten Wohnraum und die sogenannten Besatzungsverdrängten mussten sehen, wo sie blieben. Außerdem war Tübingen bis 1952 Landeshauptstadt des Landes Württemberg-Hohenzollern und damit Behördensitz, sodass auch die Einrichtungen der Landesregierung und deren Mitarbeiter in Tübingen Platz finden mussten.

Aufschwung und Wachstum

Die 1950er Jahre waren das goldene Zeitalter des sozialen Wohnungsbaus, damit rasch all diejenigen mit bezahlbarem Wohnraum versorgt werden konnten, die dringend ein Dach über dem Kopf benötigten. In den 1960er Jahren expandierte vor allem die Universität und es entstanden neue Kliniken auf dem Schnarrenberg, ein neues mathematisch-

Die naturwissenschaftlichen und medizinischen Fakultäten auf der Morgenstelle

naturwissenschaftliches Zentrum auf der Morgenstelle und neue Gebäude für die Geistes- und Sozialwissenschaftler im Tal. In die alten Universitätsgebäude, die Burse, die Alte Aula oder das Schloss zogen die sogenannten „Orchideenfächer" wie Indologie oder Empirische Kulturwissenschaften.

Ab 1968 widmete man sich verstärkt der völlig vernachlässigten Altstadt. Immer wieder hatte es in den vergangenen Jahren Pläne gegeben, die historische Altstadt weitgehend abzureißen und durch eine moderne, autogerechte City zu ersetzen. Die Projekte sind zum Glück alle wegen massiver Bürgerproteste und an fehlendem Geld gescheitert. Stattdessen wurde die historische Bausubstanz so restauriert, dass eine lebendige Innenstadt entstehen konnte, die sich zum Arbeiten und Wohnen genauso eignet wie zum Einkaufen und Ausgehen.

Die Stadt wuchs aber nicht nur, weil neue Wohngebiete erschlossen und viel gebaut wurde. In den 1970er Jahren wurden mehrere umliegende Gemeinden nach Tübingen eingegliedert. Tübingen hatte jetzt acht neue Stadtteile, erhöhte seine Einwohnerzahl von etwa 11.500 auf 70.000 Menschen und verdoppelte seine Fläche auf über 10.000 Hektar.

Kultur und Wissenschaft heute

Auch der politische, soziale und kulturelle Wiederaufbau Tübingens in der Nachkriegszeit verlief erstaunlich schnell. Die französische Besatzungsmacht, die in Tübingen ihren Sitz hatte, arbeitete pragmatisch und gelassen mit den Deutschen zusammen. Vor allem in Carlo Schmid, der an der Spitze der provisorischen Regierung des „Staatssekretariats für das französisch besetzte Gebiet Württembergs und Hohenzollerns" stand, fand sie einen verlässlichen Partner für einen demokratischen Neuanfang. Bis Ende 1946 entstanden wieder bürgerliche Parteien und im September 1946 konnten die ersten Gemeinderatswahlen stattfinden. Besonders auffallend war in der Nachkriegszeit der Aufschwung des kulturellen und

Links: Altstadt, unsaniert – wie in den 50er Jahren

Rechts: Fachwerkidylle in der Unterstadt

universitären Lebens. Theater, Konzerte und Kunstausstellungen wurden mit Begeisterung angenommen, Turnvereine und Volkshochschule erwachten zu neuem Leben. Auch die Universität genoss bald wieder einen ausgezeichneten Ruf und zog so viele Studierende an, dass bis 1953 ein Numerus clausus eingeführt wurde.

Nach der Abschaffung dieser Zulassungsbeschränkung zählte man in den 1960er Jahren bereits über 10.000 Studierende, in den folgenden 20 Jahren wurde diese Zahl noch einmal verdoppelt.

1968 war auch für die Tübinger Universität ein wichtiges Jahr. Zwar flogen hier keine Pflastersteine durch die Luft und nach einem „Go-in" im Tübinger Rathaus sollen die Studenten sogar die liegen gebliebenen Zigarettenkippen aus dem Treppenhaus gekehrt haben, aber gegen den tausend Jahre alten Muff unter den Talaren wehrte man sich auch hier. Daraufhin wurde die Universität zwar demokratischer – das neue Hochschulgesetz, das 1969 in Kraft trat, verschaffte Studierenden und Mitarbeitern der Universität, die keine ordentlichen Professoren waren, mehr Rechte. Sie verlor aber auch eine Reihe schöner Traditionen wie die feierlichen Immatrikulations- und Examensfeiern. Aus der ehrwürdigen Alma Mater wurde eine moderne Hochschule mit allen Vor- und Nachteilen.

Tübingen wird „grün"

Diese „wilden" Jahre hatten natürlich auch Auswirkungen, die weit über den reinen Hochschulbetrieb hinausgingen und die gesamte Gesellschaft betrafen. Friedensbewegung und Umweltschutz, Frauenbewegung und ein großes Interesse an „alternativer Kultur" bescherten der Stadt in den 1970er und 1980er Jahren neue soziale und kulturelle Einrichtungen und unzählige Bürgerinitiativen. Auch die bis dahin eher konservative politische Landschaft veränderte sich grundlegend. 1990 wurde Gabriele Steffen eine der ersten „grünen" Bürgermeisterinnen in Deutschland. Damit begann für Tübingen ein Trend, der bis heute anhält. Es gibt nicht nur einen grünen Oberbürgermeister, sondern mittlerweile haben auch die Grünen die meisten Sitze im Gemeinderat, in dem 2009 zum ersten Mal genauso viele Frauen wie Männer sitzen.

Der wichtigste neue Baustein der Tübinger Stadtentwicklung wurde unter anderem durch die Wiedervereinigung der beiden deutschen Staaten ausgelöst: 1991 zogen die in Tübingen stationierten französischen Truppen aus der Stadt ab. Tübingen war bis dahin einer der größten

Französisches Viertel

Militärstandorte Frankreichs überhaupt gewesen. Auf einmal stand ein großer Teil des Tübinger Südens der Stadt zur Verfügung. Mit einem neuen und bis dahin einzigartigen Stadtentwicklungskonzept entstanden zwei neue Stadtquartiere, das Französische Viertel und das Loretto-Areal. Baugemeinschaften errichteten individuell gestaltete Mehrfamilienhäuser zwischen den bestehenden Militärgebäuden, in denen von vornherein eine gewerbliche, soziale und kulturelle Infrastruktur eingeplant wurde. Unter den Schlagworten Nutzungsmischung und Urbanität wurde so ein Lebensraum für über 6000 Menschen und 2500 Arbeitsplätze geschaffen.

Auch in Zukunft wird Tübingen zwar nicht der Nabel der Welt sein, aber sich mit ihr drehen. Dazu gehört vor allem, sich den globalen Herausforderungen des Klimaschutzes zu stellen. „Tübingen macht blau" ist das Motto der städtischen Klimaschutzkampagne, mit der Oberbürgermeister Boris Palmer seit 2008 den CO_2-Ausstoß in Tübingen mit zahlreichen Maßnahmen bis 2010 um 10 Prozent verringern will. Um Tübingen auch in Zukunft für junge Familien attraktiv zu machen, wird es nötig sein, ausreichend bezahlbaren Wohnraum zur Verfügung stellen zu können. Zurzeit entsteht im ehemaligen Mühlenviertel in Derendingen, einer früheren Gewerbebrache, ein neues Wohngebiet, das wieder größtenteils von privaten Baugemeinschaften realisiert wird und in dem ebenfalls eine individuelle Vielfalt und Nutzungsmischung angestrebt wird. Weitere Bebauungsflächen innerhalb des Stadtgebietes werden folgen müssen, will man verhindern, dass immer mehr Menschen mit der Bebauung von Dorfrändern die Landschaft zersiedeln.

Auch in der Altstadt, vor 40 Jahren vorbildlich saniert, wird man den Spagat zwischen Denkmalschutz, modernen Wohn- und Lebensbedürfnissen, ökologischen und ökonomischen Zwängen schaffen müssen, um eine lebendige und vielfältige Innenstadt zu erhalten, die nicht nur Touristenkulisse ist. Dann wird Tübingen nicht bleiben, wie es ist, aber was es ist: Wissenschaftsstandort und Kulturstadt, Lebensraum für eine überdurchschnittlich engagierte Bürgerschaft, idyllisch-verträumt und weltoffen-urban.

Overview of Town History

Today's Tübingen can be traced back to Alemannic settlements of the 6th Century.

The Counts of Tübingen began building a castle in 1050, turning Tübingen into a power base. They were made Counts Palatine in the 12th Century and, as the representatives of the Emperor, played an important political role. They received the right to mint coins and set up a market. Tübingen was mentioned as a town for the first time in 1231. A town wall, two stone churches and the Ammer Canal, as a powerhouse and supplier of water for industry, were created in the 13th Century, providing important elements of urban life.

The fall of the Staufer imperial dynasty meant that the Tübingen Counts Palatine lost their political importance and became poor. They sold the town and castle to the Counts of Württemberg in 1342. Tübingen lost its function as a central power base, but remained a wealthy town with a self-confident citizenry, which built a town hall in 1435.

Count Eberhard im Barte founded a university in Tübingen in 1477, which is still an influence on the town today. The economic upswing instigated by the university caused the town to develop. By the 16th Century, Tübingen had around 3,500 inhabitants and many of the fine townhouses were built. Until 1829 the university was a separate administrative unit whose members, "citizens of the university", enjoyed extensive privileges.

The Reformation was introduced in Württemberg in 1535 and Tübingen University had a key role to play. Many of the new Protestant professors knew how to make the rebirth something positive and gave new impulses to their students.

The Protestant College was founded as a training college for Protestant vicars, offering the sons of all Württemberg's citizens the opportunity of studying theology free of charge. This meant that children with poor backgrounds had the opportunity to climb the social ladder. At the same time, the Württemberg Scholarship for the Gifted ensured that there were some particularly intellectual vicars.

Between the Reformation and the Thirty Years' War, Tübingen experienced a Golden Age, which is still the hallmark of the town. The university enjoyed an international reputation and winegrowing, Tübingen's most important industry, was highly profitable.

After the Battle of Nördlingen in 1634, Tübingen, together with the entire dukedom, fell victim to a merciless war. Fields and vineyards

Tübingen by night

were destroyed, marauding soldiers plundered towns and villages and that which the soldiers didn't touch suffered from the plague. When the war ended, only a third of the population had survived and the country was completely destroyed. Continuous conflicts prevented a true reconstruction and Tübingen entered the 18th Century in an unimaginably bad way.

The university had fallen into a bad state of disrepair. Halle, Göttingen and Leipzig were considered as more open scientifically and drew many students away from Tübingen. The wealth of the university had been lost in the war. In addition, it became more common to "inherit" professorships, meaning that there were fewer new minds to bring fresh ideas to the university. By now, Tübingen university had only 400 students and was threatened with closure.

The rearrangement of Europe's rulers and states between the French Revolution and the end of Napoleon's rule also affected Tübingen: Württemberg was made a kingdom, the country grew and Stuttgart became the capital, meaning that Tübingen lost its position as an official residence. The castle was given over to the university in 1803 and, in 1817, the Faculty of Catholic Theology was founded. The special rights of academics were finally withdrawn in 1829.

The town still lived primarily from agriculture, although wine production, which had long been the guarantee of Tübingen's prosperity, became a problem. Various factors made this important area of industry a source of poverty. The town suffered during this period as there were no large manufacturing or industrial companies in Tübingen, who could have employed the workers from the agricultural sector.

It was not until the 1820s that there were the first signs of real urban development. New houses were built outside the town walls, which themselves were taken down. By the middle of the 19th Century, a new university district had been created.

The university was very much alive: The students were amongst those who supported the idea of a single German nation. They were considered as rebellious and were under permanent police control. Fraternities were banned in 1819.

In Tübingen, the victory over the French in the 1871 war was celebrated as a huge success. National pride was all-pervasive and those student fraternities, previously viewed so sceptically, were seen as the pioneers of national unity. They were again considered part of society and indeed were a decisive factor in the social life of the town. Tübingen became a garrison town in 1874. This meant that students could also do their military service in the town, increasing the attraction of the university.

The economic boom of the German Empire gave Tübingen a golden age. The appearance of the town underwent major changes: New, attractive middle-class residential areas appeared, and animals and the resulting heaps of manure were removed from the town centre. Sewerage was managed better and a waterworks provided the town with clean drinking water. A power station was set up on the banks of the River Neckar, whilst the river itself was straightened and calmed. Even some industry appeared: Although factories for metal goods, chairs and even gas lamps did not make Tübingen an industrial town. Far more value was still placed on the attractive rural surroundings than on economic progress.

The university expanded. The first Faculty of Sciences in Germany was founded in Tübingen in 1863 and many new clinics were set up around the turn of the century. However, of key significance, was the entry of women into the university: After the first year of the Stuttgart Girls' Grammar School had passed their university entrance exam, three women went to court to demand proper enrolment at Tübingen University. Together with 12 other female auditors, these three young women formed 1 % of all the students. Today, the proportion of women amongst the students is almost 60 %.

This high level of national identification amongst the citizenry of Tübingen, in particular amongst academic circles, led to a high acceptance of the First World War and a rejection of the ideas of the Weimar Republic. Thoughts of revenge and widespread anti-Semitism ensured that the National Socialists' take-over of power was widely celebrated.

For Tübingen, the Second World War was tricky, but the town did not suffer heavy bombing and, in 1945, it was possible to be thankful for an almost undamaged town. Nonetheless, the 1950s saw a large amount of social housing built in Tübingen, because many people tried to find shelter in the still intact town. The 1960s saw an expansion of the university with new institutes and clinics being built. The renovation of the old town began in 1968. It was possible to restore the historic buildings in such a way that a lively town centre was the result.

Political, cultural and social reconstruction took place surprisingly quickly in Tübingen and the university soon enjoyed an excellent reputation again. By the 1960s, there were over 10,000 students and this number doubled over the following 20 years. A venerable alma mater became a modern seat of learning.

In the 1970s and 1980s, a peace movement, environmental protection, women's rights and large-scale interest in "alternative culture" gave the town new social and cultural facilities and countless civic action groups. Even the previously conservative political landscape changed dramatically. Today, there is a Green Lord Mayor and the Greens also have the most seats on the town council, which, in 2009, had as many women as men for the first time ever.

The most important new phase of the development of the town of Tübingen was triggered by the departure of the French troops stationed in the town. A revolutionary urban development concept created new districts in which co-operative housing associations created apartment blocks between the existing military buildings. The heart of this development was a commercial, social and cultural infrastructure.

In the future, Tübingen will certainly not be the centre of the Earth, but will turn with it: Of particular importance is the tackling of the global requirements of climate protection. By 2010, CO_2 emissions in Tübingen are to be reduced by 10 %. It will also be necessary to provide sufficent affordable housing to make Tübingen continue to be attractive for young families in the future. The use of brown field sites within the town is intended to prevent the destruction of the countryside due to building on the edge of villages. Even in the old town the gap between the protection of monuments, modern living requirements, ecological and economic demands will need to be overcome in order to maintain a lively, varied town centre. In this way, Tübingen will not stay as it is, but will stay what it is: A place of knowledge and culture, idyllic and dreamy yet urban and open-minded.

Histoire de la ville de Tübingen

La ville de Tübingen s'est développée à partir de quelques sites alémans du 6ème siècle.

En 1050, les comtes de Tübingen commencent la construction d'un château et font de la ville un centre de pouvoir. Au 12ème siècle, ils obtiennent le titre de comtes palatins et jouent ainsi, en tant que collaborateurs de l'empereur, un rôle politique majeur. Ils obtiennent le droit de frapper monnaie et d'installer un marché. En 1231, Tübingen obtient pour la première fois le statut de ville. Au 13ème siècle, la construction des remparts, de deux églises en pierre et du « Ammerkanal »; qui approvisionnait la ville en énergie et fournissait l'eau non potable dont on avait besoin, a constitué une étape importante du développement urbain.

Avec la chute des empereurs de la maison Staufer, les comtes palatins de Tübingen perdent leur importance politique et sont déchus. En 1342, ils vendent la ville et le château aux comtes de Wurtemberg. Tübingen perd alors son statut de lieu de pouvoir, mais la ville reste prospère et ses citoyens jouissent d'une solide réputation. En 1435, ils vont construire un hôtel de ville.

En 1477, le comte Eberhard fonde une université, qui va imprimer son caractère à la ville jusqu'à aujourd'hui.

La dynamique économique impulsée par l'université se voit dans le développement urbain. Au 16ème siècle, Tübingen comptait environ 3500 habitants, et beaucoup des grandes maisons bourgeoises datent de cette époque.

Jusqu'en 1829, l'université constituait une entité administrative autonome dont les membres, les « citoyens de l'université », jouissaient des larges privilèges.

En 1535, le Wurtemberg devient un pays protestant. Lors de la mise en œuvre de la Réforme, l'université a joué un rôle central. Beaucoup de nouveaux professeurs protestants ont su tirer profit de la Réforme et diffuser de nouvelles idées.

Le Séminaire de Théologie Protestante, créé pour la première fois dans un ancien monastère, offrait à tous les fils du Wurtemberg, de quel que milieu social qu'ils fussent issus, la possibilité de faire des études de théologie gratuites dans le but de recruter le plus vite possible les pasteurs nécessaires pour diffuser les idées de la réforme dans tout le pays.

Entre l'époque de la Réforme et la guerre de trente ans, Tübingen a connu un rayonnement qui a laissé des traces. L'université avait une réputation internationale et la viticulture, le facteur économique le plus important, rapportait beaucoup d'argent.

En 1634, après la bataille de Nördlingen, Tübingen est devenue avec tout le duché le théâtre d'une guerre brutale et sans merci. Les champs et les vignobles ont été dévastés, des soldats ont détruit les villes et les villages. Puis la peste s'est abattue sur la ville. A la fin de la guerre, seulement un tiers de la population avait survécu et le pays était totalement dévasté. Tübingen est entrée dans le 18ème siècle dans des conditions particulièrement défavorables.

L'université était complètement délabrée. Les villes de Halle, Göttingen et Jena étaient considérées comme plus modernes et attiraient un grand nombre d'étudiants de Tübingen. A cause de la guerre, l'Université n'avait plus de moyens financiers. De plus, il était courant que les postes de professeurs se transmettent leur chaire de génération en génération ce qui empêchait un renouvellement scientifique. A cette époque, l'université de Tübingen comptait seulement 400 étudiants et elle était sérieusement menacée dans son existence.

La réorganisation de l'Europe entre la révolution française et la fin du gouvernement napoléonien a aussi eu une influence sur la ville de Tübingen. Le Wurtemberg est devenu un royaume avec Stuttgart comme capitale et son territoire s'est étendu. C'est alors que Tübingen a perdu son rang de ville de résidence ducale. En 1803 le roi a fait don du château de Tübingen à l'université et en 1817 fut fondée une faculté de théologie catholique. En 1829, le droit de citoyenneté de l'université fut aboli.

La ville a toujours vécu de l'agriculture, mais la viticulture, autrefois garante de la prospérité économique, a connu des difficultés: une production de masse déraisonnable, des changements climatiques, ainsi qu'une attirance plus forte pour la bière ont entraîné la faillite de ce secteur économique, autrefois prépondérant.

Les années 20 ont montré les premiers signes d'un développement urbain sérieux. A l'extérieur des vieux remparts, on a construit de nouvelles maisons, les remparts eux-mêmes ont été peu à peu démolis, et au milieu du siècle un nouveau quartier universitaire a été construit.

Le climat à l'université était alors très agité. La plupart des étudiants soutenait l'idée d'une nation allemande plutôt que tous ces petits états qui constituaient l'Allemagne à cette époque. Ils s'organisaient en corporations et on les tenait pour d'autant plus révolutionnaires qu'ils étaient souvent inquiétés par la police.

Cette attitude a changé après la guerre contre la France en 1871. A Tübingen, on a fêté la victoire comme un grand succès, l'enthousiasme national était énorme. Les corporations d'étudiants sont devenues les promoteurs de l'unité

Eglise Collégiale

nationale et ont joui d'une grande popularité. Elles ont construit de magnifiques villas sur les collines de Tübingen et ont beaucoup influencé la vie de la société. En 1874, une garnison était stationnée à Tübingen. Les étudiants pouvaient faire leur service militaire pendant leurs études, ce qui rendait la ville de Tübingen encore plus attrayante pour les étudiants.

Le boom économique pendant l'ère wilhelminienne a eu des répercussions très positives pour la ville de Tübingen.

La ville a été profondément transformée à cette époque. De nouveaux quartiers bourgeois très recherchés ont été alors créés, les animaux et les tas de fumier ont disparu du centre ville médiéval. Le réseau d'égouts a été amélioré et dès 1879 un réservoir alimentait en eau potable à toute la ville. Un peu d'industrie a même contribué à accélérer le développement urbain. Néanmoins, Tübingen n'est pas devenue une ville industrielle. Les beaux paysages des environs ont toujours été plus importants que le développement économique.

L'université s'est agrandie. En 1863, la première faculté des sciences naturelles a été fondée et vers 1900, le centre hospitalier universitaire a été considérablement agrandi. C'est à cette époque que les femmes ont fait leur entrée à l'université. Quand la première promotion du lycée de jeunes filles de Stuttgart a passé son baccalauréat en 1903, trois jeunes femmes courageuses ont saisi les tribunaux pour pouvoir s'inscrire officiellement à l'université. Ces trois bachelières représentaient, avec 12 autres femmes qui fréquentaient l'université en tant que d'auditrices libres, 1 % des étudiants. Aujourd'hui le pourcentage des femmes dans l'enseignement supérieur est de presque 60 %.

La ferveur nationale de la bourgeoisie de Tübingen, surtout dans les milieux universitaires, a entraîné une profonde adhésion à la première guerre mondiale et un rejet des idées démocratiques de la République de Weimar. Un esprit de revanche et un antisémitisme largement répandu ont contribué à la montée rapide des nazis à Tübingen.

Rempart de la Clinicumsgasse

Pendant la deuxième guerre mondiale, les habitants de Tübingen ont échappé aux bombardements et en 1945 la ville était très peu détruite. Pendant les années 60, l'université a connu un grand essor, et on a construit de nouveaux bâtiments universitaires. Puis, on a entrepris la restauration du centre ville historique. On a réussi à faire un centre-ville vivant et animé tout en respectant les constructions anciennes.

La reconstruction politique, culturelle et sociale s'est opérée assez vite et l'université a joué très rapidement un rôle important. Aujourd'hui, les 25.000 étudiants représentent un quart de la population totale de Tübingen et l'université est le plus gros employeur. Elle emploie environ 10.000 personnes.

Les mouvements pour la paix et pour la libération des femmes, la protection de l'environnement et un grand intérêt pour la culture « alternative » ont fait naître dans les années 70 et 80 de nouvelles institutions socio-culturelles et d'innombrables initiatives de citoyens. Le paysage politique jusqu'alors plutôt conservateur s'est profondément modifié. Aujourd'hui, le maire de Tübingen appartient au parti des « Verts » ainsi que la moitié des conseillers municipaux qui comptent depuis 2009 autant de femmes que d'hommes.

C'est la réunification allemande qui a le plus marqué le développement de la ville. En 1991, les troupes françaises, stationnées à Tübingen depuis la fin de la guerre, ont quitté la ville. La ville a pu alors récupérer un grand terrain situé au sud de la ville. Grâce à un plan de développement urbain unique, on a pu créer de nouveaux quartiers où des groupements de maîtrise d'œuvre ont réalisé entre les anciens bâtiments militaires des immeubles collectifs avec les infrastructures commerciales, culturelles, sociales.

A l'avenir, Tübingen aura quelques défis à relever. Jusqu'en 2010, Tübingen veut diminuer l'émission de dioxyde de carbone de 10 %, car la protection du climat est vraiment prise au sérieux. Pour rester attrayante pour les jeunes familles, Tübingen doit leur offrir en quantité suffisante des appartements abordables. Des terrains à bâtir intra-muros devraient permettre de limiter la défiguration des paysages. Le centre-ville historique doit essayer de concilier la préservation des monuments historiques, les besoins de la vie moderne et les contraintes économiques et écologiques pour rester une cité vivante et variée. Ainsi, Tübingen restera une ville jeune, cosmopolite, au passé historique riche ainsi qu'un haut lieu de la culture scientifique et culturelle dans un cadre idyllique et pittoresque.

Schloss Hohentübingen

**Unterwegs
in der Oberstadt**

Unterwegs in der Oberstadt

Mit Oberstadt bezeichnet man den dem Neckar zugewandten Teil Tübingens. Auf dem Sattel zwischen Schloss und Stiftskirche erstreckte sich zu Beginn der Frühen Neuzeit die Universität. Es war das „akademische Viertel" Tübingens, hier stehen die großen und repräsentativen Bürgerhäuser. Der Spaziergang führt durch die Oberstadt schließlich aus der Altstadt hinaus auf die Wilhelmstraße in das Universitätsviertel des 19. und 20. Jahrhunderts.

----

1 Der Marktplatz

Unser Spaziergang beginnt auf dem Marktplatz. Er war und ist auch heute noch die „gute Stube" der Stadt, Handelsplatz und Kommunikationszentrum für die gesamte Tübinger Bürgerschaft, vom Weingärtner bis zum Universitätsprofessor. Ihn umstehen aufwändig gestaltete Häuser, die alle zwischen 1540 und 1560 nach einem großen Stadtbrand erbaut wurden. Die Fachwerkhäuser erhielten nach einem weiteren Stadtbrand Ende des 18. Jahrhunderts eine verputzte Fassade, um zu verhindern, dass bei einem weiteren Brand die Funken auf das frei liegende Gebälk des Nachbarhauses überspringen konnten. Erst bei der Altstadtsanierung Ende der 1960er Jahre entschied man sich, das Fachwerk wieder frei zu legen. Man einigte sich aber

darauf, dies nur bei jedem zweiten Haus zu tun, damit das Fachwerk zwischen den ruhigen Farbflächen gut zur Geltung kommen konnte. 1972 brannten zwei weitere Häuser auf dem Marktplatz: das „Lamm", früher Gasthaus und heute das Gemeindezentrum der Stiftskirche. Es bekam eine verputzte Fassade, die Hohlkehlprofile zeigen sogar den Beton. Das Haus gegenüber, das heute das „Kaffeehaus Ranitzky" beherbergt, wurde hingegen mit einer Verblendung aus sogenanntem Zündholzfachwerk versehen, das keinerlei statische Funktion hat. In der Sylvesternacht des Jahres 2008 wäre, verursacht durch einen Feuerwerkskörper, beinahe ein weiteres Haus den Flammen zum Opfer gefallen: Die Brandgefahr ist in der Altstadt noch immer nicht nur ein Schrecken aus vergangenen Zeiten.

2 Das Rathaus

Das wichtigste Gebäude auf dem Marktplatz ist natürlich das Rathaus. 1435 wurde es zunächst dreistöckig als Kaufhaus und Verwaltungssitz gebaut. 1508 erhielt es sein drittes Obergeschoss, 1598 wurde das Dach mit dem frühbaro-cken Ziergiebel versehen. Die raffinierte astronomische Uhr, 1511 von dem Mathematikprofessor und Astronomen Johannes Stöffler angefertigt, zeigt nicht nur das gerade aktuelle Tierkreiszeichen und seinen entsprechenden Aszendenten, sondern auch Sonnen- und Mondfinsternisse an.

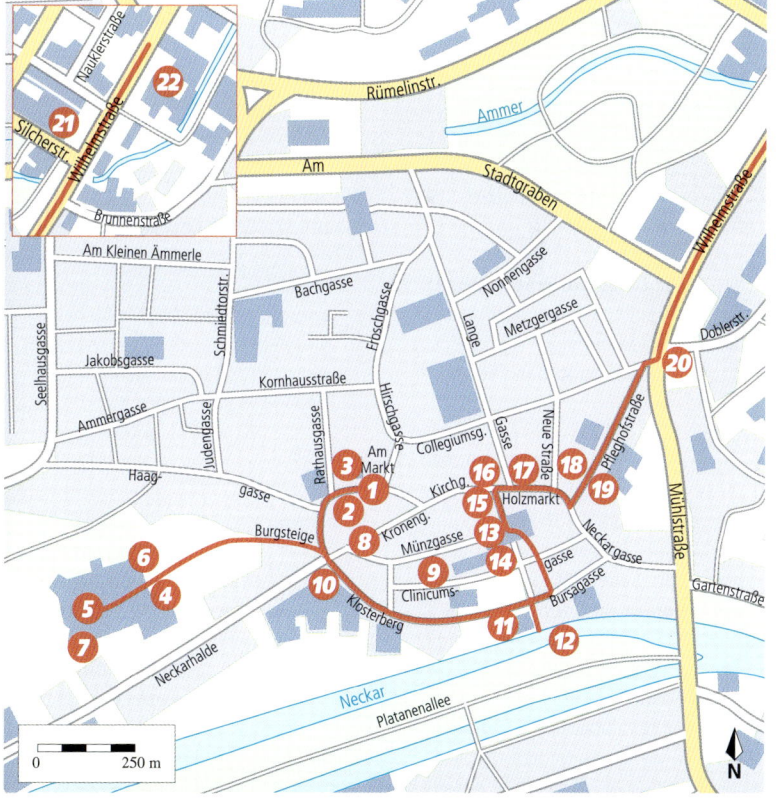

Noch im 19. Jahrhundert hing diese Uhr im ersten Stock neben der Sprechkanzel, von der früher alles für die Bürger der Stadt Wissenswerte verkündet wurde und von der heute gut gelaunte Brautpaare herunterwinken. Erst mit der Neugestaltung des Rathauses verlegte man die Uhr in den Dachgiebel und verursachte so den asymmetrischen Aufbau der Fassade.

Deren besonders beeindruckende prächtige Bemalung wurde 1876 zum 400-jährigen Geburtstag der

Die Portraits zeigen von links nach rechts:

Konrad Breuning (1445–1517)
sorgte als Tübinger Untervogt 1514 dafür, dass Herzog Ulrich den Tübinger Vertrag unterzeichnete, der zum ersten Mal im Festlandseuropa so etwas wie demokratische Grundrechte festlegte.

Johannes Osiander (1657–1724)
rettete durch seine diplomatischen Bemühungen Tübingen vor der Zerstörung in den Franzosenkriegen.

Jacob Heinrich Dann (1720–1790)
setzte sich als Tübinger Bürgermeister sehr für die im „Tübinger Vertrag" vereinbarten Rechte gegenüber dem Herzog Karl Eugen ein.

Johann Ludwig Huber (1723–1800)
war Oberamtmann in Tübingen und wurde auf Geheiß des Herzogs Karl Eugen abgesetzt und auf dem Hohenasperg inhaftiert, nachdem er es abgelehnt hatte, eine Militärsteuer ohne die Zustimmung der Landstände einzutreiben.

Johann Friedrich Cotta (1764–1832)
betrieb in Tübingen einen der größten europäischen Verlage, gründete die erste überregionale Tageszeitung in Deutschland, erfand das Taschenbuch und setzte sich für das Urheberrecht ein.

Ludwig Uhland (1787–1862)
der in Tübingen geboren wurde, war nicht nur Dichter, sondern vor allem einer der bedeutendsten Politiker seiner Zeit, der als unabhängiges Mitglied des Frankfurter Parlaments couragiert für Freiheit und Menschenwürde kämpfte.

Universität angefertigt. Im Neo-Renaissance-Stil erinnert die aufwändige Sgraffitto-Malerei in Farben und Ornamentik vor allem an das 16. Jahrhundert, die Zeit nach der Universitätsgründung. Die drei allegorischen Frauenfiguren im ersten Stock, die die Gerechtigkeit, die soziale Wohlfahrt und die Wissenschaft symbolisieren, sind im Stil der Malerei der „nassen Tücher" gemalt, der typisch für die Kunst der frühen Neuzeit ist. Graf Eberhard im Barte (1445–1496), der Gründer der Universität, der für seine Verdienste um die politische Einheit Württembergs in den Herzogsstand erhoben wurde, wacht als echter Ritter über Stadt und Bürger, das Herzogsschwert und die Gründungsurkunde der Universität in der Hand. Unter ihm sind in sechs Medaillons Portraits wichtiger Männer aus der Tübinger Stadtgeschichte zu sehen. Spätestens sie machen die Illusion, es könnte sich bei der Rathausbemalung um echte Renaissance handeln, zunichte: Sie bieten einen amüsanten Überblick über die Herrenfrisurenmode vom 15. bis zum 19. Jahrhundert.

3 Der Neptunbrunnen

Vor dem Rathaus steht der Neptunbrunnen. Er wurde 1617 von dem Ingenieur und Baumeister Heinrich Schickhardt entworfen. In seinem Aussehen erinnert er stark an den Neptunsbrunnen in Bologna: Auf zwei Italienreisen hatte Schickhardt diesen Brunnen kennen gelernt und sich von ihm inspirieren lassen. Im Laufe der Jahre war der Tübinger Neptun brüchig geworden und gleich nach dem II. Weltkrieg, 1948, wurde er als erstes öffentliches Bauwerk und Zeichen der Hoffnung neu errichtet. Der Bildhauer David

Der Neptunbrunnen

Fahrner aus Freudenstadt ersetzte den Neptun aus Sandstein durch ein Modell aus Bronze, das aus Waffenschrott hergestellt worden war: Nachdem während des Krieges Kirchenglocken und Bronzeskulpturen als Metallspenden in die Rüstungsindustrie geflossen waren, konnte aus den Waffen nun wieder eine Skulptur geschaffen werden, sichtbares Zeichen für den endlich wieder gefundenen Frieden. Die Frauenfiguren, Allegorien auf die vier Jahreszeiten, sind eine Neuschöpfung Fahrners, was schon daran zu erkennen ist, dass sie deutlich dem weiblichen Schönheitsideal der 1930er Jahre entsprechen.

4 Das Schlossportal

Wir steigen jetzt links vom Rathaus Richtung Haaggasse empor, werfen einen Blick auf das Tübinger „Rebmännle" 1 und die sorgfältig restaurierte Südwand des Rathauses mit der schönen Grisaille-Malerei und gehen dann die Haaggasse 5 hinunter bis zu der schmalen Treppe, die zwischen den Häusern zur Burgsteige hinaufführt. Oben angekommen, wenden wir uns nach rechts und nehmen den Aufstieg zum Schloss Hohentübingen in Angriff. Bereits nach wenigen Metern stehen wir vor dem frisch renovierten unteren Schlossportal, das Herzog Friedrich zwischen 1604 und 1606 im Stil eines römischen Triumphbogens erbauen ließ. Das imposante Entree demonstriert in beeindruckender Weise politische Macht und kriegerische Stärke und erzählt einiges über das Selbstverständnis des ersten frühabsolutistischen Herrschers Württembergs. In der Mitte sieht man das herzogliche Wappen mit Helmzier, das dem Besucher zeigt, wie reich und bedeutend das Haus Württemberg ist. Um das Wappen herum schlingt sich zum einen eine Muschelkette, die Dekoration des französischen Ritterordens von St. Michel, zum anderen ein Gürtel. „Honi soit qui mal y pense" steht darauf: Die Devise des englischen Hosenband-Ordens, des exklusivsten Ordens Großbritanniens, bedeutet auf Deutsch „Ein Schelm, wer Böses dabei denkt" und geht angeblich auf die galante Entstehungsgeschichte zurück: 1348 soll Lady Salisbury auf einem Ball ihr blaues Strumpfband verloren haben. Ihr Geliebter, König Edward III., entschärfte die peinliche Situation, indem er das Strumpfband unter seinem eigenen Knie befestigte, eben diesen bekannten Satz sagte und gleichzeitig den sogenannten Hosenband-Orden ins Leben rief. Herzog Friedrich bemühte sich seit seines England-Aufenthaltes im

Jahre 1592 so sehr um die Aufnahme in diese exquisite Gemeinschaft, dass Elisabeth I. ihm diese zu Beginn des 17. Jahrhunderts gewährte. Die Mitgliedschaft in diesem prestigeträchtigen Orden war für Friedrich natürlich auch eine Bestätigung des hohen Ranges, den er unter Europas Fürsten einnahm. Üppiges, mit Blumen und Früchten verziertes Rankenwerk rechts und links des zentralen Wappens spielt auf den Wohlstand des Landes an. Flankiert wird das Portal von zwei Landsknechten, die mit einer Gabelflinte und einem beidhändig geführtem Schwert, einem sogenannten Gassenhauer, ausgerüstet sind. Das waren die so ziemlich modernsten Waffen der damaligen Zeit, und sie demonstrieren den hohen technischen Standard der württembergischen Verteidigung. Auch der Fries unter dem Hauptgesims ist mit allerlei kriegerischem Handwerkszeug geschmückt – wer es mit Württemberg aufnehmen wollte, sollte wissen, worauf er sich einzulassen hatte. Die für die Renaissance typischen Anleihen aus der antiken Mythologie finden sich vor allem im unteren Teil des Portals: Ein Gorgonenhaupt (Gorgonen sind Schreckgestalten, die jeden, der sie anblickt, sofort zu Stein erstarren lassen) diente vermutlich als Abwehrzauber gegen alles Böse. In den Zwickeln des von toskanischen Säulen gesäumten Mittelportals lassen sich

Das untere Schlossportal

Poseidon und Artemis erkennen, die Reliefs auf den Säulenpostamenten stellen Nike und Athene dar. Drei von ihnen, der Gott der Meere, die Göttinnen der Jagd und des siegreichen Kampfes, reichen der vierten, der Göttin der Weisheit, Lorbeer-kränze. Das ist der Schlüssel zur Auflösung des gesamten künstlerischen Bilderreigens: Alle kriegerische Stärke, aller internationaler Einfluss und aller Reichtum werden letztendlich nichts nützen, wenn es am wichtigsten, an der Weisheit, fehlt.

5 Die Schlossanlage

Nachdem wir das Portal durchschritten haben, können wir uns an der schönen Aussicht über die Oberstadt und den Österberg mit seinen alten Verbindungshäusern, den Tübinger Süden und den Albtrauf erfreuen. Schließlich stehen wir vor der ehemals symmetrischen Vierflügelanlage, mit deren Bau Herzog Ulrich 1507 begonnen hatte. 1647 wurde der Südostturm von französischen Truppen zerstört und dreißig Jahre später durch den barocken Fünfeckturm ersetzt, der der damals modernen Befestigungsbauweise entsprach.

Vor dem Schlosseingang steht auf einem Rasenrondell eine kleine Sternwarte: Nachdem 1710 die militärische Besatzung das Schloss verließ und die württembergischen Herzöge 1717 nach Ludwigsburg zogen, stand die ehemalige Festung leer, bis man beschloss, sie der

Nordostturm und Sternwarte

Universität zur Nutzung zu überlassen. 1752 zogen als erstes die
Astronomen in den Nordostturm
des Schlosses. 1795 arbeitet hier
der Pfarrer und Professor für Mathematik und Physik Johann Bohnen-
berger. Er war von seiner Tätigkeit
so begeistert, dass er sogar auf

dem Schloss, direkt unter dem
Observatorium wohnte, um jederzeit ohne großen Aufwand in den
Himmel schauen zu können. Er ließ
auch das kleine Observatorium
aufstellen, dessen drehbares Dach es
erlaubte, das Teleskop in die jeweils
gewünschte Richtung zu stellen.

---

6 Rund ums Schloss

Von der Nordbastion **6** hat man
einen wunderschönen Blick auf die
Unterstadt mit ihren vielen kleinen
Häusern und den verwinkelten
Gässchen, der Jakobuskirche **11**,
dem Spital und dem herzoglichen
Fruchtkasten **12** sowie auf die
Nordstadt mit den Kliniken. Hier
lässt sich ein kleiner architekturge-
schichtlicher Grundkurs absolvieren:
Die 1909 erbaute Augenklinik ist ein
klassisches Jugendstilgebäude, ein
weiß verputzter Backsteinbau mit
fünf Stockwerken und dynamisch
geschwungenen Giebeln. Die Psychi-
atrie links daneben, die „Klinik für
Nerven- und Gemütskranke",
stammt aus dem Jahre 1897 und
präsentiert sich historistisch-grün-
derzeitlich im selbstbewussten
Charme der Kaiserzeit. Ganz anders
die Alte Chirurgie, in der heute die
Frauenklinik untergebracht ist. Sie
wurde 1935 gebaut und ist ein
Paradebeispiel für die Architektur
der neuen Sachlichkeit. Der unge-

wöhnliche Backsteinbau mit den
flachen Dächern galt als „schönste
Klinik Deutschlands" mit seiner
klaren Linienführung, den ausgewo-
genen Proportionen und den licht-
durchfluteten und offenen Räumlichkeiten. Großzügige Loggien wurden
zur Frischluftkur für bettlägerige
Patienten genutzt. Noch heute setzt
dieses puristische Gebäude einen
außergewöhnlichen Akzent in der
Tübinger Dächerlandschaft.

Am Stadtrand im Westen kann
man noch eine ganze Reihe der
terrassierten Weinhänge ausmachen.
Da zu Beginn des 19. Jahrhunderts
der Weinbau in Tübingen fast vollständig zum Erliegen kam, hat man
hier nicht die Trockenmauern he-
rausgerissen, um den Wein mit
Maschinen ernten zu können.
Deshalb haben wir heute das Glück,
vor den Toren Tübingens durch eine
wunderschöne, jahrhundertelang
durch den Weinbau geprägte Kulturlandschaft streifen zu können, wie
sie in dieser Unversehrtheit nur noch
selten zu finden ist.

Blick auf Unterstadt und Kliniken

7 Eine kleine „Baugeschichte"

Wir gehen wieder zurück und betreten den Innenhof des Schlosses. Herzog Ulrich hatte den Bau vor allem zu einer Festung ausbauen lassen und auf eine repräsentative Gestaltung wenig Wert gelegt. Wer also meint, einen Kasernenhof zu betreten, liegt völlig richtig. Erst Herzog Friedrich versuchte zu Beginn des 17. Jahrhunderts den nüchternen Zweckbau aufzupolieren

und fügte die prunkvollen Türgewände im Stil lombardischer Renaissance und das kleine Ecktürmchen, dessen Rautenfenster auf raffinierte Weise der Wendeltreppe folgen, hinzu.

Nachdem das Schloss 1816 endgültig der Universität überlassen wurde, richtete man in der ehemaligen Schlossküche 7 im Südflügel ein chemisches Laboratorium ein. Böse Zungen behaupten, dass die dicken Mauern ausschlaggebend gewesen wären, diese „explosive" Fakultät ausgerechnet hier unterzubringen. Wie auch immer: 1869 wurde hier Wissenschaftsgeschichte geschrieben. Friedrich Miescher entdeckte das Nuklein als den sauren Bestandteil von Zellkernen, dessen bekanntester Vertreter die Desoxyribonukleinsäure (DNA), der Speicher der Erbinformation, ist. 1819 zog die Universitätsbibliothek in den Rittersaal, wo sie bis 1912 bleiben sollte. Heute sind die Institute für Archäologie und Ägyptologie, Vor- und Frühgeschichte, Ethnologie und Empirische Kulturwissenschaften auf dem Schloss untergebracht, die ihre sehenswerten Schausammlungen im Museum Schloss Hohentübingen 4 präsentieren.

Von 1970 bis 1994 wurde das gesamte Schloss saniert. Seit fast

500 Jahren war dies die erste grundlegende Renovierung, die die bedrohlich verfallene Bausubstanz für den Universitäts- und Museumsbetrieb wiederherstellte. Ein Resultat dieser langjährigen Restaurierungsmaßnahmen ist die Fassadengestaltung des Innenhofes, die jedem Besucher sofort ins Auge fällt: Lange wurde diskutiert, wie man mit dem alten Gemäuer umzugehen hätte: Auf der einen Seite wollte man versuchen, die Renaissance-Architektur des 17. Jahrhunderts so originalgetreu wie möglich wieder zur Geltung zu bringen. Das bedeutete, die Wände zu verputzen, eine künstliche Quaderbemalung aufzubringen und das Fachwerk der Galerien ockergelb auszufertigen. Das galt im 17. Jahrhundert als gepflegt und elegant, die Farbe des Fachwerks erinnerte an Gold und war ein Symbol für selbstbewussten Reichtum. Nachdem 1985 zwei Flügel in diesem Stil hergerichtet waren, ertönte wütender Protest: Das Ganze sehe aus wie eine Operettenkulisse, man wähne sich in Disneyland. Bei den beiden anderen Flügeln ließ man daraufhin das nackte Mauerwerk stehen. Das war zwar historisch gesehen auch nicht ganz stilgerecht – die Fassaden unverputzt zu lassen, hätte früher als armselig und unfertig gegolten –, entsprach aber der Vorstellung, die sich ein Großteil des Publikums von einem Renaissanceschloss macht. Gleichzeitig wird so der andauernde Wandlungsprozess, dem das Schloss seit seiner Erbauung unterworfen ist, dokumentiert. So ist der Schlosshof letztendlich zu einem guten Beispiel für einen differenzierten und aufgeschlossenen Umgang mit der historischen Bausubstanz geworden.

- -

8 Vom Schloss zur Münzgasse

Wir machen uns an den Abstieg vom Schloss herunter, wobei wir an dem Haus vorbeikommen, in dem der Lehrer von Johannes Kepler, Michael Mästlin, gewohnt hat (Burgsteige 7). Er lehrte von 1583 bis 1631 an der Universität Tübingen Astronomie. Der Dachboden der Stiftskirche diente ihm als Observatorium. Das durch die Dachziegel hereinfallende Licht peilte er über gespannte Bindfäden und erhielt mit dieser so simplen wie genialen Methode ebenso genaue Messergebnisse wie sein Kollege Tycho Brahe, der in seiner Stjerneborg, einer Sternwarte auf der dänischen Insel Ven, mit den aufwändigsten astronomischen Geräten arbeitete, die zu dieser Zeit zu haben waren.

Unten angekommen, stehen wir auf einem Platz, der Faules Eck **8** genannt wird. Ob er so heißt, weil hier früher eine Bäckerei war, deren

Grundstein des ehemaligen
Augustinerklosters

Straße war bis Mitte des 19. Jahrhunderts, als die Hauptgebäude der Universität aus der Altstadt hinaus in die Wilhelmstraße verlegt wurden, der Boulevard der Intellektuellen. Hier waren die meisten Institutsgebäude und hier wohnte ein Großteil der Professorenschaft.

Im Bereich des Hauses Münzgasse 6 befand sich im Mittelalter die Münze der Tübinger Pfalzgrafen: Sie hatten vom Kaiser das Recht verliehen bekommen, mit dem Silber aus ihren Minen im Schwarzwald eine Münze zu prägen, den „Tübinger Pfennig". Da Geld nur etwas nützt, wenn man es ausgibt und in Umlauf bringt, war diese Münzanstalt ein Grund dafür, dass sich der Tübinger Markt entwickelte, was einen entscheidenden Schritt auf dem Weg zur Stadtwerdung bedeutete.

Wir lassen die Münzgasse in ihrer ruhigen Beschaulichkeit jedoch „links liegen" und steigen die Treppen des Klosterbergs hinab. 1264 wurde hier ein Augustiner-Eremitenkloster errichtet. Wenn Sie oben an der Treppe über die Mauer in den Fahrradabstellbereich hinunterblicken, sehen Sie die Eingangstür dieses ehemaligen Klosters, das von den Tübinger Pfalzgrafen zum eigenen Seelenheil, als Grablege für die Familie sowie zur seelsorglichen Betreuung der rasch anwachsenden Tübinger Bevölkerung gestiftet wurde.

Inhaber den Namen „Faul" trug, oder weil die Räder der Fuhrwerke, die um die Ecke zum Marktplatz hinunter abbogen, leer, also „faul" liefen oder weil hier die Studenten aus den umliegenden Universitätsgebäuden in den Seminarpausen zusammenkamen, ist nicht historisch gesichert und bleibt der Fantasie der Besucher überlassen.

Vom Faulen Eck führt die Münzgasse **9** zur Stiftskirche. Diese

10 Das Evangelische Stift

Unten angelangt betreten wir den Außenhof des Evangelischen Stifts, das Herzog Ulrich 1536 ins Leben rief, um Württemberg flächendeckend mit evangelischen Pfarrern versorgen und so die Reformation nachhaltig durchsetzen zu können. 1547 quartierte man die Stipendiaten in dem ehemaligen Augustinerkloster ein. In dem hohen Nordflügel ist der Chorabschluss der Klosterkirche, die dem Stift heute als Kapelle dient, noch gut erkennbar. Auf diese Klosterkirche wurden bereits im 16. Jahrhundert zwei Stockwerke aufgesetzt, die den Stiftlern als Wohnräume zur Verfügung standen. Der Platz reichte bald nicht mehr aus, nach dem Dreißigjährigen Krieg wurden auch auf den ehemaligen Kreuzgang Wohngeschosse gebaut, den klassizistischen Eingang ließ Herzog Karl Eugen Ende des 18. Jahrhunderts anfertigen.

Betritt man den Innenhof des Stifts, sollte man innehalten. Es ist einer der schönsten Plätze Tübingens, ein magischer Ort mit einer unglaublich stimmungsvollen Atmosphäre. Deutlich erkennbar ist noch der romanische Kreuzgang des ehemaligen Klosters. Auf einer Seite befindet sich über dem Kreuzgang eine Art Loggia, Altane genannt. Diese Altane ist durch das großzügige Treppenhaus zu erreichen und auch Besuchern zugänglich. An den Wänden hängen Plaketten der berühmtesten ehemaligen Stiftler. Die Aufnahme in das Evangelische Stift hing zu allen Zeiten ausschließlich von der Begabung der Kandidaten und nicht vom Geldbeutel ihrer Eltern ab. Deshalb fanden (und

Vorhof des Evangelischen Stifts

finden!) sich hier ausgesprochen viele talentierte, offene und auch kritische Geister, die in ihrem Leben, auch wenn es vielleicht etwas pathetisch klingt, der Welt etwas gegeben haben.

Berühmte Zöglinge des evangelischen Stifts

Johannes Kepler (1571–1630)
beschrieb in den „Keplerschen Gesetzen" die Bahnen der Planeten um die Sonne und gilt als Begründer der modernen Naturwissenschaft.

Georg Friedrich Wilhelm Hegel (1770–1831)
wurde preußischer Staatsphilosoph und war ein wichtiger Vertreter des deutschen Idealismus. Sein Werk ist für die westliche Geistesgeschichte mit dem von Platon, Aristoteles oder Kant vergleichbar.

Friedrich Hölderlin (1770–1843)
verfasste mit dem Briefroman „Hyperion" und seinem lyrischen Werk ein Stück Weltliteratur. **12**

Friedrich Wilhelm Joseph von Schelling (1775–1854)
erhielt als hochbegabter junger Mann bereits mit 23 Jahren eine Professur in Jena und war eine der brillantesten Persönlichkeiten der Jenaer Romantik.

Eduard Mörike (1804–1875)
schrieb als Pfarrer Erzählungen und Gedichte. Seine filigranen, transparenten Texte haben vor allem in der Lyrik Maßstäbe gesetzt. „Frühling lässt sein blaues Band" gilt als einer der schönsten Texte der deutschen Dichtung.

David Friedrich Strauss (1808–1874)
verursachte mit seinem Buch „Das Leben Jesu" 1835 einen ungeheuren Skandal, weil er Jesus als historische Figur darstellte und dessen Wundertaten in den Bereich des Mythischen verwies.

Albrecht Goes (1908–2000)
setzte sich als protestantischer Theologe und Schriftsteller für die Versöhnung und den Dialog zwischen Juden und Christen ein und war ein bekannter Friedensaktivist.

11 Die Burse

Wir verlassen das Stift und bummeln Richtung Burse. Das imposante rosafarbene Gebäude ist das erste, das für die neu gegründete Universität errichtet wurde. Die ersten Studenten konnten es bereits 1482 beziehen. Es war gleichzeitig Studentenwohnheim und Lehranstalt. An der sogenannten „Artistenfakultät", der Fakultät für die Studienanfänger, die von der Lateinschule kamen, wurden die „septem artes liberales" unterrichtet, die der Fakultät auch den Namen gaben, eine Mischung aus Mathematik und Philosophie. Die sieben Fächer galten als die Grundlage jedes weiteren akademischen Studiums. Die meisten der jungen „Artisten" erhielten ein Stipendium. Weil der lateinische Ausdruck hierfür „bursa" ist, nannte man das ganze Gebäude die „Burse".

Die Burse

Der berühmteste Student der Tübinger Artistenfakultät war zweifelsohne Philipp Melanchthon. Der 1497 in Bretten geborene Sohn eines Rüstmeisters studierte in Heidelberg und Tübingen, wo er 1517 zum Magister promovierte und sofort mit einer intensiven Lehrtätigkeit begann, für die er ein besonderes Talent hatte. 1518 erhielt er den Lehrstuhl für griechische Literatur an der Wittenberger Universität und hatte dort ebenfalls großen Erfolg. Während seiner beruflichen Laufbahn hielt er zu jeder möglichen Thematik Vorlesungen und schrieb Lehrbücher. Deswegen nannte man ihn auch „praeceptor germaniae", „Lehrer Deutschlands". Gleichzeitig studierte er Theologie, wurde ein Freund und Vertrauter Martin Luthers und trat immer wieder als Verhandlungsführer der protestantischen Seite auf Reichstagen und bei Religionsgesprächen auf. Neben Martin Luther wurde er als Reformator eine treibende Kraft der deutschen und europäischen kirchenpolitischen Reformation. 1560 starb er in Wittenberg.

1804 baute man die Burse um und verwandelte das spätmittelalterliche Haus in ein klassizistisches Gebäude. Das spitzgiebelige Dach wurde durch ein Walmdach mit Ziergiebel ersetzt, die Fenster wurden vervielfacht, das ganze Haus verputzt und in modischem Rosa gestrichen. Anschließend öffnete hier das erste Universitätsklinikum unter Leitung von Prof. Dr. Johann Autenrieth. Es hatte zwar noch keinen Operationssaal, aber immerhin bereits 12 Zimmer für Kranke und Schwangere, darunter auch das „Narrenstübchen", in dem man 1806 erfolglos versuchte, den schwer erkrankten Friedrich Hölderlin zu heilen.

Mit dem Bau der großen Kliniken außerhalb der Altstadt verließen immer mehr medizinische Fächer die Burse. Zuletzt zog 1972 die Zahnmedizin aus und das Gebäude wurde nach einem gründlichen Umbau den Fakultäten für Philosophie und Kunstgeschichte überlassen. Es gehört zum unvergleichlichen Charme Tübingens, dass alle alten Universitätsgebäude nicht nur Denkmal und Museum sind, sondern seit ihren Anfangszeiten ununterbrochen für Lehre und Forschung genutzt werden.

12 Der Hölderlinturm

Wir gehen weiter, steigen rechts die Treppen zum Neckar hinunter und stehen neben dem Hölderlinturm, dem bekanntesten und meist fotografierten Gebäude Tübingens. Der Turm aller Türme, ein magischer Ort, eine Pilgerstätte für Lyrikenthusiasten und Verliebte. Gäbe es ihn nicht, man müsste ihn erfinden.

Friedrich Hölderlin wurde 1770 in Lauffen am Neckar geboren. Er studierte am Evangelischen Stift in Tübingen Theologie. Nach dem

Der Hölderlinturm

Examen ging er jedoch nicht in den Pfarrdienst, sondern lebte als freier Schriftsteller und verdiente seinen Lebensunterhalt als Hauslehrer. Nach einem kurzen Aufenthalt in Frankreich und dem Tod seiner Geliebten, der Bankiersfrau Susette Gontard, deren Kinder Hölderlin betreut hatte, litt er immer wieder unter nervlichen Erschöpfungszuständen. 1806 wurde er von Freunden nach Tübingen in die Klinik gebracht, wo man versuchte, ihn zu heilen, nach neunmonatiger Behandlung jedoch aufgab und Hölderlin für unheilbar krank erklärte. Hölderlin verbrachte daraufhin den Rest seines Lebens in Privatpflege bei der Familie des Schreinermeisters Ernst Zimmer in dem Haus mit dem Turm am Neckarufer. Er starb 1843.

Hölderlins dichterisches Werk gehört unbestritten zu den Höhepunkten der deutschen Literatur und nimmt in der Zeit zwischen Weimarer Klassik und Frühromantik eine Sonderstellung ein. Seine Werke – der Briefroman „Hyperion“, Dramenfragmente und Gedichte – sind von außergewöhnlicher sprachlicher Schönheit und thematischer Dichte.

Zwar finden sich in Tübingen viele Orte, die es mit dem Flair des Hölderlinturms aufnehmen könnten – aber dieses Haus am Fluss, das nicht einmal mehr das Original ist, das 1875 fast völlig abbrannte und durch einen Neubau ersetzt wurde,

Stocherkahn auf dem Neckar

wird zum Wahrzeichen für Tübingens atmosphärische Gestimmtheit. Steht nicht kaum etwas einer Universitätsstadt so gut zu Gesicht wie ein wahnsinniger, aber genialer Dichter? Dass ausgerechnet dieser hochbegabte, schöne junge Mann, der auszieht, sich die Welt zu erobern, in diesem Turmzimmer landen muss und trotzdem der Nachwelt etwas Einzigartiges überliefert: „Nur einen Sommer gönnt, ihr Gewaltigen, und einen Herbst zu reifem Gesange mir …" Wie auch immer: Man kann es ausprobieren. In das Zimmer im ersten Stock gehen und aus dem Fenster schauen **3**. Sich – frühmorgens! – ans Ufer setzen und den Schwänen zuschauen, die „ihr Haupt trunken von Küssen ins heilignüchterne Wasser tauchen". Und dabei natürlich: Hölderlin lesen. Es wirkt.

Nach unserem Abstecher an den Fluss steigen wir die Treppen wieder hoch, wenden uns nach rechts und gehen weiter bis zum Zimmertheater. Ziemlich genau gegenüber befindet sich eine weitere Treppe, die zur Stiftskirche empor führt. Oben angekommen, stehen wir auf dem ehemaligen Kirchhof an der Südseite der Kirche. Da, wo die Kopfplatanen stehen, befand sich die erste Mädchenschule der Stadt. Heute benutzt eine Grundschule den Platz als Pausenhof.

- -

13 Die Stiftskirche

Mit dem Bau der Stiftskirche wurde 1470 begonnen. Die romanische Pfarrkirche, die an diesem Platz gestanden hatte, riss man ab. An der Südwestecke des heutigen Baus wurden jedoch zwei Schmucksteine mit Fabelwesen aus dem alten Kirchenbau eingearbeitet. Der spätgotische Bau mit dem etwas zu kurz geratenen Turm wurde im Hinblick auf die Universitätsgründung 1475 zur Stiftskirche, als das St. Martin-Chorherrenstift aus Sindelfingen hierher verlegt wurde. Ursprünglich war die Kirche dem Heiligen Georg geweiht, dem Schutzpatron des Hauses Württemberg, der deshalb nicht nur neben dem Heiligen Martin und der Jungfrau Maria in den Langhausfenstern auf der Nordseite der Kirche zu sehen ist: Insgesamt finden sich in und um die Kirche herum neun Bildnisse und Skulpturen des Heiligen Georg. Die berühmteste Skulptur ist die in dem runden Fenster auf der Nordseite: Hier sieht man ihn nicht als den glanzvollen Drachentöter, sondern aufs Rad geflochten sein Martyrium ertragen.

Dem Kirchenraum ist anzumerken, dass sich hier seit über 500 Jahren lebendiges Gemeindeleben abspielt und die Kirche immer wieder den Bedürfnissen dieser Gemeinde angepasst wurde. Ein hohes Mittelschiff wird von zehn Stützpfeilerbündeln getragen und von den Seitenschiffen getrennt. Zwischen Chor und Schiff steht, ungewöhnlich genug für eine protestantische Kirche, ein wunderschön gestalteter spätgotischer Lettner. Diese Chorschranke, die im Mittelalter dafür sorgte, dass die Laien den Chorraum nicht betreten konnten, in

Die Stiftskirche

Mechthild von der Pfalz, wurden sogar hierher überführt. Aus dem sakralen Raum wurde so ein Ort herrschaftlicher Repräsentation. Gottesdienste feierte man im Kirchenschiff, der Lettner konnte also stehen bleiben.

Der Chorraum ist der älteste Teil der Kirche und diente nach der Universitätsgründung nicht nur liturgischen Zwecken, sondern wurde auch als Hör- und Festsaal genutzt. Besonders kostbar sind die über 500 Jahre alten Glasfenster, von denen das mittlere vollständig erhalten ist (die beiden anderen sind „Puzzles" aus den Scheiben, die noch aus den insgesamt sieben Fenstern verwendet werden konnten). Die Farben haben eine außergewöhnliche Strahlkraft. Sie leuchten selbst dann noch, wenn es draußen regnet. Das Mittelfenster ist wie der Lettner ein Relikt aus vorreformatorischen Zeiten. Es erzählt die Lebensgeschichte der Jungfrau Maria bis zur Geburt Jesu. Nur die untere Bildleiste gehört nicht zu dieser Marienlegende. Hier sieht man links und rechts den Grafen Eberhard im Barte, wie er unter einem Palmbaum vor dem heiligen Georg kniet und seine Frau, Barbara von Mantua, die in die Lektüre eines Buches vertieft ist. Ein Page trägt eine Fahne mit dem Wappen Württembergs, dazu einen Schild mit dem Wappen der Pfalzgrafen von Tübingen, das

dem die Priester und Mönche die Messe feierten, hätte eigentlich den reformatorischen Bilderstürmern zum Opfer fallen müssen. So war es jedenfalls in anderen Kirchen Württembergs. In Tübingen richtete Herzog Ulrich jedoch im Chor der Stiftskirche die Grablege der württembergischen Grafen und Herzöge ein. Die sterblichen Überreste von Graf Eberhard und seinen Eltern, Graf Ludwig von Württemberg und

Georgsbrunnen vor der Stiftskirche

gleichzeitig das Stadtwappen ist. Das Selbstbewusstsein, mit dem sich das Herrscherpaar an dieser zentralen Stelle der Kirche mit allen möglichen Accessoires ihrer weltlichen Macht darstellt, ist typisch für die Mentalität der Frühen Neuzeit, die im Gegensatz zum Mittelalter die Persönlichkeit des Menschen und seine individuelle Leistung zu betonen beginnt. „Attempto!" – „Ich wage es!" war die Devise des Universitätsgründers Eberhard. Das „Porträt" im Chorfenster passt dazu.

Über den Gläubigen im Kirchenschiff wölbt sich ein 18 Meter hoher Sternenhimmel. Dieser stammt nicht aus der Erbauungszeit der Kirche, die damals mit einer flachen Holzdecke abschloss, sondern wurde erst 1866 von Christian Friedrich Leins gebaut. Wie man an den Diensten der Säulen erkennen kann, war ursprünglich eine Einwölbung der Decke vorgesehen. Wohl aus Kostengründen wurde sie nicht fertig gestellt, sodass das neugotische Sterngewölbe keine neue Idee, sondern eine Art Vollendung des geplanten Kirchenraumes darstellt.

Die letzte große Renovierung der Kirche fand zu Beginn der 1960er

Jahre statt. Das in seiner Bildersprache besonders anrührende Altartriptychon von Leonhard Schäufelin, einem Dürer-Schüler, wurde aus dem Chorraum unter den Lettner gebracht. Die Kanzel, mit der Madonna auf dem Halbmond und den vier Kirchenvätern ebenfalls ein vorreformatorisches Kunstwerk, hängte man eine Säule weiter nach vorne. Vor dem Lettner fand ein moderner Altar seinen Platz,

daneben der Taufstein. Auf diese Weise entstand ein liturgischer Ort, der modernen Gottesdienstansprüchen gerecht wird. Die einfachen Fensterscheiben im Kirchenschiff wurden durch Fenster zeitgenössischer Vitralisten ersetzt. Die Stiftskirche ist kein statischer, unveränderbarer Raum, sondern ein Gotteshaus, das sich mit seiner Gemeinde ständig in Bewegung befindet.

----

14 Die Alte Aula

Vor der Stiftskirche stehen wichtige Universitätsgebäude. Die Alte Aula war bis 1845 das Hauptgebäude der Universität. In den Obergeschossen des fünfstöckigen, geschickt in den Hang hineingebauten Hauses befanden sich ein „Saal zu Feierlichkeiten" und Sitzungsräume. Hier tagte der Senat, hier hatten Kanzler und Rektor ihre Amtsstuben. In den Untergeschossen waren Archive, Hörsäle und

die Bibliothek untergebracht. Um 1777 ließ der Herzog Karl Eugen das Haus zum 300-jährigen Bestehen der Universität umbauen. Das spitzgieblige Fachwerkhaus bekam ein modernes Mansarddach mit einem Giebelfeld, das mit dem württembergischen Wappen geschmückt wurde, darunter ein Säulenbalkon mit schmiedeeisernem Gitter, auf dem das Wappen der Universität, zwei gekreuzte Zepter zum Zeichen der Regierungshoheit, zu sehen ist.

----

15 Das Martinianum

Gegenüber steht das Martinianum, Tübingens ältestes Studentenwohnheim. 1509 gründete der Gelehrte Dr. Martin Plantsch eine Stiftung, die Studenten der Uni Tübingen unterstützte, die für ihr Studium und ihren Unterhalt nicht genügend Geld

aufbringen konnten. Sie erhielten freie Kost und Logis im Wohnheim der Stiftung. Der gegenwärtige Bau stammt aus den 60er Jahren des 17. Jahrhunderts und ist, was in der Altstadt ziemlich selten ist, kein Fachwerkhaus, sondern eines aus Bruch- und Backsteinmauerwerk. In den 1770er Jahren verzierten die studentischen Bewohner die Fassade mit einem Holzschildchen, auf dem „Hier kotzte Goethe" steht, und machten sich damit erfolgreich über die bildungsbürgerliche „Vertäfe-lungswut" der 60er Jahre lustig, als fast an jedem Haus der Innenstadt eine Tafel angebracht wurde, auf der stand, welche Geistesgröße hier gewohnt oder gewirkt hatte.

16 Das Cotta-Haus

Die üppigste Tafel dieser Art gebührte dabei natürlich dem Dichterfürsten Johann Wolfgang von Goethe, der im September des Jahres 1797 auf seiner Reise in die Schweiz ein paar Tage bei Johann Friedrich Cotta Station gemacht hatte. Der wohnte im Haus nebenan, in der Münzgasse 15, und sein Verlag war im 18. Jahrhundert eine der wichtigsten Medienzentralen deutschen Geistes. Der Verlag existierte bereits seit 1659. Johann Friedrich Cotta kaufte ihn 1787 seiner Familie ab und schaffte es, ihn zu einem Unternehmen zu entwickeln, das in besonderer Vielfalt und Sorgfalt nicht nur schöne Literatur, sondern auch Fachbücher, Almanache und Kalender sowie die erste überregionale deutsche Tageszeitung, die „Allgemeine Zeitung", herausgab. Eines seiner Flaggschiffe war sicherlich Goethe, aber er verlegte auch Schiller, Wieland, Humboldt, Hegel, Uhland, Kleist und viele andere mehr, sodass er nicht zuletzt als Verleger der deutschen Klassik in die Geschichte einging. Warum das Cotta-Haus nur anlässlich des Besuchs Goethes mit einer riesigen Marmortafel geschmückt wurde, hingegen über den innovativen und brillanten Gastgeber und Hausherrn kein Wort verliert, bleibt ein Geheimnis.

Heute hebt sich das Haus von den Tübinger Fachwerkhäusern durch seine barockisierende Fassadenbemalung ab. Bei seiner Renovierung 1986 fanden sich Reste früherer Fassadenbemalungen. Man musste sich entscheiden, ob man nur die Reste sichern oder die Bemalung wiederherstellen sollte. Nachdem es sich bei den Malereiresten um Barockdekorationen handelte, wie sie bisher in der Tübinger Altstadt noch nirgends gefunden worden waren, entschied man sich für den Versuch einer Wiederherstellung. Die Rekonstruktion zerstörter Architekturformen ist immer problematisch, weil man zwar den Originalzustand halbwegs wiederherstellen kann, aber gleichzeitig so tut, als hätte sich seit damals nichts verändert. Auch bei der Renovierung des Cotta-Hauses lässt sich diskutieren, ob es sich um Denkmalpflege oder fantasierende Neuschöpfung handelt.

Die Buchhandlung Heckenhauer am Holzmarkt

17 Der Holzmarkt

Wir überqueren jetzt den Holzmarkt mit dem Georgsbrunnen, an dem wir beobachten können, wie der Heilige mit ruhigem Blick und fast schon kontemplativer Gebärde dem Drachen den Garaus macht. Die Skulptur ist eine Replik der gotischen Brunnenfigur von 1523, die zunächst verloren gegangen war. Kurz vor dem I. Weltkrieg tauchte sie im wahrsten Sinn des Wortes wieder auf: Sie wurde in einem Garten am Neckarufer gefunden, der Fluss hatte sie angespült. Als 1976 der Holzmarkt zur Fußgängerzone zurückgebaut wurde, rekonstruierte der Bildhauer Eduard Döttinger auch

den „Jörgenbrunnen", der in den 1960er Jahren zwei Autostellplätzen weichen musste.

In der Buchhandlung Heckenhauer, dem schönen himbeerfarbenen Fachwerkhaus in der Mitte des Holzmarkts, war der Schriftsteller Hermann Hesse von 1895 bis 1899 als Lehrling und zweiter Sortimentsgehilfe angestellt.

Am Ende des Holzmarktes geht es links die Neue Straße 18 hinunter. Die Häuser sehen anders aus als die der übrigen Altstadt, handelt es sich hier doch um eine Art „Neubaugebiet": Im September des Jahres 1789 brannte dieser Teil der Stadt ab. Der Hofbaumeister des Herzogs Karl Eugen, Johann Adam Groß, wurde mit dem Wiederaufbau des Stadtviertels beauftragt. Er teilte das gesamte Brandgebiet völlig neu auf, ließ schnurgerade Straßen anlegen und regelte das Aussehen der Häuser bis ins kleinste Detail: Es entstand so ein in sich geschlossenes frühklassizistisches Stadtquartier.

19 Der Bebenhäuser Pfleghof

Das einzige Gebäude im Viertel, das den Brand überlebte, war der Bebenhäuser Pfleghof, auf den wir jetzt zugehen. Die schöne Schaufassade mit der Schutzpatronin des Klosters, der Jungfrau Maria, die gelassen über die Stadt hinwegblickt, und den mit reichem Maßwerk geschmückten Kapellenfenstern repräsentieren den Reichtum und die Macht des Klosters. Das Zisterzienserkloster in Bebenhausen verfügte im Mittelalter über einen riesigen Grundbesitz. Fast alle Weinberge, Streuobstwiesen und Ackerflächen im Umland waren in klostereigenem Besitz und wurden verpachtet. Die fälligen Steuern und Abgaben zahlten die Pächter meist in Naturalien. All diese Agrarprodukte wurden auf dem Pfleghof gelagert, verwaltet und vermarktet. In der großen Halle im Erdgeschoss, die wir sehen, wenn wir in den Innenhof hineingehen, stand auch ein Kelterbaum. Alle Weingärtner, die die klostereigenen Weinberge bewirtschafteten, waren verpflichtet, ihre Trauben dort zu keltern. Es gibt in Tübingen noch zwei weitere Pfleghöfe: in der Münzgasse den des Klosters Blaubeuren und in der Kirchgasse den des Zisterzienserinnenklosters in Gutenzell, das als Reichsabtei mit Sitz und Stimme auf dem Reichstag vertreten war. Aber beide Pfleghöfe waren nicht halb so großzügig dimensioniert wie der von Bebenhausen.

Der Bebenhäuser Pfleghof

20 Am Lustnauer Tor

Wir gehen, natürlich nicht ohne zuvor einen Blick in den Hof des Pfleghofs zu werfen, in dem heute das musikwissenschaftliche Institut, die Polizeiwache und ein Studentenwohnheim untergebracht sind, durch die Pfleghofstraße hindurch und achten auf die bizarren Winkel, die die Häuser Ecke Pfleghofstraße–Hafengasse einnehmen mussten, um dem rechtwinkligen Straßenideal des Johann Adam Groß entsprechen zu können. Die Straßenkreuzung, die wir erreichen, heißt Am Lustnauer Tor. Hier stand bis zu Beginn des 19. Jahrhunderts eines der fünf Stadttore. Wir verlassen also die eigentliche Altstadt und begeben uns auf die Wilhelmstraße Richtung Uni, auch „akademische Rennstrecke" oder „Grußmeile" genannt.

Wenn wir auf der rechten Straßenseite sind, kommen wir an der Buchhandlung Osiander vorbei, die 1596 gegründet wurde und damit eine der ältesten Buchhandlungen Deutschlands ist. Bis in die 1970er Jahre wurden hier nur wissenschaftliche Bücher verkauft, dann begann man auch das allgemeine Sortiment zu pflegen. Mit mittlerweile 18 Filialen in Südwestdeutschland ist Osiander jetzt ein regionaler Marktführer.

21 Die Neue Aula

Auf der linken Straßenseite befindet sich mit der Neuen Aula das 1845 eingeweihte Zentrum eines neuen, außerhalb der Stadt liegenden Universitätsviertels. Der dreigeschossige klassizistische „Prachtbau" von Baumeister Georg Gottlieb Barth besteht aus unverputzten Sandsteinblöcken. Vor dem Haupteingang an der vollständig symmetrisch angelegten Frontseite wurde vor einigen Jahren der Platz neu angelegt. Er bekam die beiden Brunnen zurück, die zur Erbauungszeit dort gestanden hatten, und erhielt ein Pflastermosaik, das die Palme aus dem Tübinger Universitätswappen zeigt. Graf Eberhard im Barte war nach Jerusalem gepilgert und führte seitdem eine Palme in seinem Wappen. 1977 schuf der Bildhauer HAP Grieshaber in Anlehnung an dieses Palmenwappen eines, das seitdem das „Logo" der Universität ist. Oberhalb der zweiten Etage kann man in großen goldenen Buchstaben das Motto der Universität lesen: „Attempto!" – „Ich wage es!"

Heute befinden sich in der Neuen Aula die juristische Fakultät, der Festsaal, große Hörsäle und die Universitätsleitung – die Zimmer von Kanzler und Rektor, der Große und der Kleine Senat.

Die Neue Aula

Clubhaus und Mensa

Zwischen den anderen spätklassizistischen Gebäuden der Wilhelmstraße, die diese zu Tübingens nobelstem Straßenzug machten, nimmt sich der rote Backsteinbau gegenüber der Neuen Aula ungewöhnlich aus. Es handelt sich um das Clubhaus, das in den 1950er Jahren als Verkörperung einer fortschrittlichen Moderne gebaut wurde. Es gehört dem Studentenwerk und dient dem kulturellen und sozialen studentischen Leben. Es gibt eine Cafeteria und vom Treffen eines politischen Arbeitskreises bis zur rauschenden Party findet hier alles Mögliche statt.

Ebenso betont fortschrittlich ist die Mensa mit den großen Glasfronten, die 1965 Paul Baumgarten als einer der wenigen kompromisslosen modernen Bauten der Nachkriegszeit errichtete. In einer Zeit, als die meisten Studierenden noch in winzigen und oft dunklen Zimmern zur Untermiete „hausten", war diese weite, lichtdurchflutete Halle wirklich etwas Besonderes, heute ist sie fast schon ein Stück Architekturgeschichte.

22 Die Universitätsbibliothek

Der Mensa gegenüber befindet sich die Universitätsbibliothek mit all ihren Erweiterungsbauten. Den ältesten errichtete noch vor dem I. Weltkrieg der Architekt Paul Bonatz, das Hauptgebäude kam 1963 hinzu. Auch das genügte den immer weiter steigenden Anforderungen bald nicht mehr, immerhin verfügt die Universitätsbibliothek über mehr als 3,5 Mio. Bücher, die verliehen und verwaltet werden wollen. Im Jahre 2002 wurde ein weiterer Erweiterungsbau bezogen. Dieser rote Klinkerbau jenseits der Ammer ist ein ästhetisch ansprechendes Gebäude geworden, das man über einen freitragenden Glasgang vom Hauptgebäude aus erreicht.

Glanzstück der Bibliothek ist aber nach wie vor der Historische Lesesaal mit seiner ehrwürdigen Eichenholzvertäfelung und einem halbrunden Wandgemälde, auf dem in wunderschöner Jugendstilmanier Odysseus die Schatten der Unterwelt begrüßt: „Und aus dem Erebos stiegen herauf die Seelen der abgeschiedenen Toten." Hier herrscht richtige Bibliotheksstille, die nur vom Rascheln der Seiten unterbrochen wird. Wer wirklich ungestört arbeiten oder lesen will, weit weg von E-Mail und Telefon, die nicht gerade ergonomischen grünen Polstersessel mit den viel zu hohen Tischen erträgt und keine Wasserflasche auf dem Schreibtisch braucht, kann hier Augenblicke inspirierender Bibliotheksglückseligkeit genießen.

Historischer Lesesaal

Upper town

The foundation of the university made the Upper Town the "Academic District" of the town, being home to the oldest institutional buildings and some fine houses. The tour will take you through the section of the old town along the banks of the Neckar and into Wilhelmstrasse, the university district of the 19th and 20th Centuries.

1 Market Square

There are many highly decorated mid-16th Century houses around the Market Square. The town hall was built in 1435 and redesigned several times. The astronomical clock has shown signs of the zodiac and eclipses of the sun and moon since 1511. The paintings on the facade were completed in 1876 and are a fine example of the art of the German Empire, which harked back to days of yore. The central figure is Count Eberhard im Bart, who founded the university of Tübingen in 1477.

The figure of Neptune on the Market Fountain is a replica of the original sculpture, dating back to the 17th Century. It was made in 1948 from the remains of weapons in a project instigated by the Lord Mayor of Tübingen and the Head of the French occupying force.

5 Castle

The lower gateway to the castle, erected in 1604, looks like a Roman triumphal arch and demonstrates political power and fighting strength in an impressive way.

Hohentübingen Castle is a symmetrical four-winged complex dating back to the 16th Century and was primarily a military facility. The military occupation of the castle ended in 1710 and the buildings were given to the university a few years later. Firstly, the astronomical and chemical institutes were housed here, whilst today various cultural institutes are located here.

From the North Bastion, you get a fine view of the Lower Town with St. James' Church, the hospital and the former ducal grainstore, and of the northern part of the town with its clinics, which sprung up there from the end of the 19th Century onwards. There are also wine terraces to be seen on the western edge of the town.

9 Münzgasse

Münzgasse connects the Protestant canonry with the Collegiate Church and was, up to the beginning of the 19th Century, the real university quarter: The professors lived here and most of the institutes were located here. In the medieval era, the mint (or Münze) of the Tübingen Counts Palatinate was located in the vicinity of Münzgasse 6. The so-called "Tübingen Penny" which was minted here played a decisive role in the formation of a market and thus to the urbanisation of Tübingen.

Arts learned the "septem artes liberales", a mixture of mathematics and philosophy. Most of the students received a scholarship. The Latin word for this is "bursa", which gave the building its name. When the building was altered in 1804, the late-Medieval building was converted to the Classical style and was home to the first university clinic. This had over 80 beds, but no operating theatre! The Faculties of Philosophy and the History of Art have been housed here since the 1970s, meaning that the building has been the home of teaching and research for over 500 years.

10 Protestant Canonry

An Augustinian friary was erected on the edge of the town in 1264 and, after the Reformation of 1536, it became a training college for Protestant canons. The courtyard of the college, the former monastic cloister, is one of the most attractive places in Tübingen. It is magical and exudes a truly unique atmosphere.

11 Bourse

This imposing pink building was the first edifice of the newly-founded university. From 1482 onwards, the students of the so-called Faculty of

12 Hölderlin Tower

The Hölderlin Tower on the banks of the River Neckar is surely the most well-known building in the town. The poet Friedrich Hölderlin, whose works are undoubtedly amongst the high points of German literature, lived here between 1806 and his death in 1843. He suffered from severe mental illness for this entire time. As a figurehead for a university town could scarcely be better than a mad yet brilliant poet, the house with the tower, seemingly a prison and watchtower in one, has become a symbol of Tübingen's spirit.

13 Collegiate Church

The construction of the Collegiate Church was started in 1470. It replaced a smaller Romanesque church which had stood on this site as a the main university and parish church. It was consecrated to St. George but when, during the foundation of the university, the Sindelfingen Canonry College was moved to Tübingen, it was given the title of Collegiate Church. This late-Gothic church still contains a pre-Reformation rood screen, a chancel preventing laymen from entering the choir which was reserved for the priests and monks. After the Reformation the choir became the mausoleum for the Counts and Dukes of Württemberg. The Tübingen rood screen was left intact, whilst many others in Württemberg were destroyed by Protestant iconoclasts. Of particular note are the over 500 year-old windows in the choir, offering extraordinarily bright colours, and the altar triptych by Leonhard Schäufelin, a pupil of Albrecht Dürer.

14 Alte Aula

The Alte Aula was, until 1845, the main building of the university, containing important meeting rooms, the offices of the rector and chancellor, auditoriums, archives and the library. The house was renovated around 1777, giving it its early-Classical appearance with a modern mansard roof and columned balcony.

15 Martinianum

Tübingen's oldest dormitory for students was founded in 1509. The current building, dating back to the 17th Century, is, unusually for a building in the old town, not half-timbered, but is made of stone and brick masonry. In the 1970s, the student inhabitants put a small wooden sign on the facade, stating "Goethe was sick here", making fun of the fact that there were plaques on nearly every building in the town centre stating which genius had lived or worked there.

16 Cotta house

From 1787 onwards, Johann Friedrich Cotta ran one of the largest and most important publishing houses in Münzgasse 15. Cotta, who took over the family company, which had been in existence since 1659, published not only countless famous German writers, in particular Goethe and Schiller, but also published the first national German daily newspaper and also invented the paperback book. Goethe visited his future publisher for several days in September 1797.

17 Holzmarkt

This square has only been pedestrianised since 1976. The originally late-Gothic St. George's Fountain was reconstructed to mark the occasion. Hermann Hesse, the most famous German writer of the 20th Century, worked in the Buchhandlung Heckenhauer as a trainee and assistant between 1895 and 1899.

18 Neue Strasse

Much of this part of the town burned down in 1789 and was completely rebuilt with early-Classical buildings and straight roads.

19 Bebenhäuser Pfleghof

In the Middle Ages, this building belonged to the Cistercian monastery of Bebenhausen, located not far from the town. The monastery owned vast areas of land, which were rented out. The rental payments of tenants, given in kind, were collected and sold here. The tenants were also obliged to press their grapes in the hall on the ground floor. Today, the building is home to the Institute of

The Cotta house

Music, the police station and a student dormitory.

20 Lustnau Gate

One of five town gates stood here until the beginning of the 19th Century. All the town walls and gates were pulled down around this time, in order to allow the town to grow.

21 Neue Aula

Since 1845, the Neue Aula has been the centre of the new university district, located outside the town centre. Today, it houses the Faculty of Law, the ballroom, large auditoriums and the university administration.

Clubhhouse and Refectory

The red brick building opposite the New Hall was built in the 1950s specifically as a progressive, modern building. It belongs to the Students' Union and is used for cultural and social student activities. The refectory was built in 1965 and is one of the more uncompromising post-war buildings in Tübingen. Today, the vast, well-lit hall is almost a piece of architectural history.

22 University Library

The three library buildings, dating from 1912, 1963 and 2002, lend and manage more than 3.5 million books each year. The historic Reading Room is still particularly attractive, containing venerable oak panelling and an Art Deco wall painting.

The refectory

La ville haute

Grâce à la fondation de l'université, la ville haute devenait le quartier universitaire de la ville avec les immeubles universitaires les plus anciens et des maisons élégantes de la haute bourgeoisie. La promenade vous conduira à travers la partie du centre ville historique située au bord du Neckar et la Wilhelmstraße, le quartier universitaire du 19ème et 20ème siècle.

1 La place du marché

Les maisons luxueuses sur la place du marché datent du milieu du 16ème siècle. L'hôtel de ville a été construit en 1435 et modifié plusieurs fois. L'horloge astronomique indique depuis 1511 les signes du zodiaque ainsi que les éclipses du soleil et de la lune. La peinture de la façade date de 1876. Elle est un bon exemple de l'historicisme, le style architectural favori de l'Empire allemand. Le personnage central représente le comte Eberhard I qui a fondé l'université en 1477.

Le Neptune sur la fontaine de la place du marché est une réplique de la sculpture originale du 17ème siècle. Elle a été fabriquée à l'initiative du maire de Tübingen et du commandant en chef de l'occupant français à partir du métal d'armes de la Seconde Guerre mondiale.

5 Le château

Le portail inférieur du château ressemble à un arc de triomphe romain et il est un symbole fort du pouvoir politique et militaire. Le château de Hohentübingen est un édifice qui comporte quatre ailes datant du 16ème siècle. Il servait surtout à des fins militaires. En 1710, la force occupante quitta le château qui fut attribué à l'université. Il a d'abord abrité les instituts d'astronomie et de chimie, aujourd'hui il accueille plusieurs instituts culturels.

Du bastion nord on jouit d'une vue magnifique sur la ville basse avec l'église Saint Jacques, L'Hôpital et la Grange ducale ainsi que sur le nord de la ville avec les centres universitaires hospitaliers qu'on a construits à partir du 19ème siècle. A la périphérie de la ville, à l'ouest, on peut encore apercevoir quelques terrasses de vignobles.

9 Münzgasse

La Münzgasse relie le Séminaire de Théologie Protestante à l'Eglise Collégiale. Cette rue était jusqu'au 19ème siècle le quartier universitaire:

Ici résidaient la plupart des professeurs et ici se trouvaient presque tous les instituts. Au numéro 6 de la Münzgasse, on battait monnaie au Moyen-Age, un privilège que les comtes palatins de Tübingen avaient obtenu de l'empereur allemand. Le « Tübinger Pfennig » a fortement contribué à l'émergence d'un marché et ainsi au développement de la ville de Tübingen.

10 Séminaire de Théologie protestante

En 1264, on a construit à la périphérie de la ville un monastère des moines augustins qui fut transformé après la Réforme en 1535 en centre de formation pour des pasteurs protestants. La cour intérieure du Séminaire, l'ancien cloître, est une des plus beaux lieux de Tübingen, un endroit vraiment magique avec une atmosphère très poétique.

11 La Bourse

Cet édifice impressionnant situé au bord du Neckar fut le premier bâtiment construit pour la nouvelle université. A partir de 1482, les étudiants apprenaient à la Faculté des Arts les soi-disant sept arts libéraux, un mélange de mathématique et de philosophie. La plupart des étudiants obtenait une bourse d'études, pour cette raison on appelle le bâtiment aujourd'hui encore la Bourse. En 1804, des travaux de rénovation ont transformé la maison médiévale en un édifice de style néo-classique où l'on a installé le premier centre universitaire hospitalier, avec plus de 80 lits mais sans salle d'opération. Depuis les années 70, le bâtiment abrite les facultés de philosophie et d'histoire de l'art, depuis plus que 500 ans, il a donc été voué sans interruption à l'enseignement et la recherche.

12 Hölderlinturm

La petite tour au bord du Neckar est sans aucun doute le bâtiment le plus connu de la ville. Ici vécut le poète Frédéric Hölderlin, dont l'œuvre est un des sommets de la littérature allemande, depuis 1806 jusqu'à sa mort en 1843. Il souffrait d'une maladie grave mentale dont il ne se remit jamais. La tour, prison et mirador à la fois, le refuge du poète fou, mais génial, est devenu un symbole de l'état d'esprit de cette ville.

13 L'Eglise Collégiale

En 1470, on détruisit la petite église romane qui se trouvait à cet endroit

Hölderlinturm

pour construire une église plus grande et plus représentative, adaptée aux besoins de la nouvelle université. Elle était dédiée à Saint Georges. Au cours de la fondation de l'université, un Collège de chanoines fut transféré de Sindelfingen à Tübingen et depuis on l'appelle Eglise Collégiale. Dans l'église de style gothique flamboyant se trouve toujours un jubé datant de la Préréforme, qui refusait aux laïques d'entrer dans le chœur, celui-ci étant réservé aux prêtres et aux moines. Après la Réforme, le duc Ulrich installa dans le chœur le sépulcre des comtes et des ducs de Wurtemberg et transforma ainsi le lieu de culte en espace de représentation seigneuriale. C'est pourquoi le jubé a été préservé alors que dans toutes les autres églises du Wurtemberg les jubés furent détruits par des iconoclastes. Regardez aussi les vitraux magnifiques du chœur avec leurs couleurs d'une brillance éclatante et le triptyque de l'autel, une œuvre de Leonhard Schäufelin qui travaillait dans l'atelier d'Albrecht Dürer.

14 Les Anciennes Facultés

Jusqu'en 1845 les Anciennes Facultés constituaient le bâtiment principal de l'université avec toutes les salles de séance importantes, les bureaux du chancelier et du recteur, les salles de conférence, les archives et la bibliothèque. Autour de 1777, la maison fut rénovée dans le style néo-classique avec son toit mansardé et son balcon sur piliers.

15 Martinianum

La cité universitaire la plus ancienne de Tübingen fut fondée en 1509. La maison actuelle date du 17ème siècle. Elle n'est pas, comme pratiquement toutes les maisons dans le centre historique de Tübingen, une maison à colombages, mais elle se compose de briques et de libages. Dans les années 70 du 20ème siècle les étudiants ont décoré la façade avec un panneau en bois sur lequel ils ont écrit « Hier kotzte Goethe » – « Ici Goethe vomissait » en se moquant ainsi de la manie de la bourgeoisie cultivée de Tübingen d'orner pratiquement toutes les maisons de pancartes indiquant le grand personnage plus ou moins génial qui y avait vécu.

16 La Maison Cotta

En face de l'Eglise Collégiale Jean Frédéric Cotta a dirigé l'une des plus grandes et des plus importantes maisons d'édition européennes. Cotta, qui avait repris l'entreprise familiale fondée en 1659, n'édita pas seulement de nombreux écrivains allemands célèbres, surtout Goethe et Schiller. Il publia aussi le premier journal national d'Allemagne et inventa le livre de poche. Au mois de septembre 1797 Goethe vint voir son futur éditeur pendant quelques jours.

17 Le marché au bois

C'est seulement à partir de 1976 que cet endroit est devenu une zone piétonne. La fontaine d'origine, de style gothique, avec la sculpture représentant Saint Georges tuant le dragon, a été reconstruite à cette occasion. Hermann Hesse, l'écrivain allemand du 20ème siècle le plus connu à l'étranger, travailla dans la librairie Heckenhauer comme apprenti.

18 Neue Straße

A partir de 1789, après une incendie dévastateur, dans cette partie du centre ville, les maisons furent reconstruites dans un style néo-classique et le plan des rues rectiligne a une forme d'échiquier.

19 Bebenhäuser Pfleghof

Ce bâtiment administratif était la dépendance d'un monastère cistercien qui possédait des terres à Tübingen. On y stockait des produits agricoles, dans le hall au rez-de-chaussée, il y avait un pressoir à vin. Aujourd'hui le bâtiment abrite la faculté de musicologie, la police et une cité universitaire.

20 Lustnauer Tor

Jusqu'au début du 19ème siècle s'y trouvait ici l'une des cinq portes de la ville. A cette époque, tous les remparts et toutes les portes de la ville furent démolis pour que la ville puisse s'agrandir.

21 Les Nouvelles Facultés – Neue Aula

C'est le centre d'un nouveau quartier universitaire en dehors des anciens remparts de la ville inauguré en 1845. Aujourd'hui on y trouve la Faculté de Droit, la salle des fêtes, des grandes salles de conférence et la direction de l'université.

Clubhaus et restaurant universitaire

Dans les années 50 du 20ème siècle fut construit la maison en briques rouges en face de la « Neue Aula » comme bâtiment ostensiblement moderne et progressiste. Au Clubhaus se trouvent les locaux des associations qui proposent aux étudiants des services dans les domaines culturel et social. Le restaurant universitaire fut bâti en 1965 et passe pour un des très rares bâtiments vraiment modernes de l'après-guerre. Aujourd'hui ce hall spacieux et lumineux a marqué l'histoire architecturale de la ville.

22 La bibliothèque universitaire

Les trois bibliothèques de 1912, 1963 et 2002 gèrent plus que 3,5 millions de livres. Là, il se trouve une salle de lecture historique avec des étagères en chêne sculpté et une peinture murale de style Art Nouveau.

In der Jakobsgasse

Unterwegs
in der Unterstadt

Unterwegs in der Unterstadt

In der Unterstadt, in den schmalen und verwinkelten Gassen rund um die Jakobuskirche und entlang dem Ammerkanal, wohnten früher vor allem die Handwerker und Weingärtner. Heute leben hier alteingesessene Tübinger ebenso wie „Reig'schmeckte", vor allem junge Familien, die die idyllische Atmosphäre und die kurzen Wege zu schätzen wissen. Bummeln Sie durch die „untere Stadt" und entdecken Sie verträumte Winkel und Plätze voll umtriebiger Geschäftigkeit.

1 „Tübinger Rebmännle"

Wir beginnen unseren Rundgang auf dem Marktplatz **1** vor dem Rathaus **2**. An der Südostecke am 1. Obergeschoss des Rathauses hängt eine kleine Skulptur, die das „Tübinger Rebmännle" genannt wird, obwohl es sich zweifellos um eine Person weiblichen Geschlechts handelt: eine Bacchantin, eine Anhängerin des Weingottes Bacchus. Sie wurde um 1600 dort angebracht und soll die Bedeutung des Weinbaus für Tübingen unterstreichen. Die Figur tanzt auf einer schönen vollen Traube, um ihren unbekleideten Körper ist eine Girlande aus Weinblättern geschlungen und auch der Umhang, den sie hinter sich zu werfen scheint, erinnert an ein Weinblatt. Die Plastik sagt einiges über das Kunstverständnis der Frühen Neuzeit aus: Nach den Heiligenfiguren des Mittelalters mit ihren ruhigen, selbst im Schmerz noch gelassenen Gesichtszügen und ihren langen Gewändern mit den schweren Falten bot das in der Renaissance neu entdeckte Personal der antiken Götterwelt den Malern und Bildhauern völlig neue Möglichkeiten des künstlerischen Ausdrucks. Die Figuren brauchten nicht mehr unbedingt schön zu sein, ihnen durfte man ansehen, dass ein Mensch aus Fleisch und Blut zumindest als Inspiration, wenn nicht sogar als Modell gedient hatte. Auf einmal war es möglich, Muskelprotze wie den Neptun auf dem Marktbrunnen **3** darzustellen oder eben unsere Bacchantin: Mit ihren im Verhältnis zum Oberkörper etwas kurzen, kräftigen Beinen, ihrem runden Bäuchlein und ihrem freundlich

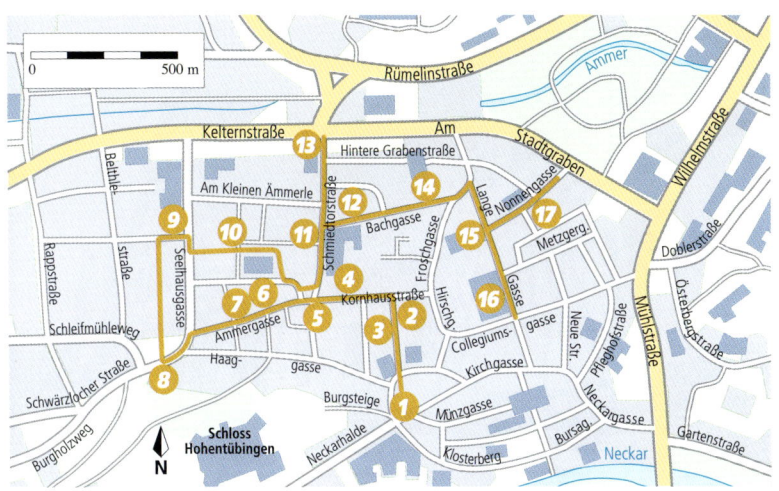

lachenden Gesicht, das aussieht, als hätte sie dem süßen Saft der Reben schon ausgiebig zugesprochen, wirkt sie ausgesprochen lebendig und individuell. Zudem ist sie nackt. Da die Gestalten der antiken Mythologie keine Christen waren, konnte man sich ihrer bedienen, um einen Akt in den öffentlichen Raum zu stellen, ohne die Gebote des Anstands und der Scham zu verletzen.

Dass unsere Bacchantin ausgerechnet an dieser Seite des Rathauses hängt, ist vermutlich kein Zufall: Auf diese Weise blickt sie direkt Richtung Münzgasse, wo sich das Universitätsviertel mit den Institutsgebäuden und den Professorenhäusern befand. Nichts gegen die Büchergelehrsamkeit der Studenten und Professoren – aber war man mit dem Weinbau nicht auf der besseren Seite?

2 Das Stadtmuseum

Wir gehen die Marktgasse hinunter und stehen vor dem Stadtmuseum 2. Das Kornhaus ist eines der ältesten Häuser der Stadt, es wurde 1453 erbaut. Die Jahreszahl mit der gotischen vier – einer halben acht – ist auf dem Balken im ersten Stock zwischen Langhaus und Querhaus noch ziemlich gut zu erkennen. Es gehörte (und gehört!) zu den wichtigsten Repräsentationsbauten der Tübinger Bürgerschaft. Ursprünglich

Stadtmuseum im Kornhaus

war im Haus der Kornmarkt, noch im 19. Jahrhundert wurde der Getreidehandel hier abgewickelt. Die großen Fenster im Erdgeschoss waren Toreinfahrten für Ochsenkarren und Pferdefuhrwerke, sie lagen einander gegenüber, sodass die Wagen, ohne wenden zu müssen, hinein- und wieder hinausfahren konnten.

In den Obergeschossen, von denen das zweite erst später aufgestockt wurde, wie man am Wechsel der Fachwerktechnik deutlich erkennen kann, waren Räume, die die Tübinger für Theateraufführungen oder private Feiern nutzten. Auch gab es eine sogenannte Bürgerstube, eine Art Club, in dem man gegen einen Mitgliedsbeitrag in einem halböffentlichen Rahmen ein Glas Wein trinken, Karten spielen und „klüngeln" konnte, den Weinstuben der Zünfte nicht unähnlich. Eine Zeitlang hatte die Universität hier ihren Fechtboden. 1681 zog die

Volksschule, im Gegensatz zur Lateinschule „deutsche Knabenschule" genannt, hier ein. Bis zu Beginn des 19. Jahrhunderts sollten sich Schule und Kornmarkt das Gebäude teilen, dann ziehen immer wieder andere Vereine, Behörden und Schulen hier ein.

Die Baugeschichte

In den 1980er Jahren wird das Haus renoviert und zum Stadtmuseum umgestaltet. Entstanden ist eines der spannendsten Häuser der Stadt. Im Gegensatz zum Schlossinnenhof **5** riskierte man ein Sanierungskonzept, das die alte Bausubstanz, Reparaturen und neu Hinzugefügtes deutlich erkennbar voneinander unterscheidet. Damit sollte nicht nur die Geschichte des Hauses mit seinen vielen Nutzungsänderungen widergespiegelt, sondern auch deutlich gemacht werden, dass das Haus selbst das wichtigste Exponat des Museums ist, zu dem es eingerichtet wurde. Außen ist dies zum Beispiel daran zu erkennen, dass die neu ausgefertigten Gefache nicht so verputzt wurden, dass man denken könnte, dahinter verberge sich noch die alte Strohlehme. Deutlich sieht man das neue Mauerwerk. Noch radikaler wurde mit den Neubauteilen umgegangen. Im Mittelalter waren Holz und Strohlehme der übliche Baustoff, heute sind es Stahl und Beton. Es ist also

nur konsequent und entspricht der Idee, Neues auch als solches erkennbar zu machen, wenn man es nicht historisierend mit mittlerweile unüblichen Materialien gestaltet, sondern eben mit Stahl und Beton. Ursprünglich war sogar vorgesehen, für die Fenster im ersten Obergeschoss ein gegen die Fachwerkstruktur setzendes Fensterformat mit einer Teilung aus Stahl zu entwickeln. Damit konnte der Architekt sich jedoch nicht durchsetzen. Der Gemeinderat plädierte für eine weniger innovative, gefälligere Lösung aus Holz und erlaubte nur ein Musterfenster.

Im Inneren des Stadtmuseums wurde mit derselben Konsequenz vorgegangen. Alle Rohre und Leitungen sind sichtbar, der Fahrstuhl hängt in einem Schacht aus Sichtbeton, während daneben die unverputzte Strohlehme zu sehen ist, den Boden bedeckt nackter Estrich und neben den Resten des alten Putzes wurden die Wände einfach da geweißt, wo der alte Farbauftrag nicht mehr erhalten werden konnte. Der Versuch, Gegenwart und Vergangenheit mit allen Spannungen und Brüchen gleichberechtigt nebeneinander zu stellen, ist hier wirklich gelungen. Das Haus ist nicht nur ästhetisch ansprechend, sondern schafft auch die Voraussetzungen für einen lebendigen und differenzierten Museumsbetrieb.

3 Der „Löwen"

In dem rosafarbenen Gebäude schräg gegenüber vom Stadtmuseum war früher das Gasthaus zum Löwen, das auch eine eigene Bierbrauerei hatte. An der Längsfront sieht man das Zunftzeichen der Bierbrauer, das einem Davidstern ähnelt, weswegen das Haus fälschlicherweise manchmal für eine Synagoge gehalten wird. Hier traf sich Ober- und Unterstadt: Verbindungsstudenten „tagten" hier ebenso gerne wie der „Weingärtner Liederkranz", ein Gesangsverein, der 1845 seine erste Probe abhielt und heute noch besteht. Bis vor kurzem war im „Löwen" ein Kino untergebracht, das sich lange Zeit mit dem verstaubten Charme alter Samtvorhänge und plüschiger Klappsessel gegen Multiplex und DVD tapfer zur Wehr setzte. Mittlerweile hat ein kommunales Wohnungsunternehmen den „Löwen" gekauft und will ihn als kulturelle Einrichtung erhalten.

4 Krumme Brücke – 5 Judengasse

Wir laufen weiter durch die Kornhausstraße und kommen an einen Platz, der Krumme Brücke genannt wird, weil die Straße, die den Ammerkanal überbrückt, nicht in gerader Richtung weiter geführt wird. Hier befindet sich die „Wette", die früher als Viehtränke und Wagenwaschanlage genutzt wurde. Links könnten wir in die Judengasse abbiegen: Im Mittelalter war hier das Wohngebiet der Juden, die 1477 im Zuge der Universitätsgründung aus der Stadt vertrieben wurden. Sie hatten sich dort vermutlich bereits im 13. Jahrhundert angesiedelt und waren auf Grund guter Handelsbeziehungen und ihres Kapitals ursprünglich auch durchaus willkommene Mitbewohner. Die relative Nähe zum Marktplatz und die Halbhanglage der Straße, die Regenwasser und Dreck schnell abfließen ließ, war für damalige Verhältnisse eine komfortable Wohnlage. Aber die jüdischen Bürger hatten auch immer wieder unter antisemitischen Verfolgungen zu leiden, wie zum Beispiel während der großen europäischen Pestepidemie 1348. Dass die Juden alle in einer Straße zusammen lebten, war keine Ghettosituation, sondern entsprach der Gewohnheit, mit der Angehörige eines Berufsstandes oder einer sozialen Schicht meist in derselben Straße wohnten. So wie es eine Metzgergasse gab, gab es eben auch eine Judengasse. Nach der Vertreibung im 15. Jahrhundert zogen die Juden in die Dörfer der Umgebung. Erst Mitte des 19. Jahrhunderts kamen wieder Juden nach

Tübingen, 1888 wurde eine jüdische Gemeinde gegründet und in der Gartenstraße eine Synagoge gebaut. Die Machtergreifung Hitlers setzte der relativen Integration der Juden in Tübingen – der Rechtsanwalt Simon Hayum saß immerhin als liberaler Kommunalpolitiker im Tübinger Gemeinderat und Mitglieder der Familie Hirsch, die in der Kronengasse ein Herrenmodengeschäft betrieb, bekleideten immer wieder Ämter in verschiedenen Vereinen der Stadt – rasch ein Ende. 1937 lebten nur noch 25 Mitglieder der jüdischen Gemeinde in Tübingen, von denen elf in letzter Minute die Ausreise nach Amerika oder Israel gelang. Die anderen 14 wurden nach Riga, Auschwitz oder Theresienstadt deportiert, nur zwei von ihnen überlebten den Holocaust.

---

6 Die Ammergasse

Wir folgen jedoch der Verlängerung der Kornhausstraße und durchqueren die Ammergasse, eine der nettesten „Flaniermeilen" der Altstadt. Bis ins 19. Jahrhundert hinein hieß diese Straße Gerbergasse. Hier hatten die Gerber und Färber ihre Wohnungen und Werkstätten. Das war kein Zufall. Durch diese Straße fließt der Ammerkanal 7, eines der wichtigsten technischen Bauwerke Tübingens. Bereits 1175 war ein Vorläufer dieses Kanals angelegt worden. Nach einem großen Stadtbrand im Jahre 1280 nutzte man den Wiederaufbau auch für eine Erweiterung des Kanals, der nicht nur die wirtschaftlichen Vorteile eines Mühl- und Gewerbekanals hatte, sondern auch als Brandschutzmaßnahme diente. Während der wirtschaftlichen Glanzzeiten, die Tübingen im 15. und 16. Jahrhundert erlebte, baute man den Kanal nochmals aus. In dieser Zeit entstanden der Mühlgraben im Bereich der heutigen Mühlstraße und der Oberlauf, der vom Haagtor bis zur Domäne Ammern bei Unterjesingen reichte. Jetzt hatte der Kanal eine Gesamtlänge von 4420 Metern, kein anderes Bauwerk war wichtiger für die wirtschaftliche Entwicklung der Stadt. Er diente in erster Linie als Kraftwerk, mit dem zahlreiche Mühlen angetrieben wurden, war Brauchwasserlieferant für viele Handwerksbetriebe und natürlich Abwasserkanal! Zu Beginn des 20. Jahrhunderts gab man die meisten gewerblichen Nutzungen an seinen Ufern auf. Bis in die 1970er Jahre überlegte man immer wieder, ob man ihn einfach zuschütten sollte, um ihn dann aber als Gestaltungselement in das Stadtbild zu integrieren. Seine Wassermenge ist seitdem auf ein Minimum reduziert.

Zurzeit plant man, ihn wieder ein wenig zu reaktivieren. Von den vielen Mühlrädern, die es früher am Kanal gab, existieren noch zwei in der Gerstenmühlstraße. Eines davon soll wieder in Betrieb genommen werden, um aus der Wasserkraft Strom zu gewinnen. Diese neue Kleinwasserkraftanlage soll nicht nur zehn Haushalte mit Strom versorgen, sondern auch ein Anschauungsobjekt sein, mit dem gezeigt werden kann, wie sich umweltfreundlich aus Wasserkraft Strom erzeugen lässt.

- -

8 Der Haagtorplatz

Am Ende der Straße liegt der Haagtorplatz. Das Stadttor wurde wie die anderen im 19. Jahrhundert abgerissen, aber man kann noch gut einen Rest der alten Stadtmauer entdecken. Der Mauerverlauf ist auch teilweise als Parkplatzabgrenzung wieder

rekonstruiert worden. Die Häuserzeile auf der rechten Seite sitzt auf der alten Stadtmauer auf, Gaisturm und Zwinger verdeutlichen noch gut die alte Mauersituation und lassen erkennen, wie stark befestigt Tübingen einmal gewesen sein muss. Heute beherbergt dieser lange und schmale Platz zwischen den beiden Mauerteilen einen der schönsten Kinderspielplätze der Innenstadt, der vor allem an heißen Tagen wegen eines Wasserspielgerätes besonders beliebt ist. Hier entfaltet sich wieder einmal der Charme dieser Stadt, in der es gelingt, historische Bausubstanz und moderne Lebensbedürfnisse mit erfrischender Nonchalance zu verbinden.

Wir verlassen das „Zwingerle" und biegen vor dem Haagtorplatz in die Seelhausgasse **9** ein. In dieser Straße war bis zum 19. Jahrhundert das Seelhaus, eine soziale Einrichtung, die bereits im Mittelalter fremde Bettler und Pilger aufnahm.

Am Zwingerle

Seelhausgasse

Wir gehen rechts durch ein Sträß-
chen mit dem kuriosen Namen
„Mordiogässle" Richtung Jakobuskirche. Hier war von 1610 bis ins
19. Jahrhundert eine Brauerei mit
Bierausschank. Da die Unterstadtbe-
wohner alle eigenen Most und Wein
im Keller hatten, bestand die Kund-
schaft dieser Bierschwemme hauptsächlich aus Studenten, die nachts
lautstark auf der Straße randalierten,
also „Mordio" machten.

Zwischen Mordiogässle und Salz-
stadel hat der Tübinger Bildhauer
Ugge Bärtle **7** 1961 ein Denkmal **10**
zu Ehren der vielen Weingärtner

geschaffen, die bis zum 19. Jahrhundert um die Jakobuskirche herum in
der Unterstadt wohnten und diesem
Teil der Stadt ein fast dörfliches
Aussehen verliehen. Wein hatte als
Grundnahrungsmittel und Wirtschaftsfaktor eine herausragende
Bedeutung. Die Anfänge des gewerblichen Weinbaus und Weinhandels
fallen noch in die Stauferzeit. In der
zweiten Hälfte des 10. Jahrhunderts
entwickelte man den Terrassenan-
bau, der die Landschaft um Tübingen noch heute prägt. Bereits 1388
wird ein Weinmarkt in Tübingen
erwähnt.

Weinbau

Weinbau und Weinhandel lagen überwiegend in den Händen der Klöster, die vor allem im Spätmittelalter die größten Grundherrschaften besaßen. Dank ihrer Sachkenntnis und sorgfältigen Überwachung der Qualitätskriterien bei der Arbeit erreichte die mittelalterliche Produktion ein hohes Niveau. Die klösterlichen Grundherrschaften bewirtschafteten die Rebflächen zunächst im Eigenbau mit Knechten und Tagelöhnern oder vergaben die Weinberge als Lehen auf Lebenszeit. Später wurden die Flächen verpachtet und die Pächter mussten Abgaben auf den Ertrag leisten. Vor allem die Kleinpächter, von denen viele ehemalige Tagelöhner waren, wurden zum „typisch schwäbischen Weingärtner". Im Dreißigjährigen Krieg wurden natürlich viele der bis dahin so sorgfältig gepflegten Rebflächen verwüstet und die durch den Krieg und seine Folgen dezimierte Bevölkerung brauchte lange, bis sich das Land einigermaßen erholt hatte. Vor allem im 18. Jahrhundert wurde auf die Quantität des angebauten Weines mehr Wert gelegt als auf die Qualität. Klimatische Veränderungen und ein Wandel der Trinkgewohnheiten lassen den Tübinger Wein mehr und mehr in Verruf geraten. Ein „Semsakrebsler" sei der, also ein Wein, der im Schatten an der Hauswand

Wengerter von Ugge Bärtle

emporwächst und so sauer ist, dass er Löcher in den Magen brennt. Der Weinbau verlor seine überregionale Bedeutung und die Weingärtner in Tübingen hatten große Schwierigkeiten, über die Runden zu kommen. Die Arbeit war schwer und brachte wenig ein. Der ruppige und unfreundliche, wenngleich schlagfertige und witzige „Gôg" wird zur Symbolfigur dieses harten Lebens in der unteren Stadt. Mittlerweile gibt es in Tübingen wieder 14 Winzer, die Wein anbauen, der wirklich besser ist als sein Ruf. Ausprobieren lohnt sich!

11 Die Jakobuskirche

Die Jakobuskirche ist die älteste erhaltene Kirche Tübingens, einige Bauelemente gehen auf die Zeit um 1200 zurück. Ursprünglich hatte man sie vor den Toren der Stadt errichtet, erst nach 1280 wurde das Gebiet in den erweiterten Mauerring einbezogen. Die Einrichtung des Jakobuspatroziniums steht im Zusammenhang mit dem Aufblühen der Pilgerreisen nach Santiago de Compostela. Nach der Schlacht bei Akkon 1291 war den Christen der Weg nach Jerusalem, das sich jetzt in muslimischer Hand befand, endgültig versperrt. Es galt, einen Wallfahrtsort zu finden, der ebenso spektakulär war wie Jerusalem, die Stadt, in der sich das Evangelium vollendet. Am besten geeignet war dafür Santiago de Compostela im äußersten Westen Spaniens. Dass hier die sterblichen Überreste des Apostels Jakobus bestattet waren, spielte vermutlich eine untergeordnete Rolle: In der mittelalterlichen Geografie lag hinter dem Horizont im Westen – nichts mehr. Hier war Finis terrae und man konnte nicht weiter gehen als bis ans Ende der Welt. Santiago de Compostela avancierte damit zum beliebtesten Pilgerziel der Christenheit. Im Spätmittelalter gab es auch in Tübingen eine Jakobusbrüderschaft und die durchreisenden Pilger konnten nur wenige Meter von der Jakobuskirche entfernt im Seelhaus Unterschlupf und eine Mahlzeit finden.

Um der Kirche im meterdicken Schlamm des Ammertals festen Halt zu geben, wurde sie auf 14 Meter langen Eichenpfählen gegründet. Diese Eichenpfähle sind, solange sie im Wasser stehen, hart wie Beton. Leider hat sich in den letzten Jahrzehnten, bedingt durch große Neubauten sowie sehr trockene Sommer, der Grundwasserpegel gesenkt und die Pfähle ragen jetzt etwa zwanzig Zentimeter aus dem Wasser heraus. Dadurch gelangt Sauerstoff an die Holzpfähle und die Festigkeit wird erheblich beeinträchtigt. Im Westgiebel der Kirche zeigen sich bereits deutliche Risse, deren Wachstum durch Messstreifen beobachtet wird.

Während der Frühjahrhochwasser stand die Kirche oft unter Wasser und so wurde sie um 1500 etwa 2,5 Meter hoch mit Erdreich aufgefüllt und auch die Umgebung entsprechend angehoben. Gleichzeitig riss man den romanischen Chor ab, die Kirche wurde nach Osten verlängert und ein neuer gotischer Chor angebaut. All diese baulichen Veränderungen lassen sich gut erkennen: im Wechsel der Quadertechnik etwa 50 Zentimeter über dem Scheitel der romanischen Rundbogenfenster an der Nordseite oder an der Baunaht an den westlichen Gewänden der Seitenportale. Außerdem finden sich zahlreiche romanische Spolien wie

Platz bei der Jakobuskirche

Rundbogennischen an der Chorbo-
genwand, Tierreliefs an den Wänden
der Seitenschiffe oder ein Kruken-
kreuz an der Ostwand des Chores.

Das Hähnchenwunder von Santo Domingo de la Calzada

An der Südseite findet man bei
genauerem Hinsehen die Ritzzeich-
nung eines Hahns. Sie soll auf das
Hähnchenwunder von Santo Domingo de la Calzada verweisen: Ein
junger Mann – der zur besonderen
Bedeutsamkeit der Geschichte
natürlich aus Tübingen stammen
muss – wurde auf seiner Pilgerreise
nach Santiago zu Unrecht zum Tode
verurteilt und gehängt. Glücklicher-
weise nahm der Heilige Jakobus den
Jüngling auf seine Schultern, sodass
seine Angehörigen ihn nach drei
Monaten wiederfinden und vom
Galgen herunterholen konnten. Sie
gingen mit ihm zum Bürgermeister
der Stadt, um seine Rehabilitierung
einzufordern. Dieser war gerade
dabei, zwei gebratene Hühnchen zu
verspeisen, tippte sich nach ihrem
Bericht nur vielsagend an die Stirn
und meinte, der junge Mann könne
so wenig wieder lebendig werden
wie das Federvieh auf seinem Teller,
woraufhin dieses natürlich sofort
mit den Flügeln schlug und laut
gackernd davon flatterte. In Santo
Domingo werden seitdem in der

Kirche Hühner in einem Käfig gehalten. Wieder in Tübingen, ritzte der junge Mann die Zeichnung in die Kirchenwand. Wem diese Geschichte zu fantastisch ist, der möge sich mit der prosaischeren Erklärung zufrieden geben, dass um die Jakobuskirche herum ein Markt war und die „Hühnerfrau" mit dieser Zeichnung ihren Stand markierte.

Sehr schön ist der gotische Chor mit seinem reichen Netzgewölbe und dem Fischblasenmaßwerk in den Fenstern. Die Fensterscheiben sind 1975 von der Vitralistin Gisela Dreher geschaffen worden. Konsequent nur in Grau- und Orangetönen gehalten, spielen zum Chor hin immer üppiger blühende Päonien auf das Pfingstwunder an.

Die Holzbalkendecke mit der Grisaille-Malerei und die hellgrau verputzten Wände mit der künstlichen Quaderbemalung entsprechen weitgehend dem Renovierungszustand von 1624. Die flache Decke muss oft als Zeichen für die Armut der Bewohner der Unterstadt herhalten, aber man sollte nicht vergessen, dass auch die Stiftskirche **13** erst im 19. Jahrhundert ihre Gewölbedecke erhielt und die Jakobuskirche nur eine Filialkirche war – eine zweite Pfarrkirche hätten die wenigen Einwohner im 17. Jahrhundert gar nicht gebraucht.

Etwas Besonderes sind die drei Ornamentsteine an der Nordwand der Kirche. Sie wurden bei der Renovierung in den 1970er Jahren auf dem Kopf stehend eingemauert unter dem Chor der Kirche gefunden, restauriert und in der zugemauerten Portalnische untergebracht. Die Kreise mit den erhobenen Armen sehen aus wie ein betender Mensch. Niemand weiß, wie alt die Steine tatsächlich sind, ob sie vielleicht sogar aus vorchristlichen Zeiten stammen, ob sie überhaupt zusammengehören etc. Eine Paralleldarstellung ist in der gesamten christlichen Kunst unbekannt.

Wunderschön ist der Platz hinter der Jakobuskirche, der an schönen Sommertagen schon fast italienisches Flair aufweist. In den 1950er Jahren fand hier der Saumarkt statt und an der Chorwand sieht man noch die Schleifspuren der frisch gewetzten Messer, die auf Markthandel und Handwerk hinweisen.

Die Jakobuskirche wird auch liebevoll die „Spittelkirch" genannt, weil sich das Spital, heute ein Alten- und Pflegeheim, das Bürgerheim, in unmittelbarer Nachbarschaft direkt an der Krummen Brücke befindet. Es wurde bereits 1283 urkundlich erwähnt, der Bau stammt aus dem Jahre 1530. Als ältestes Spital in Württemberg überhaupt hat es seine soziale Funktion bis auf den heutigen Tag weitgehend beibehalten und war immer entweder Altenheim, Armenhaus oder Waisenheim.

Die Kirche ist nicht immer geöffnet, aber es finden außer den Sonntagsgottesdiensten noch eine ganze Reihe weiterer Andachten und Veranstaltungen statt, zum Beispiel von Montag bis Freitag das Tagzeitengebet über Mittag. Wer daran teilnimmt, hat eine gute Chance, diese Kirche nicht nur als Bauwerk, sondern auch als Ort spirituellen Lebens wahrzunehmen.

12 Der Fruchtkasten

Hinter dem Bürgerheim steht in der Schmiedtorstraße eines der ältesten und schönsten Fachwerkhäuser Tübingens. Es handelt sich um den ehemaligen herzoglichen Fruchtkasten, der um 1474 erbaut wurde. Der größte Teil des Gebäudes besteht aus Eichenholz, vermutlich musste man über 400 Bäume dafür fällen. Dafür bekam man allerdings auch ein riesiges Haus mit sieben Stockwerken und einer sechs Meter hohen Halle im Erdgeschoss, in der früher vier Kelterbäume standen. Der Fruchtkasten diente der staatlichen Vorratshaltung von Naturalien, die hier natürlich in großer Menge gelagert werden konnten.

Das Bürgeramt im ehemaligen Fruchtkasten

Fachwerkbauweise

Fachwerk ist ein räumliches System und nicht nur eine Fassadendekoration. Im späten Mittelalter bevorzugte man die sogenannte Stockwerksbauweise, bei der jedes Geschoss eine in sich geschlossene Einheit bildet. Das war nicht nur besonders solide, sondern erlaubte auch, bauliche Veränderungen ohne allzu große Komplikationen durchzuführen. Beim spätmittelalterlichen oder alemannischen Fachwerk fällt besonders die weite Stellung der Pfosten auf. Sie erhalten durch die diagonalen Kopf- und Fußbänder Standsicherheit. Diese werden mit dem Pfosten verblattet und können deshalb sowohl auf Druck als auch auf Zug belastet werden. Auf den Pfosten liegt ein Balken auf, der Rähm genannt wird. Auf den Rähm kommen die Deckenbalken, die immer um etwa eine Balkenbreite auskragen. Auf die Deckenbalken baut man die Diele des nächsthöheren Stockwerks. Die Deckenbalken schließen vor allem aus statischen Gründen nicht mit dem Rähm ab. Außerdem war es so möglich, in den oberen Etagen etwas Platz zu gewinnen und man hatte obendrein einen guten Fassadenschutz.

Diese Gebälkzone blieb meistens offen, wie es auch beim Fruchtkasten der Fall ist, manchmal wird sie zur besseren Wärmedämmung aber auch mit einem Hohlkehlgesims verblendet. Die Verbindung von Deckenbalken und Bundpfosten wird mit einer sogenannten Knagge verriegelt, damit der Deckenbalken sich nicht verschiebt. Diese Knagge erinnert entfernt an ein menschliches Profil. Die Kombination aus Pfosten und Bändern sieht aus wie ein Mensch, der die Arme in die Höhe reckt. Am Fruchtkasten überkreuzen sich Fuß- und Kopfbänder sogar, weswegen diese Bauform „Wilder Mann" genannt wird.

Der Fruchtkasten wurde im Gegensatz zu vielen anderen Fachwerkhäusern nie aufgestockt oder umgebaut, nur das Krüppelwalmdach zur Schmiedtorstraße ist später, etwa um 1800, entstanden. Er ist ein Paradebeispiel für spätmittelalterliche Fachwerkbauweise.

Bis 1909 blieb das Haus weitgehend im ursprünglichen Bauzustand. Dann wurde hier eine Schule eingerichtet und das Gebäude dementsprechend umgestaltet. In die Außenwände setzte man zusätzlich Fenster ein, die große Halle wurde durch einen Zwischenboden unterteilt. In den 1990er Jahren zog die hier untergebrachte Albert-Schweitzer-Realschule in einen Neubau in der Weststadt um. Auf diese Weise war es möglich, das Gebäude aufwändig und sorgfältig zu sanieren und den ursprünglichen Hallencharakter wieder freizulegen. Jetzt dient der herzogliche Fruchtkasten als Bürgeramt und beherbergt die Teile der Stadtverwaltung, die großen Publikumsverkehr haben wie das Einwohnermeldeamt oder die Passstelle.

13 Die Tübinger Kelter

Am Ende der Schmiedtorstraße steht ein weiterer imposanter Fachwerkbau, der in der ersten Hälfte des 16. Jahrhunderts erbaut wurde. Ursprünglich war er das herrschaftliche Kornhaus, ab 1858 war hier die Kelter der Tübinger Weingärtnergenossenschaft, der ältesten Berufsgenossenschaft Deutschlands. Nachdem in den 80er Jahren des 20. Jahrhunderts der Versuch missglückte, hier eine Markthalle einzurichten, wurde das Haus sorgfältig renoviert. Dabei wurden die historische Bausubstanz und moderne Elemente so aufeinander abgestimmt, dass ein sehr stilvolles Ambiente entstand, das jetzt einem Restaurant und einer Bar eine ansprechende Atmosphäre verleiht.

14 „Am grünen Meer"

Wir bleiben in der Unterstadt und biegen in die Bachgasse mit ihren vielen kleinen Häusern ein. Hier floss bis Ende des 19. Jahrhunderts ein Seitenarm des Ammerkanals hindurch, der „Ämmerle" genannt wurde. Er diente nicht als Nutzgewässer, dafür war sein Gefälle zu niedrig, sondern der Straßenreinigung: Zunächst täglich, später nur noch ein- bis zweimal in der Woche wurde der kleine Kanal geflutet, überschwemmte die Straßen und leitete den ganzen Schmutz durch einen kleinen Auslass in der Stadtmauer, der „Drecktörle" genannt wurde, in die Ammer weiter. Vor allem in der Bachgasse blieb das Wasser aber oft stehen, eutrophierte und bildete einen grünen Belag auf der Straße, weswegen der Teil der Unterstadt auch „Am grünen Meer" genannt wurde.

Von der Bachgasse gelangen wir zur Langen Gasse. Wir gehen rechts die Straße hinauf und stehen wenige Meter weiter vor dem neuesten Kirchenbau in der Tübinger Altstadt, der katholischen Kirche St. Johannes.

15 St. Johannes

Nach den napoleonischen Kriegen wurde Württemberg Königreich und es kamen viele Gebiete mit katholischen Einwohnern zum bis dahin protestantischen Württemberg. Das Religionsedikt von 1803 bescheinigte die Gleichberechtigung der Konfessionen, was die Gründung von katholischen Pfarreien in altwürttembergischen Gemeinden zur Folge hatte. 1807 feierte man den ersten katholischen Gottesdienst in der Jakobuskirche, in der die Gemeinde zunächst Gastrecht genoss. Dann wurde das alte Ballhaus des Collegium illustre zur Kirche umgebaut, die aber bald zu klein war. 1875 entstand unter der Leitung von Oberbaurat Joseph von Egle eine neue Kirche. Auch dieses Gotteshaus steht, wie die Jakobuskirche, wegen des schlammigen Untergrundes auf Pfählen. Sie ist einer der wichtigsten neugotischen Bauten in Württemberg. Nachdem bereits zu Beginn des 19. Jahrhunderts ein regelrechter Mittelalter-Boom eine Hinwendung zur altdeutschen Kunst ausgelöst hatte, suchte man auch in der Architektur „Historisches" und „Poetisches". In Deutschland wurde die Gotik zur patriotischen Architektur schlechthin stilisiert und auch nachdem sich die Erkenntnis durchgesetzt hatte, dass die Gotik keineswegs deutschen Ursprungs sei, blieb sie zumindest

St. Johannes

als genuin „christlicher" Stil en vogue. An der gotischen Architektur bewunderte man das Naturhafte und verglich die gotische Kirche mit ihren vielen Säulen und Strebepfeilern mit einem Wald. Angeblich berührte sie das Gemüt auf besondere Weise, gab frommere Gedanken ein und lud zur Betrachtung des künftigen Lebens mehr als jeder andere Baustil es bisher vermocht hatte.

1959 beschloss man, die Kirche im Sinne der modernen Seelsorge zu renovieren. Helle Farben und höhere Chorfenster sollten vor allem die ursprüngliche Architektur wieder zur Geltung bringen. Die neuen Fenster des Ulmer Vitralisten Wilhelm Geyer zeigen wichtige Szenen der Heilsgeschichte und schaffen mit ihrer ungewöhnlichen Leuchtkraft eine anrührende Atmosphäre.

16 Collegium illustre – Wilhelmstift

Oberhalb der Johanneskirche steht ein prunkvolles Renaissancegebäude, das sich inmitten der Straßenzüge voller Fachwerkhäuser ungewöhnlich ausnimmt. Es handelt sich um die bereits 1559 von Herzog Christoph gegründete, aber erst 1588 von Herzog Ludwig erbaute Ritterakademie, das Collegium illustre. Der vierflügelige Renaissancebau mit den zwei Rundtürmen war das weltliche Pendant zum Evangelischen Stift.

Wilhelmstift

Hier sollten Staats- und Verwaltungsbeamte ausgebildet werden. Das Gebäude entstand auf dem Areal des ehemaligen Franziskanerklosters in der damaligen Barfüßergasse. Bei der Grundsteinlegung wurden übrigens außer einer Kupferplatte mit Inschrift auch je ein Glas mit weißem und rotem Wein eingegraben, was die Bedeutung, die der Weinbau damals in Tübingen genoss, unterstreicht. Eigentlich sollte dieses Collegium jedermann frei stehen, aber schon bald nach der Eröffnung 1594 durch Herzog Friedrich wurde es zur Ritterakademie für den protestantischen Adel Europas. Hier lernte man Rechts-, Wirtschafts- und Kameral-

wissenschaften, moderne Fremdsprachen, um für die Kavalierstour durch Europa gerüstet zu sein und spielte Tennis.

Schon im 15. Jahrhundert spielte man das „jeu de paume" – noch mit der Handfläche anstatt mit Schlägern –, es war ein dem Adel vorbehaltenes Ballspiel, das vor allem vom französischen Königshof gefördert wurde. Im 16. und 17. Jahrhundert wird das Tennisspiel, für das man jetzt Schläger benutzte, zur bevorzugten Freizeitbeschäftigung an englischen und französischen Höfen. Dass es in Tübingen gespielt wurde, spricht für die Weltläufigkeit der Einrichtung.

Ihre Blütezeit hatte die Ritterakademie zwischen 1594 und 1628, dann musste sie wegen des Dreißigjährigen Krieges geschlossen werden. Um 1600 beherbergte sie 11 Fürsten, 5 Grafen und 60 Herren von Adel, die natürlich einen ganzen Hofstaat von Dienern, Ritt- und Tanzmeistern, Privatlehrern und sonstigem Personal mitbrachten. Die Tübinger profitierten sehr von den adligen Herren, es entstanden teilweise ganz neue Gewerbe für Luxusgüter. Andererseits bedeutete das Collegium illustre für den Alltag in der Stadt wieder eine neue Gruppe mehr oder weniger arroganter junger Männer, die zu Pferde durch die Straßen preschten, zuviel tranken und die Mädchen belästigten.

1817 wurde die katholische Fakultät von Ellwangen nach Tübingen verlegt, seitdem dient das Wilhelmstift als Ausbildungsstätte katholischer Theologen. Hier leben die Priesteramtskandidaten der Diözese Rottenburg-Stuttgart, außerdem können Studenten, Stipendiaten und Promovenden der Katholischen Fakultät als Langzeitgäste Unterkunft finden. Auch für Priester der Diözese ist das Wilhelmstift ein geeigneter Ort des Rückzugs und der Inspiration.

Das Alte Schlachthaus

Gegenüber dem Wilhelmstift führt eine schmale Passage zwischen den Häusern der Langen Gasse hindurch. Das Haus am Ammerkanal, in dem jetzt der Tübinger Künstlerbund eine Werkstatt für Drucktechniken und eine Galerie **9** betreibt, war im Mittelalter das Schlachthaus der genossenschaftlich organisierten Metzger. Das Gebäude aus dem 16. Jahrhundert hatte sogar einen eigenen Treppenabgang zum Ammerkanal, damit die Schlachtabfälle entsorgt werden konnten. Die an den Schlachthof anschließende Metzgergasse war die letzte Straße der Stadt. So mussten die Schlachtabfälle, die Ratten anziehen, die wiederum die Pest übertragen, nicht durch ganz Tübingen geführt werden.

17 Das Nonnenhaus

Auffällig ist das frisch renovierte Nonnenhaus, nicht nur wegen seines über den Ammerkanal hinausragenden Aborterkers. Es wurde wie so viele repräsentative Häuser der Stadt in der zweiten Hälfte des 15. Jahrhunderts gebaut, als die Gründung der Universität in der zweiten Residenzstadt Württembergs einen regelrechten Bauboom auslöste. Lange Zeit hat man angenommen, dass das Haus einer Beginen-Sammlung zur Verfügung stand, einer religiösen Frauengemeinschaft, die keinem Orden angehörte. Beginen legten kein Gelübde ab, lebten aber nach den evangelischen Räten und konnten die Sammlung jederzeit wieder verlassen. Die meisten Beginen-Sammlungen sicherten ihre wirtschaftliche Existenz durch handwerkliche Arbeit und karitative Tätigkeiten. Deshalb lebten sie auch nicht in Klausur. Bei der Renovierung des Hauses vor einigen Jahren stellte sich jedoch heraus, dass die frommen Frauen, die bis zur Reformation hier gelebt hatten, vermutlich doch Dominikanerinnen waren. Die Aufteilung des Hauses – im Erdgeschoss war ein großer, beheizbarer Raum, im ersten Stock ein langer Flur mit davon abgehenden schmalen Zimmern – und seine Lage lassen diesen Schluss zu. Die Stadtmauer, der Ammerkanal und die Mauer des Franziskanerklosters, das sich im Mittelalter dort befand, wo Ende des 16. Jahrhunderts das Collegium illustre gebaut wurde, schufen eine klare Abgrenzung zur Stadt, sodass von einem Klausurbereich gesprochen werden kann. Die Kapelle könnte sich im Haus nebenan befunden haben.

Die ersten Kürbisse und Kartoffeln in Europa

Nach der Reformation wurde das Haus dem Leiter der Medizinischen Fakultät, Dr. Leonhart Fuchs, als Dienstwohnung zur Verfügung gestellt. Fuchs schrieb Medizingeschichte, indem er den lange vernachlässigten Botanikunterricht für angehende Ärzte verbesserte. Nicht nur Bücherwissen sollten diese erwerben, sondern auch durch direkte Beobachtung und Analyse der Natur neue Erkenntnisse gewinnen. 1543 veröffentlichte Fuchs mit seinem „New Kreüterbuch" einen nahezu vollständigen Überblick über die hier wachsenden Heilpflanzen. Die Holzschnitte, die die einzelnen Pflanzen abbilden, sind so perfekt, dass sie noch heute als Maßstab für eine gelungene botanische Buchillustration gelten. Um sein Haus herum hatte Fuchs seinen eigenen botanischen Garten angelegt, in dem er alle möglichen Heilpflanzen kultivierte. Auch ließ er sich von Missionaren und Forschungsreisen-

Nonnenhaus

den Samen von in Europa noch
fremden Pflanzen mitbringen und
experimentierte mit ihnen. So
wuchsen in dem Garten am Ammerkanal, direkt neben dem Schlachthaus, zum ersten Mal in Europa
Kürbisse und Kartoffeln.

Ein mutiges Sanierungskonzept

Vor wenigen Jahren kaufte ein
Ehepaar das Nonnenhaus und ließ es
historiengetreu und aufwändig
renovieren. Die bei der Sanierung zu
Tage getretenen historischen Funde
wie ein in Europa einmaliger Ziegel-
estrichboden oder einzelne Wandma-
lereien sind wieder sichtbar gemacht
worden, die schmalen Treppen und
verwinkelten Gänge wurden beibehalten. Den Eigentümern war es
wichtig, den Charakter des Hauses
zu erhalten und nicht einen Neubau
mit historischer Hülle zu schaffen.
Außerdem wurde bei der Renovierung sehr viel Wert auf altes Handwerk wie Lehmbauweise und historische Zimmermannstechniken gelegt,
die obendrein den Vorteil haben,

Ammerkanal

ler und eine Galerie für exklusives Kunsthandwerk haben in drei der acht Wohneinheiten Platz gefunden, die anderen werden als Mehrgenerationenhaus bewohnt. Vor dem Haus wurde in Erinnerung an Leonhart Fuchs ein Gärtchen angelegt, in dem ausschließlich das angepflanzt wurde, was auch schon in dem Botanischen Garten des Mittelalters gewachsen ist.

Wie bei vielen anderen geschichtsträchtigen Gebäuden in der Altstadt gilt auch hier: Eine Stadt lebt nur, wenn man sie benutzt. Das erfordert ein hohes Maß an Sensibilität im Umgang mit der historischen Bausubstanz, aber auch eine gewisse Respektlosigkeit, ein „Anfassen ausdrücklich erlaubt".

Dem Ammerkanal kann man jetzt noch ein Stück folgen, vorbei an italienischen Eisdielen und Cafés. Der kleine Platz mit einem Rest der alten Stadtmauer wird liebevoll „Affenfelsen" genannt – an schönen Sommertagen versteht jeder, warum. Ganz hinten findet sich eine witzige Skulptur: Der Fahrradkönig von der Tübinger Bildhauerin Suse Müller-Diefenbach. Kein leistungsbereiter Sportlertyp, sondern ein fröhlicher, charmanter Bummelant, der allen Bummelanten und Flaneuren ein guter Gesellschafter ist.

ökologisch besonders vertretbar zu sein. Gleichzeitig scheute man nicht vor den Errungenschaften des 21. Jahrhunderts zurück und installierte einen Aufzug und ein modernes Heizungssystem sowie Badezimmer und Küchen, die auch heute gehobenen Ansprüchen genügen.

Handwerk und Gewerbe im Nonnenhaus

Um den wunderbaren Luxus perfekt zu machen, wurden die gewerblich genutzten Räume nicht an Souvenirläden oder Handybetreiber vermietet: Ein Geigenbauer, ein Buchhänd-

Lower town

The Lower Town, around St. James's Church and along the Ammer Canal, used to be the home of the craftsmen and winegrowers.

1 Town hall

The little sculpture on the southeastern corner of the town hall on the 1st floor shows a female drinker. It was put in place around 1600 and is intended to depict the significance of wine production for Tübingen.

2 Town museum

The former granary is one of the oldest buildings in the town and was built in 1453. Trading in grain still took place here in the 19th Century. The upper floors contained rooms which the citizens of Tübingen used for theatre performances, private parties and similar events. Various different schools were housed here between 1681 and the 20th Century. The building was turned into the town museum in the 1980s and renovated according to a plan, making a major distinction between old structures, repair work and new additions. The present and the past thus stand next to each other on equal terms.

3 'Löwen'

The pink building opposite the town museum used to be an inn and a brewery, in which fraternity students and choirs used to meet. Until recently there was a cinema here. Now the building is to serve as a cultural facility.

4 Krumme Brücke – 5 Judengasse

The Wette, a pool from which animals drank and the carriage washing facility of the Lower Town in one, is located at the Krumme Brücke.

In the Middle Ages, Judengasse was the home of the Jews of Tübingen, who had already settled here in the 13th Century and who were a welcome addition to the population on account of their trading connections. They were banished from the town in 1477, because their presence was apparently not compatible with the new university. A new Jewish community was not set up in Tübingen until 1888 but then Hitler's rise to power meant that the relative integration of the Jews in Tübingen came to a rapid, radical end.

6 Ammergasse

Tanners and dyers had their houses and workshops along the Ammer Canal as late as the 19th Century. Traces of the Ammer Canal date back as far as 1175. The Ammer Canal supplied the town with water for industry, driving the mills and sweeping away the waste. During the renovation of the old town, the unused and hidden canal was integrated into the town as an idyllic design element.

8 Haagtorplatz

The Town Gate, which once stood here, was pulled down in the 19th Century. However, it is still possible to see the remains of the old town walls and the former keep is now a children's playground.

The lanes between Haagtorplatz and St. James's Church primarily used to be the home of the wine-growers. Even in the Middle Ages, wine had a key significance as a basic foodstuff and economic good. Originally, viticulture and the wine trade lay in the hands of the monasteries, who first worked the wine terraces themselves and then rented them out. These small-scale tenants became the typical Swabian wine-growers. For various reasons, the 19th Century saw viticulture tail off. The winegrowers of Tübingen experienced severe economic difficulties and the Lower Town became the home of the poor.

11 St. James's Church

St. James's Church is the oldest church in Tübingen, with parts of it dating back to around 1200. It is a stop on the route to Santiago de Compostela, and was founded on long oak poles to ensure that it remained stable in the metre-thick mud of the Ammer Valley. The church was extended eastwards around 1500 and a new Gothic choir was added. With its fan vaulting and herringbone tracery in the windows, the church is quite beautiful.

Close to St. James's Church is the hospital, today a day care and old people's home. It was first mentioned officially in 1283 and the building dates back to the year 1530. As the oldest hospital in Württemberg, it has managed to maintain its social function up to the present day.

12 Grainstore

The Citizens' Registration Office is located behind the almshouses in the former ducal grainstore, dating back to 1474. The huge half-timbered building with its seven storeys and a six metre-high hall on the ground floor was used for the storage of produce by the state. The grainstore, for which it is reckoned that over 400 oaks were used, is a perfect example for late-Medieval half-timbering.

13 Wine Press

This imposing half-timbered building was built in the first half of the 16th Century. The wine press of the Tübingen winegrowing co-operative, the first trade association in Germany, began business here in 1858. The building was carefully renovated a few years ago. Today it is possible to dine in style here and enjoy wine and cocktails.

15 St. John's Church

After the Napoleonic Wars, Württemberg became a kingdom and was expanded to included areas with Catholic inhabitants. Thus Catholic parishes were founded in countless old Württemberg communities. The first Catholic service was celebrated in Tübingen in 1807 and the new church was built in 1875. It is one of the most important neo-Gothic buildings in Württemberg.

16 Collegium illustre

Today, trainee priests of the Diocese of Rottenburg-Stuttgart and the Faculty for Catholic Theology live and study at the Wilhelmstift, the former Collegium illustre. From 1588, state and administrative officials were trained in the impressive Renaissance building. At this "knight's academy" Europe's Protestant nobility was able to learn everything required for a career as a government official – from law to tennis.

Old Slaughterhouse 9

From the 16th Century onwards, butchers ran a communal slaughterhouse directly by the side of the Ammer Canal. It had its own stairs to the Ammer Canal, allowing disposal of the waste.

17 Nonnenhaus

The freshly-renovated building, with its noticeable garderobe, was, like so many other fine houses in the town, built in the second half of the 15th Century, when the foundation of the university triggered a boom in construction. Firstly, Dominican nuns lived in the building. Then, after the Reformation, it was made available to the medical professor Leonhard Fuchs. He cultivated many kinds of herbs in a botanical garden. He had researchers and missionaries collect seeds of plants as yet unknown in Europe and is likely to have been one of the first people in Europe to grow pumpkins and potatoes.

  ## La ville basse

Dans la ville basse, autour de l'église Saint Jacques et le long du canal de l'Ammer, habitaient autrefois surtout des artisans et des vignerons.

1 L'Hôtel de ville

La petite sculpture à l'angle au sud-est du premier étage de l'hôtel de ville représente une bacchante. Elle y fut placée vers 1600 et souligne l'importance de la viticulture pour la ville de Tübingen.

2 Le musée de la ville

L'ancienne halle au grain est l'une des plus anciennes maisons de la ville; elle a été construite en 1453. Au 19ème siècle, on vendait et on achetait encore ici des céréales. Dans les étages supérieurs, il y avait des salles que les citoyens de Tübingen utilisaient pour des représentations théâtrales et des réceptions. De 1681 au 20ème siècle, ces salles ont abrité différentes écoles. Dans les années 80 du 20ème siècle, on a transformé la maison en musée. Le bâtiment a été restauré, mais on peut encore très bien distinguer les constructions anciennes, les parties restaurées et les parties plus récentes. Le présent et le passé coexistent harmonieusement.

3 « Löwen »

Le bâtiment rose en face du musée de la ville était autrefois une brasserie et un restaurant ou se réunissaient les corporations étudiantes et les chorales. Il y a peu de temps encore, il y avait dans ce lieu un cinéma, maintenant on veut y installer un institut culturel.

4 Krumme Brücke – 5 Judengasse

Sur la petite place se trouve un bassin, l'ancien abreuvoir de la ville basse.

Au Moyen Age, des Juifs vivaient dans la ruelle et l'impasse s'appelle donc la ruelle des Juifs « Judengasse ». Une communauté juive existait déjà au 13ème siècle. En raison de leurs contacts commerciaux, les Juifs étaient des habitants estimés. En 1477, ils furent chassés de la ville, parce qu'on prétendait que la nouvelle université ne pouvait s'accommoder de leur présence. Ce n'est qu'en 1888 qu'une communauté juive s'est reconstituée, mais la prise du pouvoir par Hitler a mis rapidement et radicalement fin à l'intégration relative des Juifs à Tübingen.

6 Ammergasse

Le petit canal, qui part de la rivière Ammer, existait déjà en 1175. Au 19ème siècle, les tanneurs et les teinturiers avaient leurs ateliers directement au bord du canal. Celui-ci leur livrait l'eau dont ils avaient besoin, faisait tourner les roues de moulins et servait de dépotoir. Dans le cadre de la rénovation urbaine, l'ancien canal a été intégré à un cadre vraiment idyllique.

7 Haagtorplatz

L'ancienne porte de la ville fut démolie au 19ème siècle, mais des restes des vieux remparts subsistent. L'ancien donjon sert aujourd'hui comme terrain de jeux.

Les ruelles entre cette porte de la ville et l'église Saint Jacques étaient le quartier des vignerons. Au Moyen Age, le vin jouait un rôle important dans l'alimentation de base et c'était un facteur économique. A l'origine, les monastères s'occupaient de la viticulture et du commerce. Ils entretenaient leurs vignobles eux-mêmes, puis ils les affermaient. Ces tenanciers sont devenus les vignerons typiques de la région. Au 19ème siècle, la viticulture a été abandonnée pour des raisons diverses. Les vignerons de Tübingen ont rencontré de grandes difficultés économiques et la ville basse est devenue le quartier des pauvres.

11 L'Eglise Saint Jacques

L'église Saint Jacques est la plus vieille église de Tübingen, quelques éléments de la construction datent de 1200. Bien sûr, elle constitue une halte sur le chemin des pèlerins vers Saint Jacques de Compostelle en Espagne. Le fondement est fait de pilots de chêne comme ceux des maisons à Venise, parce que le sol est très instable. Vers 1500, on a agrandi l'église vers l'est et construit un nouveau chœur gothique. Il est d'une beauté extraordinaire avec sa voûte réticulée et ses meneaux gothiques en forme de bulles de poisson. A proximité de l'église Saint Jacques se trouve l'Hospice, aujourd'hui utilisé comme maison de retraite médicalisée. Elle a été mentionnée pour la première fois en 1283, le bâtiment date de 1530. C'est le plus ancien Hospice du Wurtemberg et il a conservé sa mission sociale jusqu'à aujourd'hui.

12 La Grange Ducale

Derrière l'Hospice l'ancienne grange ducale accueille maintenant une partie de la mairie. Cette très grande maison à colombages à sept étages et une halle d'une hauteur de six mètres servait comme entrepôt pour les produits agricoles. On y stockait la dîme dû au duc de Wurtemberg. Pour la construction d'une grange aussi grande, on a dû abattre au moins 400 chênes. Aujourd'hui, l'édifice est un exemple remarquable de construction à colombages du Moyen Âge tardif.

13 Le Pressoir

Cette impressionnante maison à colombages a été construite avant 1550. A partir de 1858, on y trouvait le pressoir de la coopérative des vignerons de Tübingen, la première coopérative professionnelle de toute l'Allemagne. Il y a quelques années, la maison fut profondément rénovée.

Aujourd'hui, on y mange très bien dans une atmosphère stylée.

15 Eglise Saint Jean

Après les guerres napoléoniennes, le Wurtemberg est devenu un royaume et il a absorbé des régions de confession catholique. Beaucoup de communes ont alors créé des paroisses catholiques. En 1807, on célébra la première messe catholique à Tübingen. En 1875, la nouvelle église fut construite. Elle est un des exemples les plus remarquables d'architecture néogothique dans le Wurtemberg.

16 Collegium illustre

Aujourd'hui, les postulants du diocèse de Rottenburg-Stuttgart et des étudiants en théologie catholique habitent dans cet immeuble, qu'on appelle « Wilhelmstift » et qui était autrefois le « Collegium illustre ». Dans ce bâtiment impressionnant de la Renaissance, on formait les futurs fonctionnaires d'état. La jeune noblesse européenne apprenait ici tout ce qu'il fallait savoir pour envisager une carrière dans l'administration ministérielle: le Droit, mais aussi le tennis.

« Fahrradkönig » près
du Nonnenhaus

Les anciens Abattoirs 9

Juste au bord du canal, les bouchers
avaient leur abattoir commun avec
un petit escalier qui menait au canal
pour pouvoir se débarrasser commo-
dément des déchets de viande.

17 Le Nonnenhaus

Comme beaucoup d'autres maisons
représentatives de Tübingen, ce
bâtiment récemment rénové a été
construit durant la deuxième moitié
du 15ème siècle. A cette époque, la
fondation de l'université a déclenché
un véritable boom architectural.
Cette maison a d'abord été habitée
par des religieuses de l'ordre domini-
cain. Après la Réforme, elle est
devenue le domicile du professeur de
médecine, Leonhard Fuchs. Il faisait
pousser dans son jardin botanique
toutes sortes de plantes médicinales.
Des explorateurs et des mission-
naires lui fournissaient des semences
de plantes encore inconnues en
Europe. Ainsi, Leonhard Fuchs fut-il
l'un des premiers en Europe à plan-
ter des citrouilles et des pommes de
terre.

Das Französische Viertel

Unterwegs
im Süden

Unterwegs im Süden

1991 verließ die seit 1945 in Tübingen stationierte französische Garnison die Stadt: Einer der größten Militärstandorte in Deutschland wurde zu einer „Stadt der kurzen Wege" umgewandelt: In einem gemischten Stadtquartier werden Wohnen und Arbeiten, Gewerbe und Kultur gleichzeitig und nebeneinander alltägliche Lebenswirklichkeit. Das ungewöhnliche städtebauliche Konzept findet mittlerweile große internationale Anerkennung und erhielt bereits mehrere Auszeichnungen. Es muss nicht immer Fachwerkromantik sein – spazieren Sie einmal durch den wilden Tübinger Süden!

Nach dem II. Weltkrieg übernahmen die französischen Streitkräfte große Teile der Südstadt, eine Fläche von etwa 60 ha, auf der sich auch die drei großen Kasernen befanden. Die französische Garnison war lange Zeit eine Stadt in der Stadt mit einer eigenen Infrastruktur. Die Garnisonsangehörigen mit ihren Familien hatten nur wenig Kontakt zur Tübinger Bürgerschaft.

Auf Grund der vielen Barrieren und unzugänglichen Flächen wurde der Tübinger Süden zunehmend als „Jenseits" empfunden, in dem alles untergebracht wurde, was man in der Altstadt und in den attraktiven Halbhöhenlagen der Nordstadt nicht haben wollte: Mietskasernen mit Sozialwohnungen, Bau- und Einkaufsmärkte, die Stadtwerke und der Güterbahnhof. Als 1991 die französischen Truppen abzogen, galt das Gebiet als besonders unattraktiv, obendrein war es durch Bundes-straßen, Neckar und Eisenbahnlinie regelrecht vom Rest der Stadt abgeschnitten.

Das Baukonzept

Für die Stadt Tübingen war die Räumung des Quartiers ein Glücksfall, bot sich hier doch die Chance, innerhalb der Stadtgrenzen dringend benötigten Wohnraum zu schaffen. Da eine Außenentwicklung, also das Bauen auf der grünen Wiese, in Tübingen aus ökologischen Gründen nicht favorisiert wird und geografisch ohnehin nur sehr eingeschränkt möglich ist, verliert die Stadt vor allem junge Familien, die in die Gemeinden in der Umgebung ausweichen, wo der Wohnraum preiswerter ist. Um diesen Verlusten entgegenzuwirken, versucht man so viel und so gut wie möglich im Stadtgebiet selbst „nachzuverdichten". Das konnte jetzt im Süden geschehen. Die Stadt Tübingen kaufte die leer stehenden Kasernen und verkaufte sie an private Bauherren und das Studentenwerk weiter. Gleichzeitig wurde ein Wettbewerb ausgeschrieben, um das Areal städtebaulich zu erschließen. Der daraus entstandene Entwicklungsplan sah die Schaffung eines gemischten Stadtquartiers vor. Wie in der Altstadt sollte es auch im Tübinger Süden möglich gemacht werden, in ein und demselben Viertel zu wohnen, zu arbeiten, einzukaufen und auszugehen sowie alle möglichen sozialen Dienstleistungen in Anspruch nehmen zu können. Auf keinen Fall wollte man ein weiteres Wohngebiet im Stil der 1970er Jahre, mit kleinen Mehrfamilienhäusern und einem Einkaufszentrum in der Mitte, sondern ein urbanes Gefüge, das sich durch Vielfalt und Dichte in Nutzung und Gestaltung auszeichnet, das kleinteilig und lebendig ist: eine „Stadt der kurzen Wege".

Bauen in der Gruppe

Die alten Militärgebäude sollten nicht abgerissen, sondern in das städtebauliche Konzept integriert werden, der öffentliche Raum nicht nur Verkehrsträger, sondern in erster Linie Aufenthaltsbereich für die Bewohner sein: Viele Freiflächen und Plätze sollten den Garten des Einfamilienhauses ersetzen und so künftigen Bewohnern das Wohnen in Mehrfamilienhäusern schmackhaft machen.

Besonders innovativ war die Idee, die Häuser nicht von Investoren

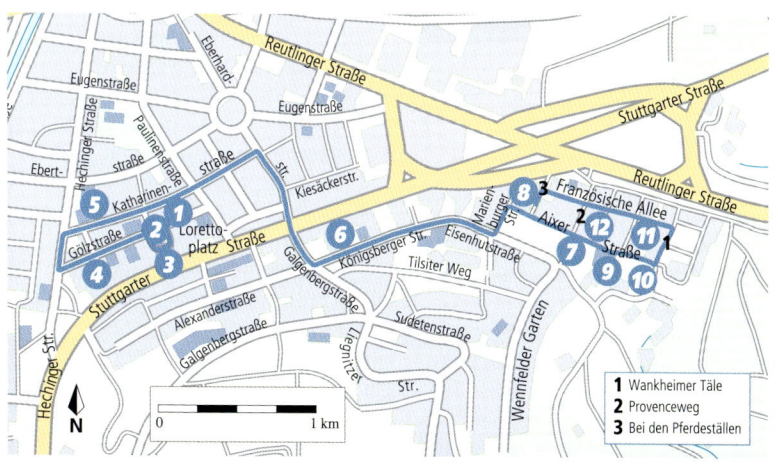

1 Wankheimer Täle
2 Provenceweg
3 Bei den Pferdeställen

Französisches Viertel

bauen zu lassen, die die fertigen Wohnungen anschließend verkaufen oder vermieten, sondern von privaten Baugemeinschaften, eine „Erfindung", die wirklich typisch für Tübingen ist: Menschen – Singles, Familien, Junge, Alte, Urschwaben und Menschen mit Migrationshintergrund – finden sich zusammen, um gemeinsam „ihr Haus" nach eigenen Vorstellungen zu planen und zu realisieren. Dieses Bauen in der Gruppe hat viele Vorteile: Zum einen ist es viel kostengünstiger, da kein Investor daran verdienen muss. Zum anderen kann der Wohnraum so gestaltet werden, dass er den Bedürfnissen der Bewohner auch wirklich entspricht. Das gemeinsame Bauen ermöglicht die Einrichtung von gemeinsam genutzten „Luxuseinrichtungen" wie einer Sauna oder einer Werkstatt, die sich ein privater Bauherr alleine gar nicht leisten könnte. Und schließlich identifiziert man sich mit dem Haus und der Hausgemeinschaft natürlich viel mehr, wenn man gemeinsam an der Gestaltung des zukünftigen Lebensraumes mitgewirkt hat. Die Erfahrung hat gezeigt, dass sich dieses besondere Bauherrenmodell trotz mancher Bedenken bewährt. Mittlerweile entsteht auf einer ehemaligen Industriebrache im Stadtteil Derendingen, dem „Mühlenviertel", nach den beiden Südquartieren ein drittes, das auch hauptsächlich von Bauherrengemeinschaften realisiert wird. Spöttische Zungen behaupten, dass dieses Baukonzept nur im studentisch geprägten Tübingen möglich ist: Wer jahrelang in seiner WG darüber diskutiert hat, wer den Abwasch erledigt oder das Bad putzt, kann als Häuslebauer auch über die Wahl der Treppenhausfliesen diskutieren oder über den Einbau eines Aufzugs.

Sicher ist, dass das Wohnen in solchen urbanen und verdichteten Strukturen die Bereitschaft voraussetzt, sich auf seine Nachbarn einzulassen, ein gewisses Maß an Toleranz gegenüber anderen Lebensmodellen und Wertesystemen aufzubringen und es nicht nur zu akzeptieren, dass jeder jedem „in die Suppe spucken kann", sondern sogar Vorteile darin zu sehen. Wer gerne mit anderen Menschen zusammen lebt, seinen Alltag möglichst einfach und vielleicht sogar ohne Auto organisieren sowie seine Kinder zum Spielen einfach auf die Straße schicken können möchte, der findet hier das lebendige und attraktive Gegenmodell zum Städtebau der letzten fünfzig Jahre.

----

1 Die Volkshochschule

Dieser Spaziergang beginnt in der Cafeteria der Volkshochschule in der Katharinenstraße am Lorettoplatz. Von 1945 bis 1991 waren französische Soldaten hier untergebracht. 1998 zog die Volkshochschule in die ehemalige Kaserne, die zwischen 1914 und 1916 gebaut und „Neue Kaserne" genannt wurde. Die alte Kaserne am Bahnhof war zu klein geworden. 1938 machte man sie zur Loretto-Kaserne, in Erinnerung an die Loretto-Schlacht im I. Weltkrieg, in der unzählige junge Männer für minimale Frontverschiebungen ihr Leben lassen mussten.

In der Cafeteria kann man an einem Modell gut die Einbettung der beiden neuen Quartiere in die Stadt verfolgen: Das Loretto-Areal und das Französische Viertel wurden relativ gleichzeitig und mit demselben Urbanisierungskonzept entwickelt, bilden aber nur einen losen Zusammenhang. Das Loretto-Viertel ist aufgrund seiner größeren Nähe zur Innenstadt und durch die bessere Anbindung an die umliegenden Wohngebiete viel mehr in das städtische Gesamtbild eingebunden als das Französische Viertel, das durch die Stuttgarter und die Reutlinger Straße mit ihren riesigen Einkaufsmärkten abgegrenzter und eigenständiger wirkt.

----

2 Der Lorettoplatz

Der Lorettoplatz, der ehemalige Exerzierplatz, ist zum Treffpunkt und Kinderspielplatz geworden. Die Erdgeschosse der umliegenden Neubauten wie auch aller anderen Häuser werden hier wie im Französischen Viertel gewerblich genutzt. Das war eine Vorgabe bei der gesam-

Lorettoplatz

ten Südstadtentwicklung: Um eine lebendige städtische Kultur zu erreichen und das Viertel durchgängig belebt und attraktiv zu machen, wird im Viertel nicht nur gewohnt, sondern auch gearbeitet. Bis 2012 sollen im Süden etwa 2000 neue Arbeitsplätze entstehen. So finden sich in jedem Haus ein Laden, ein Büro, eine Werkstatt oder eine kulturelle oder soziale Einrichtung. Etwa die Hälfte der Betriebe arbeitet im Dienstleistungssektor, jeweils 20 Prozent im Handwerk oder im soziokulturellen Bereich und 10 Prozent im Einzelhandel. Die öffentlichen Einrichtungen, wie zum Beispiel die Volkshochschule im „Loretto" oder das Werkstadthaus im Französischen Viertel, werden dabei von den Bewohnern der ganzen Stadt genutzt. Das bedeutet, dass man in der Südstadt nicht unter sich bleibt, sondern dass ständig Leute von außerhalb hierher kommen, anders, als es in reinen Siedlungsgebieten der Fall ist. Angesichts der Einrichtungen auf dem Lorettoplatz bekommt die Absicht, die ganze Bandbreite menschlichen Lebens in einem Stadtviertel zusammenzufassen, fast symbolischen Charakter:

Neben dem Familienzentrum „elkiko" mit Angeboten für Familien mit kleinen Kindern befindet sich ein Bestattungsunternehmen.

---

3 Lilli-Zapf-Straße

Die Häuser im Loretto-Areal sind besonders unterschiedlich: Das Amt für Stadtentwicklung machte den Bauherren so wenig Gestaltungsvorgaben wie möglich, um Spielräume für individuelle Wohnbedürfnisse zu schaffen. Dadurch entstand eine große Vielfalt an Wohnformen und Architekturkonzepten. Vorgeschrieben war eigentlich nur, dass es sich bei den Neubauten um 3- bis 5-geschossige Stadthäuser in geschlossener Blockrandbebauung handeln müsse, die eine bestimmte Traufhöhe nicht überschreiten durften. Die

einzuhaltenden Energiestandards wurden bewusst niedrig gehalten, um es auch Menschen mit geringem Einkommen zu ermöglichen, Wohneigentum zu schaffen, ohne an teuren ökologischen Standards zu scheitern. Innerhalb dieser Grenzen konnten sich die Bauherren „austoben". Im Loretto-Areal, wo die ersten Baugemeinschaften die ersten Häuser bauten, haben sie dies auch getan: Gute Beispiele für extrem individuelle ästhetische Konzepte sind das Haus in der Lilli-Zapf-Straße mit seiner eigenwilligen Fassadenbegrünung oder der sehr fantasievolle Umgang mit Dach- und Balkonformen.

---

4 Gölzstraße

Die Blockrandbebauung ermöglicht die Einrichtung von Innenhöfen, die von den Hausbewohnern gemeinsam gestaltet und genutzt werden. Wie das aussehen kann, lässt sich im Hof des Hauses Gölzstraße 12 beobachten: Die Baugemeinschaft bestand aus neun privaten Bauherren und der Stadt Tübingen als Träger eines Kinderhauses, das in dem Gebäude untergebracht ist. Der

Innenhof wird von dem Kinderhaus und den einzelnen Anwohnern gemeinsam genutzt. Es ist den einzelnen Gruppen gelungen, ihre unterschiedlichen Bedürfnisse in ein ansprechendes Gestaltungskonzept zu integrieren.

Spannung aus Alt und Neu

Das ehemalige Arsenal des Kasernengeländes wird heute für Kinder- und Jugendarbeit genutzt, vor allem für asiatische Kampfsportvereine, die hier ihre „Dojos" haben. Auch das gehört zum Programm der Südstadtentwicklung: Die Altbauten aus der militärischen Nutzung sind nahezu alle erhalten geblieben und wurden zu „friedlicheren" Zwecken umgebaut. Das Viertel ist also kein reines Neubaugebiet, sondern durch die Altbauten entsteht eine gewisse „Patina" und atmosphärische Dichte. Man vergisst nicht, dass man auf einem ehemaligen Militärgelände unterwegs ist, aber man erkennt, dass es vollkommen umfunktioniert wurde. Am deutlichsten wird das bereits beim Namen: Sollte „Loretto" einmal an eine blutige Schlacht erinnern und den Wehrmachtssoldaten der 30er Jahre Lust auf „Revanche" machen, so verbindet man mit dem italienischen Namen mittler-

weile eher mediterranes Flair und südländische Lebensqualität.

Ein besonders interessantes und mutiges Bauprojekt ist das „Modul 25" in der Gölzstraße 3. Hier sind drei Loftwohnungen mit offenen Raumzonen entstanden, die individuelles Wohnen auf flexiblen Grundrissen ermöglichen. So kann man die Wohnung wechselnden Lebenssituationen anpassen, entweder, weil sich das Leben einer Familie ändert und neue Wohnmöglichkeiten erforderlich macht oder weil die Wohnung von unterschiedlichen Menschen bewohnt wird, die unterschiedliche Ansprüche an den individuellen Lebensraum stellen. Gerade in einer Stadt wie Tübingen mit ihrer hohen Mobilität ist so ein Hausmodell zukunftsweisend.

5 Katharinenstraße

Um vom Loretto-Areal ins Französische Viertel zu gelangen, geht man am besten zu Fuß: Man braucht dafür etwa eine Viertelstunde und bekommt einen guten Überblick über den „Rest" des Tübinger Südens, der ja aus weit mehr besteht als dem Loretto und dem Französischen Viertel: Die schönen Villen aus dem 19. Jahrhundert in der Katharinenstraße und Paulinenstraße hatten ursprünglich noch größere Gärten. Diese wurden in den

1930er Jahren mit den für diese Zeit typischen zweistöckigen Häusern bebaut. Von diesem ruhigen und bürgerlichen Wohngebiet kommt man auf die Stuttgarter Straße, eine Bundesstraße, über die Tag und Nacht der Schwerlastverkehr fließt. Sie ist laut und gefährlich und markiert einen regelrechten Schnitt durch die Südstadt. Hier stehen große Mietskasernen aus den 1950er Jahren, günstiger Wohnraum für Menschen mit geringem Einkommen. Der Anteil der Familien mit Migrationshintergrund ist hier besonders hoch. Zurzeit werden die Wohnblocks nach und nach renoviert und verlieren ihr allzu deprimierendes Aussehen.

---

6 Königsberger Straße

Auch der Baubestand der Königsberger Straße stammt hauptsächlich aus den Nachkriegsjahren: Von den 12 Millionen Flüchtlingen und Vertriebenen, die nach dem II. Weltkrieg in den Westen kamen, fanden viele in Tübingen Aufnahme. Es war nötig, schnell ausreichenden und günstigen Wohnraum zu schaffen und so baute man zahlreiche Mehrfamilienwohnblocks mit Rasenflächen und den typischen Teppichklopfstangen dazwischen. Die Straßennamen erinnern noch heute an die ursprünglichen Bewohner. In der Eisenhutstraße ist auch der Sitz der Stadtwerke, die in den 1980er Jahren aus der Innenstadt hierher verlegt wurden. Außerdem prägt der Blick auf riesige Einkaufsmärkte diesen Teil der Stadt.

---

7 Aixer Straße

Von der Eisenhutstraße biegen wir links in die Marienburger Straße ein und dann rechts in die Aixer Straße, die Hauptstraße des Französischen Viertels.

Das „Projekt 14", die größte Baugemeinschaft des Viertels, hat einen Gebäudekomplex geschaffen, der fast die ganze Straßenlänge einnimmt und eine zentrale Rolle im Quartier spielt. Hier sind einige Läden untergebracht, ein Friseur, der Geldautomat, eine Kneipe und die „Kirch am Eck". Das ist eine ökumenische Einrichtung der evan

Aixer Straße

gelischen und katholischen Pfarrgemeinden der Südstadt, in der Gottesdienste gefeiert werden und Gemeindeveranstaltungen vom Kinderfrühstück bis zum Seniorenkreis stattfinden. Damit wurde die Möglichkeit geschaffen, im Viertel selbst ein eigenes christliches Gemeindeleben zu entwickeln, das natürlich ebenfalls zum Zusammengehörigkeitsgefühl und zur Identifikation mit dem Lebensraum beiträgt.

Außerdem befindet sich in dem Haus in der Aixer Straße auch ein Handwerksbetrieb: Eine Maschinenbaufirma fertigt seit 1995 sehr erfolgreich Nabendynamos für Fahrräder mit den dazugehörigen Scheinwerfern sowie Schleifmaschinen für das Schleifen der Blätter von Klarinetten und Saxofonen. Die ersten Gewerbetreibenden brauchten noch viel Mut, um sich in diesem neuen Viertel niederzulassen: Handwerk verursacht Lärm und Schmutz, benötigt aber auch eine gewisse Infrastruktur. Jahrzehntelang hatte man es als eine Verbesserung der Lebensqualität angesehen, nicht mehr da wohnen zu müssen, wo man arbeitete. Und jetzt sollte gerade das Teil fortschrittlicher Stadtplanung sein? Mittlerweile beschäftigt der Dynamobauer 18 Mitarbeiterinnen und Mitarbeiter. Es gibt noch einige andere sehr erfolgreiche Firmen im Viertel, darunter sogar einen Zimmermann und eine Schreinerei.

8 Bei den Pferdeställen

Auf der anderen Straßenseite liegen die ehemaligen Pferdeställe der französischen Garnison. Auch hier wurde die alte Bausubstanz weitgehend beibehalten und umgenutzt: Die Ställe, die von der französischen Kavallerie tatsächlich als solche genutzt wurden, wurden parzellenweise verkauft und von den neuen Besitzern individuell ausgebaut und ihren Arbeits- und Lebensbedürfnissen angepasst. Es entstanden Künstlerateliers, Freiberuflerbüros und zwei Gaststätten. In der Tapas-Bar „La Mancha" sind noch einige Futtertröge zu sehen und im Bistro „Latour" die in der Wand eingelassenen Befestigungen für die Ringe, an denen die Pferde angebunden wurden.

9 Panzerhalle

Am Ende der Aixer Straße befindet sich ein großer Platz mit der Panzerhalle in der Mitte. Sie wurde 1934 gebaut und diente den Franzosen als Reparaturwerkstatt für Panzer. Man sanierte die gesamte Konstruktion, entfernte die Außen- und Innenwand und verwandelte das „martialischste" Element des ganzen Kasernengebietes in einen riesigen Pavillon. Auf diese Weise erhielt man einen überdachten Spiel-, Sport- und Festplatz. Das Dach schützt vor Regen oder Hitze, aber man kann trotzdem draußen sein. Vormittags gibt die Verkehrspolizei praktischen Verkehrsunterricht für Schulklassen, nachmittags spielen hier Kinder und abends wird es zum Treffpunkt für die Älteren. Innerhalb der extrem verdichteten Bebauung – hier wohnen und arbeiten 150 bis 200 Einwohner pro Hektar – spielt der öffentliche Raum eine besondere Bedeutung und muss dementsprechend großzügig gestaltet werden. Er ist Treffpunkt und Aufenthaltsbereich und ermöglicht vor allem Familien mit Kindern qualitätvolles Leben in der Stadtwohnung, weil die

Aixer Straße

Kinder „auf der Straße" spielen können. Alten Menschen wiederum vermitteln die belebten Straßen und Plätze spontane soziale Kontakte, auch wenn die eigene Mobilität bereits eingeschränkt ist. Und so trifft man sich im Französischen Viertel eben bei der Panzerhalle. Die bestehenden Strukturen werden neu erfahren und belebt, die militärische Vergangenheit des Ortes wird selbstverständlich in den Alltag integriert.

Naherholungsgebiet und Kinderspielplatz

Noch augenfälliger wird dieses Prinzip der „Vergangenheitsbewältigung" am ehemaligen Schießplatz im „Wankheimer Täle" hinter der Panzerhalle. Er war eines der größten Probleme bei der Entwicklung des Viertels. Nach Abzug der Franzosen wurden auf dem Gelände zahlreiche Altlasten festgestellt, vor allem Schwermetalle, Mineralöl und Explosivstoffe. Der Abbruch, die Erschließung und die Kampfmittelbeseitigung waren schwieriger und natürlich auch teurer als angenommen.

Der Schießplatz wurde zum Naherholungsgebiet und Kinderspielplatz, die bis dahin eingedolte Blaulach, ein kleines Bächlein, wurde wieder geöffnet. Es ist nahezu unvorstellbar, das an dem Platz, an dem jetzt Kinder eine überlange Rutsche hinuntersausen, einmal Zielschießen geübt wurde – und doch ist es unvergessen.

- -

10 Werkstadthaus

An der Ecke Aixer Straße – Wankheimer Täle steht das „werkstadthaus". Hier hat eine Baugemeinschaft ein Projekt realisiert, das typisch für den „Geist" der Südstadtentwicklung ist: Mit hohem bürgerschaftlichen Engagement wird das Viertel nicht nur bewohnt, sondern auch aktiv gestaltet. So entstand hier Wohnraum für eine sozial gemischte, vielfältige Hausgemeinschaft. In 14 Wohnungen mit flexiblen Grundrissen, die an die individuellen Bedürfnisse der Bewohner angepasst sind, wohnen Alleinstehende, Familien und WGs.

Das Haus wurde in Niedrigenergiebauweise hergestellt, erfüllt hohe ökologische Standards und ist behindertengerecht konstruiert. Das ist im Französischen Viertel zwar keine Vorschrift, wird aber von vielen Baugemeinschaften realisiert. Bei der Vergabe der parzellierten Bauflächen konnte das Umweltbewusstsein einer Baugemeinschaft durchaus eine Rolle spielen. Weil die Bewohner des Werkstadthauses nicht nur zusammen wohnen, sondern auch gemeinsam leben

wollten, richteten sie zwei Dachter-
rassen, Gemeinschaftsräume und
eine großzügige Außenanlage als
gemeinsam benutzbare Flächen ein.
Dazu kommt eine öffentliche Werkstatt mit 240 qm Fläche. In dieser
Werkstatt stehen Räume und Werk-
zeug jedem gegen Gebühr zur
Verfügung, der „werkeln" will, sei
es ganz allein, unter Anleitung oder
in einem der zahlreichen Kurse, die

dort angeboten werden. Man arbeitet mit Holz, Metall, Ton, Papier,
repariert Fahrräder, kocht gemeinsam oder sitzt am Computer. So
wird aus dieser Werkstatt auch ein
sozialer und kultureller Treffpunkt,
den die Hausgemeinschaft gerne
mit dem Platz am Brunnen vergleicht, an dem man sich in früheren
Zeiten getroffen hat, um sich auszu-
tauschen.

---

11 Platz des Unbekannten Deserteurs

Die Kasernen im Französischen
Viertel, die 1934 gebaut wurden, riss
man ebenso wie die anderen militärischen Gebäude nicht ab, sondern
richtete dort Studentenwohnheime
und sehr preiswerte Wohnungen
ein. Die zur Neubebauung vorge-
sehenen Flächen wurden ab 1995
schrittweise vermarktet und vor
allem an Baugemeinschaften verge-
ben, die für den eigenen Bedarf
bauen. Auf diese Weise erreichte
man eine hohe soziale und gene-
rationenübergreifende Durchmi-
schung. Deutlich wird das am Platz
des Unbekannten Deserteurs vor
dem Mirabeauweg. Hier stehen
ehemalige Kasernen neuen Häusern
gegenüber, die mit viel Aufwand
gefertigt worden sind: Das Projekt
„Kunst und Wohnen", dessen
Fassade der Tübinger Künstler Frido

Hohberger gestaltet hat, oder die
sachlichen, eleganten Stadthäuser
mit den französischen Fenstern und
der mediterranen orange-gelben
Farbgebung.

Wankheimer Täle – Allée des Chasseurs

Schräg gegenüber des Platzes, an der
Ecke Wankheimer Täle – Allée des
Chasseurs, steht eine der Parkie-
rungsanlagen des Viertels. Sie
spielen eine zentrale Rolle für das
Entwicklungskonzept der Südstadt.
Der öffentliche Raum sollte hier
nicht den Autos, sondern vor allem
den Menschen zur Verfügung stehen.
Natürlich ist es unmöglich, ein
Gebiet mit einer so intensiven
Nutzungsmischung zur autofreien
Zone zu erklären. Trotzdem gibt es
im Französischen Viertel nur noch
eine konventionelle Straße mit zwei
Autospuren und Gehwegen an den
Seiten. In allen anderen Straßen ist

diese Unterteilung abgeschafft, alle Verkehrsteilnehmer, vom Autofahrer bis zur Bobbycarpilotin, müssen sich gleichberechtigt miteinander arrangieren. Im gesamten Viertel herrscht Zonenhalteverbot, die Autos sollen nicht auf der Straße abgestellt werden, sondern im Parkhaus. Darüber hinaus wurde der Parkraum von den Baugrundstücken entkoppelt: Die Autos werden nicht mehr in der hauseigenen Garage abgestellt. Damit werden die Kosten fürs Parken von den Kosten fürs Wohnen unabhängig gemacht: Wer ein Auto hat, muss sich um einen Abstellplatz kümmern, wer keins hat, spart Geld, weil er nicht automatisch einen Autoabstellplatz mitmietet oder -kauft. Das bedeutet allerdings auch, dass Autonutzer vom Parkplatz ungefähr dieselbe Strecke zurücklegen müssen wie von der Bushaltestelle. Mit dieser „Erziehungsmaßnahme" sollte der Stadtbus oder das Carsharing attraktiver gemacht werden. Das Parkhaus funktioniert wie ein vollautomatisches Hochregallager: Man stellt sein Auto in einer Box ab und diese wird dann in dem Autosilo verräumt. Auf diese Weise erreicht man eine bessere Parkplatzausnutzung, weil Parkplätze mehrfach genutzt werden können. Leider hat dieses System nicht wirklich gut funktioniert. Die Parkierungsanlagen waren vor allem zu Beginn extrem störanfällig. Außerdem musste man schwere Einkäufe, Kinderwagen etc. immer noch ein Stück weit tragen – was dazu führte, dass trotz Halteverbots auf den Straßen geparkt wurde. Und vielen Autofahrern nutzt der Verweis auf Busse oder Fahrräder gar nichts, weil ihr Arbeitsplatz zu weit entfernt liegt oder sie das Auto für ihre Tätigkeit benötigen. Das System wurde nur sehr schlecht angenommen, sodass man bei der Erschließung weiterer Stadtquartiere wie dem Derendinger Mühlenviertel wieder dazu übergegangen ist, die Häuser mit Tiefgaragen auszustatten.

12 Provenceweg

Wir biegen vom Platz des Unbekannten Deserteurs, dessen Name an Wehrmachtssoldaten erinnern soll, die noch in den letzten Tagen des II. Weltkriegs hier als Deserteure erschossen wurden, entweder in den Provenceweg oder in die Allée des Chasseurs ein. Wie überall im Viertel stehen hier große alte Bäume, vor allem die prächtigen Walnussbäume fallen besonders auf. Nicht nur die Altbauten konnten stehen gelassen werden, die allmähliche Bebauung des Viertels machte auch das Fällen des Baumbestandes überflüssig. Jetzt lassen die großen Bäume fast vergessen, dass das Französische Viertel eigentlich ein Neubaugebiet ist. Sie sorgen nicht nur für gute Luft und Schatten, sondern auch für ein idyllisches Ambiente.

Auf dem Weg zurück in die Aixer Straße können wir noch in den einen oder anderen Innenhof hineinschauen. Die Häuserblocks sind immer direkt an die Straße gebaut. So entsteht auch eine Wechselwirkung zwischen Straße und Gewerbefläche. In den Erdgeschossen befinden sich nicht nur Ladengeschäfte, wie es in der Innenstadt der Fall ist, sondern

Französisches Viertel: urban ...

... und trotzdem grün

auch Büros und Ateliers. Diese haben oft große Fenster und ermöglichen den Passanten, den Grafikern, Architekten, Handwerkern bei der Arbeit zuzuschauen. Der Außenbereich des Blocks soll als städtischer, belebter Bereich wahrgenommen werden. Der Innenbereich hingegen ist der grüne, private Bereich. Die Höfe sind ruhige Rückzugsoasen in diesem lebhaften Quartier.

Ein besonders gelungenes Beispiel für die Durchdringung von

außen und innen findet man in dem Haus gegenüber des Cafés „Latour": Die einzelnen Geschosse des Treppenhauses sind in denselben unterschiedlichen Farben gestrichen wie die daneben liegenden Balkone, was immer dann für besondere Effekte sorgt, wenn abends jemand in diesem Treppenhaus das Licht einschaltet. Für die Gäste auf der Caféterrasse ergibt sich auf diese Weise ganz von selbst eine kleine, aber sehr reizvolle Farb- und Lichtinstallation.

Mehrfach ausgezeichnet und prämiert

Wohnen im 21. Jahrhundert: urban und verdichtet, ökologisch sinnvoll und ästhetisch gelungen, eine lebendige Mischung aus Baum und Beton, Draußen und Drinnen. Ein städtebauliches Konzept, von dem man über 50 Jahre lang angenommen hatte, es könne gar nicht funktionieren, erweist sich als eine alternative Wohn- und Lebensform, die immer attraktiver wird. Das zeigen nicht nur die vielen Auszeichnungen, die die neuen Südstadtquartiere bis jetzt erhalten haben, darunter den Europäischen Städtebaupreis 2007. Das große allgemeine Interesse hat dazu geführt, dass auch andere Städte ähnliche Quartiere entwickeln, wie zum Beispiel das Vauban-Viertel in Freiburg. Anlass genug, ein Neubauviertel in einem Stadtführer vorzustellen und so auch einmal einen etwas anderen Blick auf eine Stadt zuzulassen.

Tipp:

Denken Sie bei Ihrem Bummel durch den Süden daran, dass Sie trotz aller Lebendigkeit und Offenheit in einem Wohngebiet unterwegs sind und respektieren Sie beim Fotografieren bitte vor allem in den Innenhöfen die Privatsphäre der Bewohner.

 **The South**

The French garrison, which had been stationed in Tübingen since 1945, left the town in 1991. One of the largest military bases in Germany was turned into a compact, urban, mixed district, consisting of two parts separated by a federal highway: The Loretto-Areal and the French Quarter.

"Town of short distances"

When the French troops departed, the area in the south of the town was considered particularly unattractive: Tenement blocks with social housing, DIY stores and supermarkets, the Department of Works and a goods station formed a horrid "parallel town", separated from the rest of the town by the Neckar, a federal highway and the railway line.

Now there was the chance to create living space within the town boundaries. It would prevent those primarily young families wanting a new home from having to look to the surrounding area where housing was cheaper. A competition was held to develop a mixed urban district. The aim was a "town of short distances". The south of Tübingen was to show that it was possible to live, work, shop and spend leisure time all in the same district. The district was also to provide all the necessary social services.

"Building by groups"

The town of Tübingen bought the empty barracks and sold them to private developers and the Students' Union, who set up social housing and student dormitories. The areas intended for new buildings were sold off in stages from 1995 onwards and primarily handed over to co-operative housing associations who wanted to build for their own requirements. In this way, it was possible to achieve the greatest possible mixture of different social groups and generations.

Most of the new buildings were constructed by private co-operative housing associations, an innovative concept which avoided the need for a commercial investor. A group of people join forces to plan and build a house together and according to their own requirements. Such building by groups offers so many benefits that many other towns have since implemented such schemes. It is not only cheaper, but also offers a freedom for different designs and allows identification with the project being built. In addition, this makes it possible to create facilities used by all the residents which could not

Arthouse Frido Hohberger

otherwise be afforded by a single property developer. The spectrum ranges from communally used guestrooms to a workshop building in the French Quarter, in which it is possible to do handicrafts, hobbies, perform repairs and much, much more for a small fee: An improvement for the whole district.

Loretto Quarter

The Adult Education Centre moved into the former Loretto barracks in 1998 **1**. This too was a part of the urban development plan: The new districts were to offer homes to those facilities important to all the citizens of the town, to ensure the district was open to everyone.

To achieve a lively urban atmosphere and make the district continuously alive and attractive, people not only live but also work here. Around 2,000 new jobs are to be created in the south of Tübingen by 2012. Each building contains a shop, office, workshop, cultural or social facility. Around half of all the businesses work in the service sector, 20 % are manufacturers or socio-cultural businesses and 10 % are retailers.

As the City Planning Department gave the property developers as few design specifications as possible, the new districts are home to a wide range of living and architectural concepts. This can be best seen in the Loretto-Areal, the project implemented first, in which there are some quite unusual buildings! However, over time, the building groups learned to create a better overall concept by looking to their neighbours when designing a building.

The square groups of buildings, specified for all the new districts, have allowed the creation of court-yards designed and used commu-nally by the individual groups.

Tension between Old and New

The old military buildings have almost all remained intact and have seen a change of use. This means that the districts are not totally new areas – the old buildings have cre-ated a "patina" and an atmospheric building density. The same applies to the plentiful trees, particularly in the French Quarter: As the district was built in stages, most of the old trees have remained, offering a pleasant environment and good air quality.

French Quarter

The largest project of the French Quarter is located in Aixer Strasse **7**. Here the building complex takes up almost the entire length of the street and, with its different commercial facilities, small church and a larger manufacturing business, plays a central role in the district. The first businesses required a lot of courage to settle in the new districts. These days, the area is home to many different companies.

The former Tank Shed in the French Quarter was turned into a covered playground, sports hall and festival ground. Within such a densely populated area (150–200 people per hectare), public spaces have a key role to play and must therefore be given plenty of space. If a street is a pleasant place to be, then living in an urban area can also be interesting to families with children.

People and cars

Public areas should not be solely given over to the motor car. For this reason, most of the the divisions between road and pavement were removed and all road-users must interact on equal terms. Cars are left in car parks. The parking area was even moved away from the building plots and the houses and flats do not possess their own garages. The intention was to make doing without one's own private car and the use of public transport an attractive propo-sition. However, this system did not work very well and, when an additional area was built, the individual buildings were given their own underground car parks.

Multiple prizes

Thus alternative housing and living concepts have been created in the south of Tübingen, which become ever more attractive: Urban and dense, socially and functionally-mixed, ecological and aesthetic. This is shown not only by the many prizes which the new districts in the south of the town have won, including the 2007 European Urban Development Prize. The large amount of general interest has lead to other towns and cities developing similar districts, for example the Vauban District in Freiburg.

Les nouveaux quartiers au sud de Tübingen

En 1991 la garnison française, stationnée depuis 1945 à Tübingen, quitta la ville. Une des plus grandes bases militaires d'Allemagne a dû se réconvertir en quartier de ville urbain et mixte avec une forte densité de population. Le quartier se compose de deux parties qui sont séparés par une route nationale: le quartier Loretto et le quartier français.

« La ville des courts chemins »

Quand la garnison est partie, les secteurs situés au sud de la ville était considérés comme peu attrayants. Des immeubles des années 50 avec des HLM, des grands surfaces pour le bricolage, des hypermarchés, des stations d'essence, les services techniques de la ville et la gare de marchandises formaient un faubourg laid, qui de plus se retrouvait enclavé, séparé du reste de la ville par le Neckar, la route nationale et les voies de chemin de fer.

Maintenant la ville a la chance unique de créer des zones d'habitation intra-muros pour empêcher que de plus en plus de jeunes familles n'aillent s'installer dans les communes de la région où elles trouvent des terrains à bâtir bon marché. Le plan de développement d'un nouveau quartier a fait l'objet d'un appel d'offre. Le but était de créer un quartier des courts chemins. Dans ces quartiers sud de Tübingen, on devait à la fois pouvoir vivre, travailler, faire des courses, sortir et profiter de toutes sortes de services sociaux.

Bei den Pferdeställen

Construire en communanté

La ville de Tübingen acheta les casernes vides et les vendit à des investisseurs privés et à la CROUS qui ont construit des HLM et des cités universitaires. A partir de 1995, on a commencé à mettre les terrains prévus à la construction sur le marché. Ils ont surtout été vendus à des groupes de maîtres d'ouvrage qui ont entrepris ces travaux de construction pour leur propre compte. On a pu ainsi réaliser un maximum de mixité sociale et générationnelle. La plupart des nouvelles maisons ont été construites par ces groupes de construction, un concept novateur qui se passe des services d'un promoteur commercial. Plusieurs personnes se regroupent pour concevoir et réaliser en commun une maison ou un immeuble qui respectent leurs représentations de l'habitat. Ce procédé de partenariat de construction a beaucoup d'avantages et il est maintenant copié par bien d'autres villes. Il n'est pas seulement moins cher, mais offre beaucoup plus de liberté de conception et permet aux futurs acquéreurs de s'identifier davantage au projet à réaliser. De plus, il est possible de prévoir des équipements qui servent à tous, mais qui seraient trop chers pour un seul maître d'ouvrage. Il peut s'agir par exemple d'un appartement d'amis qui peut être utilisé par tous les propriétaires de l'immeuble ou bien, dans le quartier français, d'un atelier où l'on peut bricoler, faire de la couture, réparer des vélos, etc. en s'acquittant d'une petite somme d'argent. De telles initiatives enrichissent tout le quartier.

Le quartier Loretto

L'ancienne caserne appelé « Loretto » a accueilli en 1998 l'école du soir **1**. C'était aussi une partie du plan de développement urbain: les nouveaux quartiers devaient accueillir des institutions importantes pour tous les citoyens de Tübingen afin d'ouvrir le quartier sur l'extérieur.

Pour réaliser l'objectif d'une culture urbaine vivante et dynamiser le quartier, il ne fallait pas seulement y habiter, mais également y travailler. Jusqu'en 2012, 2000 nouveaux emplois doivent être créés. Dans chaque immeuble se trouvent un magasin, des bureaux, un atelier ou un organisme culturel ou social. Environ la moitié des entreprises travaillent dans le secteur tertiaire, 20 % dans l'artisanat ou dans le domaine socio-culturel et 10 % dans le commerce de détail.

Dans la mesure où le bureau du développement urbain a fait très peu de préconisations pour la réalisation de ces constructions, on trouve dans les quartiers des formes d'habitat et des conceptions architecturales très diverses. Surtout dans le quartier Loretto, le projet qui fut réalisé le premier, il y a des constructions très originales, mais au fur et à mesure du temps, les maîtres d'ouvrage ont appris à respecter l'environnement urbain pour parvenir à une esthétique plus réussie.

La construction en blocs ou en îlots, imposée pour tous les quartiers, a eu pour conséquence la création de cours intérieures qui sont aménagées et utilisées par tous les co-propriétaires.

Bâtiments anciens et neufs

On a conservé et reconverti presque tous les anciens immeubles militaires. Les quartiers ne sont donc pas tout à fait neufs et grâce aux bâtiments anciens, on conserve une atmosphère agréable. Il en va de même pour les arbres, surtout dans le quartier français. Quand on a construit des immeubles de plusieurs étapes, la plupart des arbres ont pu être préservés et ils contribuent à l'embellissement du cadre de vie et à la pureté de l'air.

Le quartier français

Dans la « Aixer Straße » **7** se trouve la plus grande réalisation du quartier français. Le complexe occupe presque toute la longueur de la rue et joue un rôle central dans le quartier avec ses divers commerces de proximité, une petite salle pour les cultes religieux et une entreprise artisanale assez grande. Il fallait beaucoup de courage aux premiers commerçants et artisans pour venir s'installer dans les nouveaux quartiers. Mais maintenant on y trouve plusieurs entreprises.

L'ancien hangar de chars, la « Panzerhalle » du quartier français est devenu une aire de jeux, des fêtes et de sport. Dans ce quartier où la densité de population est très élevée (150 à 200 personnes/hectare), l'espace public joue un rôle très important. Il doit donc être aménagé intelligemment. Si la rue devient un véritable espace de vie, une famille nombreuse peut accepter d'habiter un appartement dans un immeuble collectif.

L'homme et l'automobile

Pour cette raison, il ne fallait pas laisser l'espace public aux voitures. On a donc renoncé le plus que possible à la division de la rue en trottoir et chaussée. Tous les usagers de la route doivent pouvoir cohabiter dans cet espace et jouir des mêmes droits. Les voitures sont stationnées dans des garages. Les places de parking ne sont parfois même pas attenantes aux terrains de construction et les appartements ne sont plus dotés automatiquement d'un garage. En prenant cette mesure, on espérait pouvoir convaincre les habitants de renoncer à une voiture particulière et d'utiliser les transports publics. Malheureusement, ce système n'a pas très bien fonctionné et l'aménagement d'un troisième quartier prévoit des garages souterrains reliés aux maisons.

Nombreuses distinctions

Ces dernières années, le sud de Tübingen a donc vu la réalisation de formes d'habitat et de vie alternatives qui ont connu un grand succès. Ces nouveaux quartiers sont fortement urbanisés, caractérisés par une densité de population élevée, une grande mixité sociale et fonctionnelle. D'un point de vue écologique et esthétique, ce sont des réussites. De nombreuses distinctions, parmi elles le prix européen de développement urbain et régional en 2002, montrent le succès de ces réalisations. Le grand intérêt suscité par ce projet de développement quand d'autres villes, comme par exemple Fribourg ou Berlin, suivent son exemple.

Die Kunsthalle

**Unterwegs
zur Kunst**

Unterwegs zur Kunst

Dieser Spaziergang ist nicht von morgens bis abends und von A bis Z zu schaffen und das ist auch gar nicht beabsichtigt. Entweder Sie bummeln durch die Stadt, lassen sich treiben und bleiben da hängen, wo es Ihnen gefällt – oder wo gerade geöffnet ist. Oder Sie gehen strategischer vor, suchen sich Schwerpunkte oder besondere Abschnitte heraus, verabreden Führungen oder Besichtigungstermine. Sie werden merken: Tübingen hat mehr zu bieten als Fachwerk und Stocherkahn und ist außerdem auch für Schlechtwettertage bestens geeignet.

1 Galerie Gottschick

Diesmal beginnen wir in der Uhlandstraße 10, wo Margot und Karl Friedrich Gottschick 1985 eine Galerie für moderne Kunst eingerichtet haben. Im Obergeschoss der schön gestalteten Räume mit angenehm privatem Flair werden Bilder gezeigt, die zum Bestand der Galerie gehören. Es sind hauptsächlich Arbeiten der klassischen Moderne und des Pop Art, unter anderem Werke von so berühmten Künstlern wie Erich Heckel oder Andy Warhol. Im Parterre kuratieren Gottschicks etwa alle sechs Wochen eine neue Ausstellung mit Werken von renommierten zeitgenössischen Künstlerinnen und Künstlern, die vorwiegend aus Deutschland und Österreich stammen. Zur Galerie gehören auch ein Innenhof und ein wunderschöner kleiner Skulpturengarten am Neckarufer, in denen die überschlanken Bronzefiguren Roland Martins auf die kompakten Grundformen der Regenkelche und Zankäpfel aus Cortenstahlblech von Jörg Bach hinunterblicken.

Galerie Gottschick

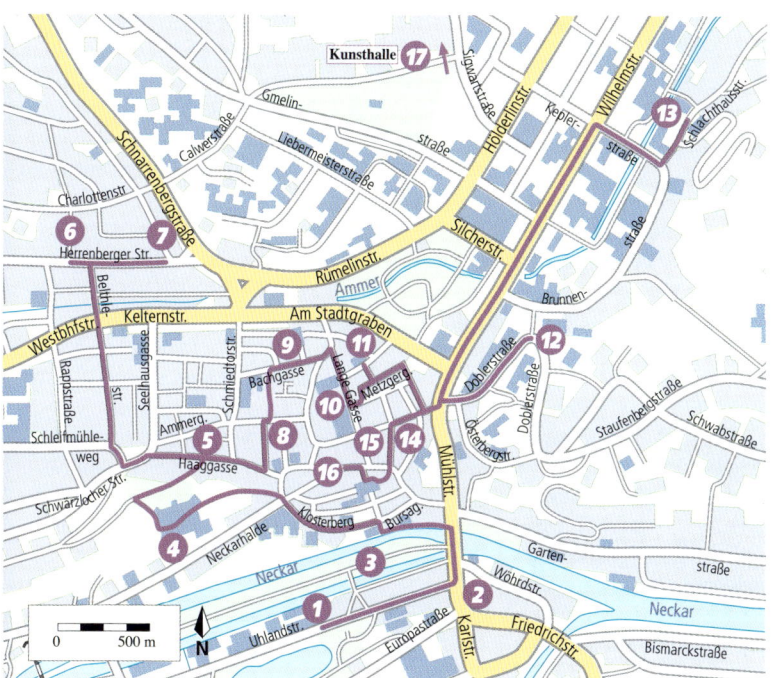

2 Deutsch-Amerikanisches Institut

Unser Weg führt die Uhlandstraße am „Schwäbischen Tagblatt" entlang zur Neckarbrücke. Auf der anderen Seite der Brücke, in der Karlstraße 3, befindet sich das d.a.i., das Deutsch-Amerikanische Institut Tübingen. Es wurde 1952 als Amerika-Haus Tübingen gegründet, in einer Zeit, in der die amerikanische Kultur in Deutschland noch etwas Besonderes und heiß begehrt war. Heute ist es ein Forum für den deutsch-amerikanischen Kulturaustausch und bietet neben Sprachkursen und Vorträgen auch ein vielseitiges Kulturprogramm, das ein differenziertes Amerikabild vermitteln möchte. Dazu gehören auch Ausstellungen. Im d.a.i. werden hauptsächlich Fotos gezeigt, Bilder von oft weltbekannten Fotografinnen und Fotografen, die sich mit dem Land und den Menschen, die darin leben, auf intensive und ungewöhnliche Weise auseinandersetzen.

3 Der Hölderlinturm

Nach dem Ausflug ins ferne Amerika kehren wir zurück an den Neckar und zu seinem bekanntesten Anwohner. Der Hölderlinturm **12** ist nicht nur Pilgerstätte und Wahrzeichen, sondern beherbergt auch ein Museum. Wer hofft, hier eine mehr oder weniger puppenstubenhafte Inszenierung von Hölderlins Leben im Turm finden zu können, womöglich auf dem roten Sofa Platz nehmen möchte, das Hölderlin von Johann Friedrich Cotta geschenkt bekam, der wird enttäuscht werden. Das Museum informiert über das Leben des Dichters in Tübingen: Über seine Studienjahre im Evangelischen Stift **10**, die schlimmen Monate im Universitätsklinikum in der Burse **11** sowie die Zeit, die Hölderlin bei der Schreiner-familie Zimmer in dem Turm am Neckar verbrachte. Außerdem erfahren die Besucher einiges über das Schicksal von Hölderlins Werk und über seinen Einfluss auf die Literatur bis in die Gegenwart. Zu sehen sind vor allem Briefe, zeitgenössische Stadtansichten, Erstausgaben und Ähnliches. Außerdem finden immer wieder Ausstellungen mit Künstlerinnen und Künstlern statt, die sich in ihrem Werk mit Hölderlins Texten auseinandersetzen. An den Wänden des Turmzimmers im ersten Stock, in dem Hölderlin gelebt hat, hängen vier der späten Gedichte, ansonsten ist der Raum bewusst leer gelassen worden. Hier kann man sich ans Fenster stellen, auf den Neckar schauen und sich gefangen nehmen lassen von der besonderen Atmosphäre dieses Ortes.

4 Museum Schloss Hohentübingen

Vom Hölderlinturm machen wir uns auf den Weg hinauf aufs Schloss **4** **5** **6** **7**. Für das Museum Schloss Hohentübingen sollte man sich Zeit nehmen: Auf etwa 2000 qm kann man sich rund 4600 Exponate anschauen. Keine Eichentruhen, Ritterrüstungen, Waffensammlungen und Folterkammern wie in vielen anderen Schlossmuseen, sondern die Sammlungen der auf dem Schloss untergebrachten Fakultäten. Zu sehen sind demnach Objekte aus den Lehrsammlungen der Institute für Ur- und Frühgeschichte, Ägyptologie, Altorientalistik und Ethnologie: etruskische Vasen oder indianische Töpferwaren. In Sonderausstellungen werden neue Objekte oder neue Forschungsergebnisse der Öffentlichkeit vorgestellt oder die Werke zeitgenössischer Künstlerinnen und Künstler gezeigt, die sich mit den Sammlungen kreativ auseinandergesetzt haben.

Skulpturen im Rittersaal

Besonders schön ist die Abgusssammlung im Rittersaal. Im 19. Jahrhundert wurde es an deutschen Universitäten Mode, Kopien griechischer und römischer Skulpturen zu sammeln. In Tübingen begann man 1836 damit und trug eine beeindruckende Anzahl Plastiken zusammen, deren Originale in den berühmtesten Museen der Welt zu finden sind. Ursprünglich diente eine solche Sammlung den Altphilologen als Anschauungsmaterial. Sie ist weit mehr als ein dreidimensionaler Überblick über ein Jahrtausend griechischer und römischer Kunstgeschichte. Sie ist eine Schule des Sehens und Begreifens plastischer Ausdrucksweise, deren Ästhetik unsere Kultur bis heute beeinflusst hat. Der Rittersaal ist für diese Abteilung des Museums wie geschaffen. Die Statuen, Büsten, Porträts und Reliefs werden so präsentiert und ausgeleuchtet, dass ihre harmonische Ausgewogenheit perfekt inszeniert wird. Sie strahlen wirklich „edle Einfalt, stille Größe" aus, auch wenn dieses Winckelmann-Zitat eher unsere Sehnsucht nach klassischer Erhabenheit beschreibt als die historische Realität jener Epoche. Ein wunderbarer Raum für eine Ruhepause!

„Tübinger Tierpark"

Die zurzeit wohl berühmtesten Exponate des Museums sind die sogenannten Vogelherdfiguren, kleine Skulpturen aus Mammutelfenbein: ein Pferdchen, ein Mammut, ein Löwe und einige mehr, nur wenige Zentimeter groß und mittlerweile liebevoll der „Tübinger Tierpark" genannt. Sie sind etwa 35.000 Jahre alt und stammen aus dem Lonetal auf der Schwäbischen Alb, wo sie bei Ausgrabungen in den 1930er Jahren und erneuten Nachforschungen 2006 gefunden wurden. Es handelt sich um nichts weniger als die vermutlich ältesten Kunstwerke der Menschheit. Vor Tausenden von Jahren, in der Kulturstufe des Aurignacien, verfügte man zum ersten Mal in der Geschichte der Menschheit über ausreichend Zeit und Material, um etwas herzustellen, was nicht mehr dem unmittelbaren Überleben diente, was schön anzuschauen und anzufassen war. Noch immer rätseln Wissenschaftler, welche Funktion diese Tierfiguren gehabt haben könnten. Die Interpretationen reichen vom Amulett bis zum Kinderspielzeug. Vielleicht liegt aber der besondere Zauber dieser Tiere darin, dass sie wirklich keine besondere Funktion hatten, außer der, ästhetischen Genuss zu verschaffen. In einer Zeit, in der die Notwendigkeit von Kunst und Kultur angesichts wirtschaftlicher Zwänge ständig in Frage gestellt wird, wären sie ein regelrechter Beweis dafür, dass der Umgang mit Schönheit, mit

Kunst, ein menschliches Grundbedürfnis ist.

Anstatt wieder die Burgsteige hinunter zu gehen, können wir auch den Schlosshof überqueren, um durch die beiden „Geheimgänge" zum rückwärtigen Teil des Schlosses mit dem Hasengraben zu gelangen, in dem bei schönem Wetter die „Castle Archers" sich in der Kunst des Bogenschießens üben. Wieder in die Stadt hinunter führt dann der „Kapitänsweg", benannt nach einem Tübinger Metzger, der angeblich immer eine Kapitänsmütze trug.

5 Antiquitätengeschäfte

In der Haaggasse lohnt sich ein gemütlicher Schaufensterbummel durch die Antiquitätengeschäfte. Vom Trödel bis zum kostbaren Sammlerstück, von der stylishen Art-Deco-Lampe bis zur kuriosen Burschenschaftsdevotionalie, vom Biedermeiersekretär bis zum Schnapsgläschen, vom Jugendstil bis zum Gelsenkirchener Barock lässt sich hier so ziemlich alles finden, was alt oder wertvoll oder sogar beides ist. Kompetente Beratung ist dabei selbstverständlich.

6 „Marquardtei"

Ist man unten am Haagtorplatz angelangt, könnte man rechts die Belthlestraße zur Herrenberger Straße hochgehen. In der Herrenberger Straße 34, dem Gebäude der „Marquardtei", einer ehemaligen Brauerei mit Gartenwirtschaft, in der heute ein preiswertes, sehr studentisches Restaurant untergebracht ist, können Künstler in der Galerie H. Fischer ihre Werke ausstellen. H. Fischer war ein Tübinger Künstler. Nach seinem Tod beschloss seine Erbin Elisabeth Barth, seinen Nachlass in der Galerie in der Herrenberger Straße auszustellen und so einen Ort zu schaffen, in dem nicht nur Ausstellungen, sondern auch andere kulturelle Veranstaltungen – Konzerte, Lesungen, Kabarett etc. – stattfinden können.

7 Ugge Bärtle – Skulpturengarten und Atelierräume

In der Herrenberger Straße 12 lebte und arbeitete der Tübinger Bildhauer Ugge Bärtle (1907–1990). Außer dem „Wengerter" 10, der hinter der Jakobuskirche zu sehen ist, schuf der Künstler zahlreiche Lithografien, Holzschnitte, Radierungen, Skulpturen und Plastiken. Zu besichtigen ist nicht nur das kleine Museumshaus mit den Atelierräumen, das immer noch aussieht, als wäre der Maler nur kurz hinausgegangen, sondern vor allem der verwunschene kleine Skulpturengarten, in dem die Stein- und Bronzeplastiken mit wild wucherndem Efeu unter einer riesigen Eiche eine organische Verbindung eingehen. Zu sehen sind hier vor allem Bärtles ruhige Figuren aus Stein oder Bronze, die in ihrer klaren Körpersprache an Gestalten aus der antiken Mythologie erinnern. Beson-

ders faszinierten Bärtle Menschen zu Pferde: Reiterdarstellungen sind ein immer wiederkehrendes Motiv in seinem Werk, wobei er vor allem in seinen druckgrafischen Arbeiten versuchte, die Bewegung von Mensch und Tier auf das Notwendigste zu reduzieren.

Wer den Abstecher in die Herrenberger Straße auslassen möchte, geht entweder über den Marktplatz oder durch eine der kleinen Verbindungsgassen zwischen Haaggasse und Kornhausstraße zum Stadtmuseum im Kornhaus **2**.

8 Das Stadtmuseum

In den beiden oberen Ausstellungsetagen lassen sich die bereits auf der Straße erworbenen Kenntnisse über die Geschichte der Stadt Tübingen vertiefen. Vom Mittelalter bis ins 20. Jahrhundert spannt sich ein Bilderbogen, der das Leben der Tübingerinnen und Tübinger in ihrer Stadt illustriert: Wer wohnte wo? Auf welchen Straßen und Plätzen begegnete man sich? In welchen Vereinen engagierte sich die Bürgerschaft und wie lebten die Studenten? Welche Einflüsse hatte die „große Politik" auf Tübingen und wie startete die Stadt ins 20. Jahrhundert? Die Objekte erzählen Geschichten und schaffen Verbindungen nach außen, in die Stadt. Die Aufteilung der

Museumsräume unterstreicht diese Bezüge auf raffinierte Weise: Blickt man aus dem Fenster, sieht man das, was im Museum thematisiert wird, ein Wechselspiel zwischen innen und außen.

Die Scherenschnittkünstlerin

„Die Welt in Licht und Schatten" begegnet den Besuchern im ersten Stock, wenn sie mit dem großartigen Werk der Scherenschnittkünstlerin und Trickfilmerin Lotte Reiniger Bekanntschaft machen dürfen. Lotte Reiniger? Nie gehört? Und Scherenschnitte? Das Hobby altjüngferlicher Volksschullehrerinnen? Lassen Sie sich überraschen: Die Künstlerin beherrschte das Medium Scherenschnitt und Silhouette auf geniale Weise – witzig, detailverliebt, mär-

Lotte Reiniger: Die Zauberflöte

chenhaft. Absolut hinreißend sind ihre Scherenschnitte zu den Opern von W. A. Mozart, deren hintergründige Leichtigkeit sie perfekt mit ihrer schwarzweißen Kunst illustrierte. Ein kleiner Film in der Ausstellung belegt eindrucksvoll, mit welcher Virtuosität Reiniger Schere und Papier zu handhaben wusste. Von „Bastelarbeiten" kann da keine Rede mehr sein. Die Filmgeschichte verdankt Lotte Reiniger den ersten Animationsfilm: „Die Abenteuer des Prinzen Achmed" ist eine zauberhafte Geschichte nach Vorlagen aus „1001 Nacht", raffiniert, verträumt und sexy zugleich. Sie hat noch viele weitere Filme gedreht, vor allem Märchen, für die der Silhouettenfilm ideal geeignet ist. Die Technik ist genauso surrealistisch und fantastisch wie der Inhalt. Aber Lotte Reiniger fertigte nicht nur Scherenschnitte und Trickfilme an, sondern

hat auch mit großer Begeisterung Schattentheater gespielt. Hier setzte sie ebenfalls neue Maßstäbe und verlieh den Figuren durch neue Techniken größere Lebendigkeit und Dynamik.

In konsequent schwarz-weiß gestalteten Räumlichkeiten mit wunderschönen Lichteffekten und vielen interaktiven Elementen zeigt das Stadtmuseum einen Querschnitt durch das Schaffen dieser außergewöhnlichen Künstlerin, deren Werk in den letzten Jahren eine immer größere Wertschätzung erfährt und in zahlreichen internationalen Ausstellungen gezeigt wird.

... und weitere Schätze

Im Erdgeschoss präsentiert das Stadtmuseum Wechselausstellungen zu den unterschiedlichsten Themen, die aber alle in irgendeiner Weise auf die Stadt Tübingen Bezug nehmen: Stadtansichten von der Zeitungskarikatur bis zur klassischen Vedute, Institutionen vom Cotta-Verlag bis zum Café, Persönlichkeiten vom Reformator Philipp Melanchthon bis zum Pustefix-Erfinder Rolf Hein. Hier können Seiten aus dem Tübinger Leben aufgeblättert werden, ohne museal einzustauben. Gemeinsam mit verschiedenen Kooperationspartnern aus Stadt und Uni entstehen lebendige, ideenreiche Ausstellungsprojekte mit immer neuen Sichtweisen auf die Stadt.

Lotte Reiniger (1899–1981)
wurde 1899 in Berlin geboren. Als junges Mädchen begeisterte sie sich für den Film und nahm eine Zeitlang Schauspielunterricht, aber bereits 1921 wurden ihre Silhouetten und Scherenschnitte als Trickfilmsequenzen in dem Film „Der verlorene Schatten" von Paul Wegener eingebaut. Sie war mit dem Regisseur und Kameramann Carl Koch verheiratet, mit dem sie von 1923 bis 1926 den ersten abendfüllenden Trickfilm der Filmgeschichte realisierte. In den 1920er Jahren lebt sie in Berlin und ist mit Bertolt Brecht, Jean Renoir, Carl Zuckmayer, Kurt Weill und Fritz Lang befreundet. Nach der Machtergreifung durch die Nationalsozialisten verlässt sie mit ihrem Mann Deutschland und zieht nach vielen Jahren des Umherreisens 1949 dauerhaft nach London. Sie fertigt unzählige Trickfilme für die BBC an, spielt mit großem Erfolg Schattentheater und illustriert Bücher. 1981 ist sie in Dettenhausen bei Tübingen gestorben. Durch die Vermittlung eines mit ihr befreundeten Ehepaars aus der Schattentheaterszene gelangte ihr künstlerischer Nachlass nach Tübingen und wird vom Stadtmuseum betreut.

9 Druck und Buch

Verlassen Sie das Stadtmuseum ruhig einmal durch die Hintertür. Der idyllische Platz ist das älteste bekannte Grundstück der Stadt. Schon 1323 wird das Haus in einer Urkunde als „Stiefels, des Ledergerbers Gesäß" erwähnt. Wir gehen links und gleich wieder rechts durch die Straße „Bei der Fruchtschranne" – das ist ein anderer Name für Kornhaus – zur Bachgasse. Hier führt in dem Haus Nr. 15 Susanne Padberg die in ganz Deutschland einzige Galerie für Buchkunst.

In der Galerie Druck und Buch gibt es keine Bücher über Kunst, sondern Kunstwerke in Buchform. Keine Bücher zum Lesen, sondern Bücher zum Anschauen. Vom witzigen Pop-up-Buch oder kleinen Daumenkino bis zum einzigartigen Buchkunstobjekt ist dieser Ausstellungsraum mit Buchhandlung die Adresse für alle, die ein Faible für Bücher haben. In wechselnden Ausstellungen setzen sich Buchkünstler auf immer neue Weise mit dem Medium Buch auseinander, skurril oder poetisch, ironisch oder subtil, aber immer ungemein ästhetisch und ausgesprochen faszinierend. Künstlerbücher sind ein sehr spezielles Sammelgebiet, deshalb betreut Susanne Padberg Kunden – private

Galerie Druck und Buch

Sammler, Museen, Bibliotheken – auf der ganzen Welt. Trotzdem ist die Galerie nicht nur ein Ort für abgehobene Spezialisten: Hier kann jeder entdecken, dass Bücher mehr bieten können als Lesefutter und dass Bilderbücher nicht nur etwas für Kinder sind. Es braucht, nicht zuletzt durch die begeisterte und begeisternde Vermittlung der Galeristin, keine Viertelstunde, um in sich den Wunsch zu verspüren, selbst Bücher zu sammeln. Was auch möglich ist: Viele Künstlerbücher sind durchaus erschwinglich.

10 Der Tübinger Künstlerbund

Die nächste Station auf unserer Kunst-Tour ist das Alte Schlachthaus in der Metzgergasse. Wo in früheren Zeiten Schweine und Rinder ihr Leben lassen mussten, ist jetzt der Treffpunkt der Mitglieder des Tübinger Künstlerbunds. Der Künstlerbund Tübingen besteht bereits seit 1971 und ist damit eine der beständigsten Künstlervereinigungen in Deutschland. In ihm haben sich Künstlerinnen und Künstler, die vorwiegend im Raum Tübingen zu Hause sind, zusammengeschlossen. Der Verein bietet seinen Mitgliedern ein effizientes Netzwerk und außerdem die Möglichkeit, in der eigenen Galerie in der Metzgergasse ihre Werke auszustellen. Hier finden auch immer wieder Künstlergespräche, Lesungen und Performances statt. Eine Vernissage am Samstagmorgen ist ein schöner Start ins Tübinger Wochenende.

Blatt des Monats
Weil es unter den Gründungsmitgliedern einige begeisterte Lithografen gab, wurde die Druckgrafik schnell zu einem Schwerpunkt des Künstlerbundes. Seit 1979 gibt es im Alten Schlachthaus auch eine Werkstatt für Druckgrafik, in der man an verschiedenen Pressen arbeiten kann und in

der regelmäßig Kurse angeboten werden. Der Künstlerbund präsentiert sich auf Kunstmärkten, hält einen engen Kontakt zu den Partnerstädten Tübingens, kuratiert regelmäßig Gemeinschaftsausstellungen im Stadtmuseum, in der Kulturhalle oder anderswo und ist damit ein fester Bestandteil des Tübinger kulturellen Lebens. Wer mit dem Gedanken spielt, Kunst zu sammeln, aber nicht so richtig weiß, wie anfangen, hat die Möglichkeit, die Grafik-Edition „Blatt des Monats" zu abonnieren. Mit einer sehr niedrigen Auflage von dreißig Handabzügen pro Blatt, deren Qualität an Unikate heranreicht und einem ebenso niedrigen Preis möchte der Künstlerbund vor allem junge Menschen ermutigen, in das Kunstsammeln einzusteigen.

11 Kulturhalle

Ganz in der Nähe des Alten Schlachthauses, in der Nonnengasse 19, unterhält das Kulturamt der Stadt Tübingen die Kulturhalle im ehemaligen Trafohaus der Stadtwerke. Der Betrieb der Halle wird von ehrenamtlichen Mitarbeitern und der Stadt

Galerie Künstlerbund: Dieter Löchle

gemeinsam bewältigt, ein schönes Beispiel für die Verbindung von bürgerschaftlichem Engagement und städtischer Beteiligung. In meist monatlich wechselnden Ausstellungsprojekten zu ungewöhnlichen Themen können Künstlerinnen und Künstler aus der lokalen Kunstszene ihre Werke präsentieren. Dass mitten in der Tübinger Altstadt in unmittelbarer Nachbarschaft gleich zwei Einrichtungen existieren, die zeitgenössische Künstlern aus der Region ein Forum bieten, spricht für die Lebendigkeit, Vielfalt und Fantasie der Tübinger Kunstszene.

12 Kunstamt

Aber damit ist es noch nicht genug. Seit 2006 gibt es in der Doblerstraße, zunächst in den leer stehenden Räumen des ehemaligen Landratsamtes, das auf seinen Abriss wartet, seit Mai 2009 ein paar Häuser weiter unten, im ehemaligen Jugendamt in der Doblerstraße 21, das sogenannte „Kunstamt". Das Kunstamt ist ein Zusammenschluss von etwa 30 Tübinger Künstlerinnen und Künstlern, die die ehemaligen Bürogebäude als Ateliers nutzen. Ursprünglich suchten alle diese Künstler einfach nur Räume zum Arbeiten, erkannten aber schnell, dass die räumliche Nähe auch wunderbare Synergieeffekte frei setzte. Mittlerweile finden immer wieder Workshops, Performances, Musik und Präsentationen statt, im monatlichen Wechsel wird jeweils das Werk einzelner Kunstschaffender gezeigt und in einem Kunst-Kiosk wird im Selbstversuch das spannende Verhältnis zwischen Kunst und Kommerz ausgelotet. Sehr schön sind die Samstage, an denen die Ateliers geöffnet sind und man völlig ungezwungen „Kunst gucken" und mit den Künstlern ins Gespräch kommen kann.

13 Die Shedhalle

Und es gibt noch mehr! Etwas außerhalb der Altstadt, aber immer noch zu Fuß gut erreichbar, am Fuß des Tübinger Österbergs, hat der „Verein zur Förderung zeitgenössischer Künste" in der Shedhalle des ehemaligen Tübinger Schlachthauses – ja, schon wieder Schlachthaus! – einen weiteren Raum geschaffen, der zeitgenössischen Künstlerinnen und Künstlern als Forum und Plattform dient. Auf 1000 qm Ausstellungsfläche präsentiert der Verein Ausstellungen der Gegenwartskunst, wobei klassische und neue Medien wirkungsvoll

Shedhalle

gemischt werden. Im Unterschied zu Kunstamt, Kulturhalle und Künstlerbund werden hier jedoch auch die Werke von Künstlerinnen und Künstlern aus dem ganzen Bundesgebiet und dem Ausland gezeigt. Die besondere Atmosphäre in der Shedhalle ist perfekt für die Auseinandersetzung mit oft sehr ungewöhnlichen Kunstprojekten geeignet.

14 Kunst im Salon

Nach diesen beiden Abstechern, die uns aus der Altstadt hinausgeführt haben, setzen wir unseren Bummel fort und machen uns von der Kulturhalle auf den Weg in die Neue Straße 12, wo Ursula Werz ihre Wohnung zu einem Ausstellungsraum für zeitgenössische Kunst umfunktioniert hat. Hier zeigt sie in einem halböffentlichen Rahmen – Besichtigungen sind nur nach telefonischer Vereinbarung möglich – zeitgenössische, vorwiegend abstrakte Kunst mit Malerei, Zeichnung, Skulptur, Installation und Videos. Dafür werden dann schon einmal alle Fenster der Wohnung mit semiopakem Papier verklebt oder sogar ein Zimmer schwarz gestrichen, damit der Raum den Exponaten gerecht wird. Die Künstlerinnen und Künstler, die in dem Wohnzimmer der kunstbegeisterten Ärztin ausstellen, genießen größtenteils einen internationalen Ruf, wie zum Beispiel Katja Strunz, Gerold Miller oder Anselm Reyle. Ursula Werz hat viele Kontakte in der zeitgenössischen Kunstszene und man schätzt den privaten und intimen Rahmen dieses ungewöhnlichen Ausstellungsraumes, in dem ganz andere Gespräche über Kunst möglich werden als das übliche oberflächliche Vernissagengeschwafel. Neugier und Offenheit kennzeichnen diese Form der Kunstvermittlung: Ursula Werz weiß nie im Voraus, was für Menschen es sein werden, die sie besuchen kommen. In Tübingen funktioniert sogar der Salon!

15 Galerie Grießhaber

In der Altstadt, in der Hafengasse 9 und in der Kirchgasse 8, finden sich auch noch zwei Kunsthandlungen, die einen Abstecher lohnen. Dabei hat sich die Galerie Grießhaber vor allem auf Künstler der klassischen Moderne und der Gegenwartskunst spezialisiert und bietet Originalgrafiken, Gemälden und Objekten von vielen bekannten Künstlern an.

Diese können in einer eigenen Werkstatt auch professionell gerahmt werden – ursprünglich war die Galerie ein Buchbindermeisterbetrieb und Bilderrahmengeschäft. Darüber hinaus gibt es einen wunderschönen „Art Shop" mit jeder Menge „kunstähnlichem", verspielten Geschenken für sich selbst oder andere liebe Menschen: Schmuck, Spiele oder einfach nur netter Nippes.

16 Galerie wenke kunst

Auch die Galerie wenke kunst in der Kirchgasse 8 verfügt über eine große Auswahl an zeitgenössischen Grafiken und Malereien internationaler Künstler, Sammlerobjekten und dekorativer Kunst. Hin und wieder werden in Einzelausstellungen Künstlerinnen und Künstler der Galerie vorgestellt oder es werden Arbeiten wichtiger Künstler der klassischen Moderne gezeigt, zum Beispiel Ernst Barlach, Otto Dix oder Erich Heckel. Auch der Nachlass des 2004 verstorbenen gerhard neumann, einem Künstler, der noch bei Fernand Léger in Paris studierte, wird über wenke kunst vertreten. Während des Umbrisch-Provenzalischen Marktes, der jedes Jahr im September mit den Partnerstädten Aix-en-Provence und Perugia stattfindet und zu den stimmungsvollsten und schönsten Tübinger Festen gehört, hat wenke kunst einen

Galerie wenke kunst

französischen oder italienischen Künstler zu Gast, dem man bei seiner Arbeit über die Schulter schauen kann. Sie richten eine Wohnung, eine Praxis, ein Büro ein und wissen nicht, was für Gemälde, Grafiken oder Kunstreproduktionen an die Wände passen? Lassen Sie sich beraten und eine Lösung finden, die sowohl Ihrem persönlichen Kunstverständnis und Geschmack als auch den Räumlichkeiten entspricht, die Sie einrichten.

Natürlich können auch alle Bilder in der eigenen Werkstatt gerahmt werden.

---

17 Kunsthalle

Damit ist der Kunstbummel durch die Kernstadt beendet. Wir können jetzt mit der Buslinie 5 zur Kunsthalle auf die Wanne fahren. Sie wurde 1971 im Norden der Stadt in einem Neubauviertel erbaut, in dem Kinderbücherei und Kirche die einzigen sozialen Treffpunkte sind. Ihre Entstehung ist ebenfalls priva- tem Engagement zu verdanken. Die Töchter von Robert Bosch richteten sie im Gedenken an den Maler Georg Friedrich Zundel, den Ehemann von Boschs Tochter Paula, als dauerhafte Institution zur Bereicherung des Kunstangebots ein. Unter der Kuratel des ehemaligen Leiters der Kunsthalle, Dr. Götz Adriani, wurden sehr anspruchsvolle Ausstellungen gezeigt, die der Kunsthalle einen her-

Die Kunsthalle von oben

vorragenden Ruf verschafften. In den späten 1990er Jahren waren dies vor allem Ausstellungen zu französischen Malern der klassischen Moderne: Picasso, Cézanne, Renoir, Degas, Toulouse-Lautrec und Henri Rousseau lockten Hunderttausende Besucher in die Kunsthalle, die busweise herangekarrt wurden, vom Rest der Stadt aber leider nicht allzu viel zu sehen bekamen. Die Länge der Warteschlange vor der Kunsthalle avancierte zum Tübinger Dauergesprächsthema, angeblich sollen Studenten Geld als „Schlangesteher" verdient haben.

Diese Zeiten sind vorbei. Noch immer macht die Kunsthalle ein sehr anspruchsvolles und ambitioniertes Ausstellungsprogramm, zeigt die Werke wichtiger zeitgenössischer, oft sehr junger Künstler, besondere Sammlungen oder kuratiert Ausstellungen zu Themen wie zum Beispiel den Anfängen der Fotografie oder dem Innenraum in der Kunst. Das Programm wird abgerundet durch

ausgezeichnete kunstpädagogische Führungen und Vortragsreihen, Künstlergespräche und Kuratorenführungen. Aber es parken deutlich weniger Busse vor der Kunsthalle und längst ist es möglich, etwas länger vor einem Bild zu verweilen, bevor die Besuchermassen einen weiter schieben. Das ist kein Nachteil: Die Aufgabe der Kunsthallenstiftung ist schließlich nicht die Förderung des Massentourismus, sondern die eines differenzierten Verständnisses für moderne und zeitgenössische Kunst.

Galerie, Museum, Kunsthandlung, öffentliche Einrichtung, Verein, Privatinitiative, Geschäftsunternehmen – in Tübingen gibt es eine erstaunliche Dichte an Möglichkeiten, sich mit Kunst auseinanderzusetzen. Ob es jetzt die international gefeierte Künstlerin oder der ambitionierte Kunsterzieher sind, die ihre Werke der Öffentlichkeit in einer der vielen Ausstellungseinrichtungen zugänglich machen. Sie alle, vom Sofabild bis zur viel beachteten Installation, tragen dazu bei, den Blick des Betrachters zu schärfen, seine Wahrnehmung zu vertiefen – und manchmal setzt das Gesehene noch mehr in Gang, Gefühle, Begegnungen, Gespräche ... probieren Sie es aus!

 **Art**

Tübingen possesses a large number of museums and galleries as well as public and private exhibition spaces.

1 Gallerie Gottschick

Art in the classical modern and pop art styles is presented in attractively designed rooms, with a pleasantly private ambience, and a sculpture garden. In addition, every few weeks, the owners organise a new exhibition showing works by renowned contemporary artists.

2 Deutsch-Amerikanisches Institut

In the forum for the cultural exchange between Germany and the United States of America, exhibitions form a part of a varied cultural programme. In the main, works by world-renowned photographers are shown, which deal with the subject of America in a particular way.

3 Hölderlin Tower

The museum provides information on the life of the poet in Tübingen, his works and his influence on the world of literature. You can view letters, first editions and many other literary relics. In addition, there are frequent exhibitions on artists who interpret Hölderlin's works in their art.

4 Museum Schloss Hohentübingen

The collections of the faculties housed in the castle present objects from pre- and early history, and deal with Egyptology, the ancient Orient and ethnology. A particular attraction is the collection of casts in the Knight's Room, an impressive number of sculptures, whose ancient originals can be found in the most famous museums of the world. However, the most well-known exhibits are the so-called Vogelherd Figures from the Swabian Jura, small sculptures made of mammoth ivory, which are 35,000 years old and are considered to be the oldest work of art in human history

5 Haaggasse

In Haaggasse, it's worth spending a while doing some window-shopping in front of the numerous antique shops, which can offer everything from bric-a-brac to valuable treasures.

6 Galerie H. Fischer

H. Fischer was a Tübingen artist who died in 2005. His estate can be seen in the gallery in Herrenberger Strasse, in which other artists are able to exhibit. The gallery can also be used as a space for concerts or readings.

7 Ugge Bärtle – Sculpture garden and atelier

The Tübinger sculptor Ugge Bärtle (1907-1990) lived and worked in Herrenberger Strasse 12. His former workshop can be visited along with the little enchanted sculpture garden, in which stone and bronze plastics join with wild ivy under a huge oak tree to form an organic combination.

8 Town Museum

The top two floors are home to a permanent exhibition on the history of the town of Tübingen.

Visitors can experience "The World in Light and Shade" on the first floor. This is a chance to discover the astounding works of the silhouettist and cartoonist Lotte Reiniger: Amazing silhouettes, including those for the operas of W.A. Mozart, and the first ever animated film: "The Adventure of Prince Ahmed". Refined, funny, enchanting and sexy. A must!

On the ground floor, the museum presents temporary exhibitions on various different subjects, all of which relate to the town of Tübingen. This is a workshop for lively, imaginative exhibition projects offering a wealth of new perspectives of the town.

9 Galerie Druck und Buch

If you visit Susanne Padberg in Bachgasse, you will not find books about art but will be able to view and buy artistic books. From fun pop-up books to a unique book artwork, this exhibition space with its bookshop is a must for anyone with a passion for books.

10 Tübinger Artists' Association

The Tübingen Artists' Association, founded in 1971, meets in the Altes Schlachthaus in Metzgergasse. The association can offer its members efficient networking and also the option of presenting their work in the association's own gallery in Metzgergasse. Artists' meetings, readings and performances often take place here.

11 Kulturhalle

The Cultural Office of the town of Tübingen runs the Kulturhalle in the former transformer building of the town's department of works. Exhibition projects, usually changing once a month, give local artists the opportunity to present their work.

12 Kunstamt

The Kunstamt is a group of around 30 Tübingen artists, who use old office buildings waiting for demolition as their studio. Originally, all these artists were simply looking for premises to work, but soon realised that spatial proximity also created wonderous synergy effects. Workshops, performances, music and presentations all now take place regularly.

13 Shedhalle

The "Association for the Promotion of Contemporary Art" present contemporary works on the 1000 m² of the Shedhalle of the former abattoir. The special atmosphere of the Shedhalle is perfect for getting to grips with some very unusual art projects.

14 Galerie Ursula Werz

Ursula Werz presents contemporary art, principally by internationally-renowned artists, in a semi-public way in her home, part of which she has now turned into an exhibition room.

15 Galerie Griesshaber and 16 wenke kunst

There are two other art dealers in the old town which are well worth a visit. Here it is possible to find not only a wide-ranging repertoire of graphics, paintings and objects but also "Art Shop" products to keep at home or give away as presents. Both shops can also offer specialist framing services for pictures.

17 Kunsthalle

Built on a new estate in the north of the town in 1971, the Kunsthalle offers a very high-quality and ambitious programme of exhibitions. It also shows the works of important contemporary artists, some of whom are very young, presents special collections or hosts exhibitions on subjects such as the origins of photography or interiors in art. The programme is completed by excellent artistic tours and lectures, discussions with artists and curator tours.

Musées et galéries

La ville de Tübingen vous propose un grand nombre de musées, des galeries et des salles d'exposition publiques et privées.

1 La galerie Gottschick

Dans de belles salles où règne l'atmosphère agréable d'un salon privé et dans le jardin aux sculptures, vous pouvez admirer des œuvres néo-classiques et pop-art. De plus, les propriétaires organisent régulièrement des expositions d'œuvres de peintres contemporains renommés.

2 L'institut culturel germano-américain

Les expositions constituent une partie importante du programme culturel très riche de cette plateforme pour les échanges culturels entre l'Allemagne et les Etats-Unis. On peut surtout voir des œuvres de photographes connus dans le monde entier qui montre un visage singulier de l'Amérique.

3 La tour Hölderlin

Ce musée vous informe sur la vie du poète de Tübingen, son œuvre et son influence sur la littérature. Ce sont surtout des lettres, des premières éditions, etc. qui sont exposées. Des expositions présentant des artistes qui ont abordé dans leurs œuvres les textes de Hölderlin sont organisées.

4 Le musée du château de Hohentübingen

Les collections des instituts de recherche universitaire exposées

Le jardin aux sculptures de Ugge Bärtle

dans le château concernent des objets de la préhistoire, de l'égyptologie, des sciences orientales classiques et de l'ethnologie. La collection des copies de sculptures de l'antiquité dans l'ancienne salle des chevaliers est particulièrement belle. Les objets les plus célèbres de tout le musée sont des petites sculptures en ivoire de mammouth qu'on a trouvé dans les cavernes du jura souabe et qui ont environ 35.000 ans. Probablement sont-elles les tout premiers objets d'art de l'humanité.

5 La Haaggasse

C'est une rue spécialement faite pour les amateurs d'antiquités. Vous y trouvez un grand choix qui va de la brocante jusqu'aux objets de collection de grande valeur.

6 La galerie H. Fischer

H. Fischer est un peintre de Tübingen qui est mort en 2005. La galerie située dans la Herrenberger Straße montre une partie de ses peintures, mais elle est également ouverte à d'autres artistes qui cherchent des salles d'exposition ainsi qu'aux concerts, soirées de lecture, etc.

7 Ugge Bärtle – Ateliers d'artiste et jardin aux sculptures

Dans la Herrenberger Straße 12 vivait et travaillait le sculpteur Ugge Bärtle (1907–1990). On peut visiter ses anciens ateliers et surtout le petit jardin aux sculptures, un lieu enchanté où, sous un chêne immense, les sculptures en pierre et en bronze se marient harmonieusement avec le lierre.

8 Stadtmuseum

Aux étages supérieurs, on peut voir une exposition permanente sur l'histoire de la ville de Tübingen. Au premier étage, les visiteurs peuvent découvrir l'œuvre unique du cinéaste et artiste Lotte Reiniger. De magnifiques silhouettes illustrent par exemple les opéras de W. A. Mozart et le premier film animé de l'histoire du cinéma: « Les aventures du prince Achmed ». Un monde tout en ombre et en lumière: sexy, sophistiqué et drôle. A ne pas rater!

Au rez-de-chaussée, le musée présente des expositions qui font écho à la ville de Tübingen sous ses aspects les plus divers, d'une manière vivante et qui sont riches en idées nouvelles.

9 Galerie Druck und Buch

Susanne Padberg ne vous propose pas des livres d'art, mais des livres qui sont de véritables œuvres d'art dans sa galerie extraordinaire dans la Bachgasse. Du livre pop-up rigolo à l'objet d'art unique en forme de livre, dans la galerie-librairie, les amateurs de ce genre d'art peuvent y faire des découvertes surprenantes.

10 Tübinger Künstlerbund

Dans l'ancien abattoir médiéval de la Metzgergasse se rencontrent depuis 1971 les membres de l'association des artistes de Tübingen. Ce cercle offre à ses membres un réseau de relations efficace et la possibilité d'exposer leurs œuvres dans la galerie du club où se déroulent également des discussions, des lectures et des performances artistiques.

11 Kulturhalle

Dans l'ancienne station électrique des services techniques de Tübingen, les services culturels de la ville ont aménagé une salle d'exposition pour les artistes locaux.

12 Kunstamt

Le « Kunstamt », « le bureau de l'art », est une association qui compte environ 30 artistes qui utilisent comme ateliers d'anciens immeubles de bureaux qui attendent leur démolition. A l'origine, tous ces artistes ne cherchaient que des salles pour pouvoir travailler, mais ils se sont très vite rendu compte, que le fait de travailler porte à porte crée des merveilleux effets de synergie. Maintenant, ils organisent aussi des ateliers, des performances artistiques, des concerts et des représentations.

13 Shedhalle

Dans un espace de 1000 mètres carrés, une association des amis de l'art contemporain présente des œuvres de l'art contemporain dans un hall des anciens abattoirs du 19ème siècle. Ce hall, dans lequel les animaux séjournaient avant d'être tués, se prête, avec son atmosphère particulière, très bien à la confrontation avec des projets artistiques insolites.

14 Galerie Ursula Werz

Le médecin et amateur d'art contemporain Ursula Werz montre dans son

Exposition sur l'histoire des cafés de Tübingen dans le musée de la ville

salon, en partie reconverti en salle d'exposition, des œuvres d'artistes connus au niveau international.

15 Galerie Grießhaber et
16 wenke kunst

Au centre ville, vous trouvez deux magasins d'objets d'art qui valent une visite. Vous y trouvez un grand choix de peintures, de gravures et de sculptures, mais aussi des jolis bibelots originaux. Dans les deux magasins vous pourrez faire encadrer vos tableaux par des professionnels.

17 Kunsthalle

Situé au nord de la ville depuis 1971, la Kunsthalle organise des expositions ambitieuses et de haut niveau. Des œuvres d'artistes contemporains importants, souvent encore très jeunes, des collections particulières sont exposées. On organise aussi des expositions thématiques comme par exemple le début de la photographie. Bien sûr, il y a aussi un vaste programme de visites guidées, de conférences et de débats.

Stocherkähne auf dem Neckar

Unterwegs
im Grünen

Unterwegs im Grünen

Ein Sonntagsspaziergang! Nach vielem Pflastertreten ist dies eine ausgezeichnete Gelegenheit, die grünen Ecken Tübingens zu erkunden: Park und Allee, Waldrand und Friedhof. Sie werden merken, man braucht in Tübingen keine zehn Minuten zu Fuß zurück zu legen, um „draußen" zu sein, weg von Autos und engen Gassen, hin zu Bäumen und Vogelgezwitscher. Das funktioniert zu jeder Jahreszeit. Im Frühling sowieso. Und an einem verschneiten, glitzernden Januartag natürlich auch. Aber probieren Sie es einmal an einem heißen Augusttag, abends, wenn die Schatten länger werden und man spürt, dass der Sommer seinem Ende entgegen geht. Oder im November, wenn das Tageslicht die Konturen weichzeichnet und die Natur ganz neue, violette, graue, grüne Farbenspiele kreiert.

Hölderlingrab

1 Der Tübinger Stadtfriedhof

Unser Spaziergang beginnt auf dem Stadtfriedhof. Dafür fährt man am besten mit der Buslinie 5 bis zur Haltestelle Altklinikum und geht dann über die Straße in den Friedhof hinein. Er wurde 1829 eingerichtet, das älteste noch erhaltene Grab stammt von 1830. Seit 1987 steht die Anlage unter Denkmalschutz. Viele Jahre konnten nur Ehrenbürger oder Menschen, die noch ein Familiengrab besaßen, dort bestattet werden. Eine Zeitlang wurde diskutiert, den Friedhof in einen ganz normalen Park umzuwandeln, weil die Pflege der Gräber der Stadt zu teuer wurde. Seit 2001 hat man

eine in Deutschland einzigartige, einfache und geniale Lösung gefunden, den Friedhof zu erhalten: Er wird wieder benutzt. Wenn man eine Pflegepatenschaft für ein Grab übernimmt, erhält man das Recht, dort selbst einmal seine letzte Ruhestätte zu finden. Das ist wichtig, denn ein Friedhof ohne frische Gräber, auf dem keine Beerdigungen mehr stattfinden, wird nicht mehr als ein Ort der Besinnung wahrgenommen.

Der Tübinger Stadtfriedhof ist genauso, wie man sich einen Friedhof vorstellt. Die Bäume, die Hecken, die die Gräberfelder in einzelne Abschnitte aufteilen, die vielen schönen alten Grabsteine mit trauernden Engeln und schmiedeeisernen Kreuzen, der Efeu und das

Immergrün, das alles atmet Ruhe und Frieden aus. Unabhängig von wechselndem Lichteinfall, Wetter und Jahreszeit ist die Atmosphäre dort eher freundlich als melancholisch und auf keinen Fall bedrückend. Der Stadtfriedhof ist eine gewachsene Erinnerungsstätte mit einem ganz eigenen Zauber. Hier sind viele „Tübinger Köpfe" begraben. Wer möchte, kann sich auf eine regelrechte „Promi-Tour" begeben. Das Grab Hölderlins ist, ähnlich wie der Turm am Neckar, in dem er lebte, ein Wallfahrtsort. Aber auch viele andere prominente Persönlichkeiten, Schriftsteller, Professoren und Politiker, sind hier zu finden. Kleine Holzschildchen verweisen auf die entsprechenden Gräber.

Nachdenklich werden kann man im nördlichen Teil des Friedhofs, wo sich die Gedenkstätten aus dem I. Weltkrieg und das Gräberfeld X befinden. Hier wurden in den Jahren 1939 bis 1942 42 Tote aus Anstalten und Kliniken bestattet, größtenteils Opfer nationalsozialistischer Euthanasieprogramme.

200 Jahre Grabkultur verraten viel über unsere Auseinandersetzung mit Leben und Tod, über unseren Glauben an Gott und über das, was den Menschen über den Tod hinaus wichtig ist.

Wir verlassen den Friedhof durch die untere Pforte und gehen am Kupferbau, einem großen Hörsaalgebäude aus den 1960er Jahren, vorbei die Gmelinstraße hinunter, biegen rechts in die Hölderlinstraße ein und überqueren diese. Auf dem Weg zum Alten Botanischen Garten kommen wir an der Rückseite der Neuen Aula **21** vorbei, die von 1928 bis 1931 um die beiden rückwärtigen Flügel erweitert wurde. Für die beiden laufenden Bronze-Epheben in neoklassizistischer Manier stand angeblich der sozialistische Arzt und Theaterschriftsteller Friedrich Wolf Modell, der Vater des späteren DDR-Spions Markus Wolf. Friedrich Wolf war in den 1920er Jahren ein begeisterter Anhänger der Turn- und Freikörperkultur.

- -

2 Der Alte Botanische Garten

Der Alte Botanische Garten wurde 1804 angelegt. In erster Linie war der Garten ein Ort wissenschaftlicher Betätigung. Im Jahr 1859 zählte man nicht weniger als 5526 verschiedene Pflanzenarten. Mit seinem Bestand an exotischen Bäumen, dem Arboretum, diente er aber natürlich auch den Sonntagsspaziergängern als außergewöhnliche Flaniermeile. 1886 wurde ein Palmenhaus errichtet, ein richtiger Glaspalast, der mit seinem Café zu einem beliebten Aufenthalts-

Im Alten Botanischen Garten

und Erholungsort wurde. Nachdem 1967 der Neue Botanische Garten auf der Wanne eingerichtet wurde, funktionierte man den jetzt Alten Botanischen Garten zu einem Stadtpark um. Man riss das prächtige Palmenhaus ab, was heute so sehr bedauert wird, dass mittlerweile eine Bürgerinitiative versucht, es wieder aufbauen zu lassen.

Aber auch ohne Palmenhaus ist der Alte Botanische Garten ein beliebter Treffpunkt. Auf dem Kinderspielplatz haben die meisten Altstadtkinder einen Großteil ihrer ersten Lebensjahre verbracht, auf den Wegen haben sie Fahrrad fahren gelernt. Die Rasenflächen sind an schönen Sommertagen voll besetzt: Hier wird gelesen, geredet, gespielt. Zwischen den Bäumen spannen Studenten ihre Slack ropes auf, Frisbee-Scheiben fliegen über die Köpfe der Sonnenanbeter und der eine oder die andere versuchen sich stundenlang in der Kunst des Jonglierens. Der „Botte", wie ihn die Kinder nennen, ist alles andere als ein gepflegter Bummelpark. Er ist ein Bürgergarten, ein Studentenhinterhof, ein Liebespärchenasyl und eine Spielwiese mitten in der Stadt.

3 Über die Mühlstraße zur Neckarbrücke

Eine Fußgängerunterführung verbindet den Alten Botanischen Garten mit der Innenstadt. In den Espressobars und Eiscafés rund um den Markt am Nonnenhaus 17 können wir uns mit Cappuccino und Gelato stärken: Bei San Marco gibt es angeblich das beste Eis der Stadt und das Piccolo Sole d'Oro ist schon längst kein Geheimtipp mehr: Im Tübinger Volksmund wird es liebevoll-spöttisch „Café Wichtig" genannt – übrigens auch von den Stammgästen.

Eine kleine Brücke über den Ammerkanal 7 führt uns zum Lustnauer Tor 20, wo bis zu Beginn des 19. Jahrhunderts eines der fünf Stadttore stand. Wir gehen die Mühlstraße hinunter zur Neckarbrücke. Nachdem die Mühlen, die der Ammerkanal mit seinem hier besonders starken Gefälle angetrieben hatte, aufgegeben worden waren, baute man in dieser Straße ein paar eindrucksvolle Gründerzeit- und Jugendstilvillen. Es sollte die schönste Straße Tübingens werden, die städtischste und großzügigste. Aber in der zweiten Hälfte des 20. Jahrhunderts wurde sie zur Durchfahrtsstraße unzähliger Autos und damit zur lautesten und schmutzigsten Straße der Altstadt. Selbst die einseitige Sperrung der Straße für den Individualverkehr zu Beginn der 1990er Jahre konnte nicht verhin-

dern, dass ca. 10.000 Pkws und eine Unmenge an Bussen täglich hier hinauf- und hinunterrollen. Die Fußgänger hetzten durch einen tunnelartigen Straßenschlauch. Das ist besser geworden: Mit der Renovierung und Reinigung der Stützmauer, dem Abriss eines weit in die Straße hineinragenden Hauses und neuem Straßenbelag ist die Straße heller, freundlicher und offener geworden, Fußgänger und Radfahrer haben mehr Platz. Vielleicht entwickelt sich die Mühlstraße doch noch zu einer richtigen Flaniermeile.

4 Die Neckarinsel

Von der Neckarbrücke steigen wir das „Blechtrepple" zur Neckarinsel hinunter. Sie entstand zu Beginn des 20. Jahrhunderts, als im Rahmen einer groß angelegten Neckarkorrektur der Flutkanal gezogen wurde, der helfen sollte, die katastrophalen Hochwasser zu verhindern, die eine Bebauung des Gebiets im Süden praktisch unmöglich machten. Das Wort „Neckar" stammt aus dem Keltischen und bedeutet so viel wie „wilder, reißender Fluss", was einem angesichts des gemächlich dahinziehenden Wassers eher ungewöhnlich vorkommt, aber daran erinnert, dass es Zeiten gegeben hat, in denen der Fluss für die Menschen in Tübingen durchaus auch gefährlich werden konnte. Mit der Begradigung des Neckars ging die Möglichkeit verloren, Holz aus dem Schwarzwald auf dem Neckar zu flößen. Gleichzeitig konnte man jetzt aber auch dem bis dahin nur in der englischen Universitätsstadt Cambridge bekannten Studentenvergnügen des Stocherkahnfahrens nachgehen. Mit sieben Meter langen Stangen werden die länglichen Boote mit der raffinierten Sitzplatzkonstruktion, in denen bis zu 20 Personen Platz finden, um die Neckarinsel gestakt. Stocherkähne sind also etwas völlig anderes als Gondeln, die mit einem Ruder gerudert werden. Der Stocherkahnfahrer heißt Kapitän und nicht Gondoliere … Zunächst waren nur Studentenverbindungen, das Evangelische Stift **10** und einige Studentenwohnheime stolze Besitzer eines solchen Kahns. Man musste über gute Beziehungen verfügen, um in den Genuss einer Stocherkahnfahrt zu kommen. Seit einigen Jahren hat sich dieses typische Tübinger Sommervergnügen jedoch demokratisiert. Es gibt immer mehr Stocherkahnkapitäne, die Touristen um die Neckarinsel stochern, und eine Fahrt auf dem Stocherkahn gehört mittlerweile zum klassischen touristischen „Dreierschritt" wie die Altstadtführung und das schwäbische Essen. Es ist übrigens ziemlich schwierig,

den voll besetzten Kahn mit der langen Stange, die nicht gerade leichter wird, wenn sie sich mit Wasser vollgesogen hat, neckaraufwärts zu stochern, ohne allzu oft nähere Bekanntschaft mit den Trauerweiden am Ufer zu machen.

Stocherkahnrennen auf dem Neckar

Das legendäre Stocherkahnrennen findet jedes Jahr im Juni statt. 1956 wurde es von der Studentenverbindung Lichtenstein aus der Taufe gehoben. Die Mannschaften kommen in Verkleidung. Höhepunkte

Stocherkahnrennen

sind das Durchfahren des „Nadel-
öhrs" direkt vor der Neckarbrücke
und nicht so sehr die Sieger-, sondern die „Verliererehrung": Um sich
für das nächste Mal zu stärken, muss
jeder aus der Mannschaft, die zuletzt
das Ziel erreicht hat, unter dem
begeisterten Gejohle des Publikums
einen halben Liter Lebertran zu sich
nehmen. Studentenulk oder Touris-
tenattraktion? Stocherkahnfahren ist
in erster Linie mit das Beste, was
man im Sommer in Tübingen machen kann: Eine Übung in der Entdeckung der Langsamkeit, eine Stunde
zum Träumen und Innehalten, ein
entschleunigtes Vergnügen in einer
oft viel zu hektischen Welt.

Ein Haus für die Tauben

Das Taubenhaus links auf der Insel
ist einer der vielen Versuche, die die
Stadt unternimmt, der immer schlim-
mer werdenden Taubenplage Einhalt
zu gebieten. Das Fehlen natürlicher
Feinde und ein überreichliches
Nahrungsangebot haben dazu
geführt, dass die Taubenpopulation
in der Altstadt immer weiter zuge-
nommen hat. Seit einigen Jahren
siedelt man deshalb die Tauben in
zwei Taubenhäusern regelrecht an.
Sie werden dort gefüttert und ihnen
wird das Material zum Nestbau
bereitgestellt. Anschließend werden
die frisch gelegten Eier entfernt und
durch Gipseier ersetzt. Auf diese
Weise soll der Taubenbestand nachhaltig dezimiert werden. Die Maß-
nahme ist anscheinend ziemlich
erfolgreich und nimmt vor allem den
Tierfreunden den Wind aus den
Segeln, die gegen radikalere Metho-
den Sturm laufen würden.

Die Platanenallee

Zu Beginn des 19. Jahrhunderts
wurde auf dem linken Neckarufer die
imposante Platanenallee gepflanzt,
die angeblich die längste in Deutschland ist und längst den Rang eines
ganz besonderen Naturdenkmals
hat. Die Anpflanzung soll das Werk
des letzten Tübinger Scharfrichters
gewesen sein, der nach einer miss-
lungenen Hinrichtung zum Wege-
pfleger „umgeschult" wurde. Auch
wenn diese Geschichte vielleicht in
das Reich der Stadtmythenbildung zu
verweisen ist, ist es ein schöner
Gedanke, dass jemand, der einen Teil
seines Lebens damit verbracht hat,
anderen Menschen den Kopf abzu-
schlagen, sozusagen Wiedergutma-
chung leistet, indem er wenigstens
Bäume pflanzt.

Leider ist die Platanenallee
mittlerweile ein Sorgenkind der Stadt:
schlechte Bodenverhältnisse und eine
extrem invasive Baumchirurgie in
den 1970er Jahren haben den Bäumen sehr zu schaffen gemacht.
Zurzeit unternimmt man große
Anstrengungen, um die Allee so
lange wie möglich erhalten zu können. Dabei hätte man die Platanen-

Platanenallee

allee vor hundert Jahren beinahe gefällt. Zwischen Bahnhof und Neckar wurde immer mehr gebaut, man plante einen großen Güterbahnhof sowie den Bau einer Schlittschuhbahn, einer Badeanstalt, einer Schule und einer neuen Eisenbahntrasse von Tübingen nach Herrenberg – die heutige Ammertalbahn. Damit sollte die Industrialisierung im Neckartal Einzug halten und Tübingen den Ansprüchen und Anforderungen der damaligen Zeit angepasst werden. Die Protestaktionen zum Erhalt der Platanenallee führten schließlich im März 1909 zur Gründung des Schwäbischen Heimatbundes. Jetzt erfüllt jeden anständigen Tübinger die Vorstellung mit Grausen, der Blick von der Neckarbrücke oder vom Schloss 5 könnte auf eine kahle Insel fallen, ohne Bäume, die im Sommer Liebespaaren und Boulespielern Schatten spenden und deren Laub jeden Herbstspaziergang zu einem raschelnden Vergnügen macht.

Das Friedrich-Silcher-Denkmal
Am Ende der Platanenallee steht ein Denkmal, das an den Komponisten und Musikdirektor der Tübinger Universität Friedrich Silcher (1789–1860) erinnern soll. Silcher hat zahlreiche Gedichte vertont und sich besonders um den Chorgesang verdient gemacht, in Tübingen gründete

er die „Akademische Liedertafel". Unzählige seiner Lieder sind fester Bestandteil jedes Gesangsvereinsrepertoires und gelten längst als Volkslieder: „Ännchen von Tharau", „Alle Jahre wieder", „Der Mai ist gekommen", „Am Brunnen vor dem Tore" und natürlich auch die Vertonung von Ludwig Uhlands „Ich hatt' einen Kameraden". Darauf spielt auch das Silcher-Denkmal an, das zwischen 1939 und 1941 von dem Bildhauer Julius Frick gefertigt wurde und ein Paradebeispiel für nationalsozialistische Propagandakunst ist: Sinnend sitzt der Komponist da, in monumentaler Geniedarstellung, die Beine übereinandergeschlagen, das Notenblatt in der Hand. Aus seinem Rücken wachsen verschiedene Figuren, angebliche Gestalten seiner Fantasie und Inspiration, die, dem unseligen Geist der Zeit gemäß, Opferbereitschaft und Heldentod verklären: Da nimmt der Soldat Abschied von seiner Braut, zieht heldenhaft in Kampf und Tod – den Nationalsozialisten galten Silchers Lieder als „lebendiger Ausdruck deutscher Volksgemeinschaft" und der Platz mit dem Denkmal war für dementsprechende kulturelle Feiern gedacht.

Ottilie Wildermuth

Der kleine Baumbestand hinter dem Silcher-Denkmal hat den schönen Namen „Seufzerwäldchen". Dort lustwandelt man, allein oder zu zweit, und – seufzt. Allein oder auch zu zweit. Das Seufzen hat dann jeweils einen anderen Grund …

Hier steht übrigens das einzige Denkmal in Tübingen, das einer Frau gewidmet ist. Der Allgemeine Deutsche Frauenverein ließ es zu Ehren der Tübinger Schriftstellerin Ottilie Wildermuth errichten.

Wir können bis ans Ende der Neckarinsel, auf das sogenannte Bügeleisen, laufen und im Sommer bei schönem Wetter vielleicht sogar ausprobieren, wie sich das Neckarwasser an den nackten Füßen anfühlt, der Fluss ist hier nicht tief.

Ottilie Wildermuth (1817–1877) war mit einem Tübinger Gymnasiallehrer verheiratet. Nicht zuletzt um zum Lebensunterhalt der großen Familie beizutragen, verfasste sie über hundert Erzählungen, Romane und Kinderbücher, neben Privatunterricht nahezu die einzige Möglichkeit für eine Frau aus dem Bürgertum, eigenes Geld zu verdienen. Sie schaffte sich eine ausgesprochene „Leserinnengemeinde", indem sie ihren Leserinnen zahlreiche Identifikationsmöglichkeiten bietet: Ihre Bücher handeln hauptsächlich davon, wie eine Frau den an sie gestellten Anforderungen als Ehegattin und Mutter gerecht werden kann. Aus dem Rahmen der unzähligen schreibenden Frauen ihrer Zeit fällt sie dennoch heraus. Ihre besondere Begabung liegt in der präzisen Beobachtung und genauen Beschreibung, ihre scharfen und treffenden Milieuschilderungen machen sie durchaus zur Begründerin einer realistischen Heimatliteratur. (Angeblich fühlten sich nach der Veröffentlichung der „Schwäbischen Pfarrhäuser" nicht weniger als elf Pfarrhäuser von dem Kapitel „Das geizige Pfarrhaus" persönlich angegriffen.) Diese Schilderungen der Anschauungen und Lebensverhältnisse in den Familien des kleinstädtischen und ländlichen Bürgertums Württembergs machen heute ihre Erzählungen vor allem aus kulturwissenschaftlichem Blickwinkel heraus interessant.

5 Die Alleenbrücke

Unseren Spaziergang setzen wir jedoch fort, indem wir auf der Alleenbrücke den Neckar überqueren und neben dem Fahrradtunnel die Treppen des Schlossbergs in Angriff nehmen. Schon seit 1508 befand sich hier ein hölzerner Steg, der neben der steinernen Neckarbrücke eine zweite Möglichkeit bot, trockenen Fußes über den Fluss zu kommen. Erst 1895 kam man den Wünschen der Bewohner der Neckarhalde und der Derendinger Straße nach und baute eine wenigstens für zweirädrige Karren und Handwägelchen befahrbare Brücke. Diese wurde 1945 gesprengt und jahrelang musste man sich eines hölzernen Provisoriums bedienen, bis 1953 die neue Alleenbrücke in modernster Spannbetontechnik als erstes größeres öffentliches Bauwerk der Nachkriegszeit gebaut wurde.

6 Der Tübinger Schlossberg und die Verbindungen

Wenn wir die Treppen tapfer hinter uns gebracht haben – keine Angst, es wird nicht noch einmal so steil! –, verstehen wir sofort, wie sinnvoll der Fahrradtunnel durch den Schlossberg für das tägliche Tübinger Leben ist.

Jetzt stehen wir hinter dem Schloss und gehen nach links durch die Schlossbergstraße, mit den Verbindungshäusern der Igel, der Virtembergia und Derendingia und der Studentengemeinschaft Sachsenhaus. Das Verhältnis der Tübinger zu den Studentenverbindungen ist gespalten. Auf der einen Seite gibt es eine offene Ablehnung der als extrem konservativ eingestuften Burschenschaften mit ihren berüchtigten Trinkritualen, auf der anderen Seite prägen die oft schlossähnlichen Verbindungshäuser das Tübinger Stadtbild, gelten viele Verbindungsfeste als nachgerade legendär und Veranstaltungen wie das Stocherkahnrennen sind ohne die Studentenverbindungen kaum vorstellbar. Sie gehören zu Tübingen einfach dazu.

- -

7 Das Goethehäuschen

Von der Schlossbergstraße geht es weiter durch den Lichtenberger Weg. Hier stehen in attraktiver Höhenlage ebenso attraktive Wohnhäuser, ein schöner Querschnitt durch die Einfamilienhausarchitektur für besondere Ansprüche der letzten fünfzig Jahre. In dieser Straße kann man sich sein Traumhaus aussuchen und über das Schlossfräuleindasein nachsinnen. Auf der rechten Straßenseite sieht man ein originelles, kleines, sechseckiges Gartenhäuschen. Es wird Goethehäuschen genannt, weil Goethe hier am 7. September 1797 nach einem Abendspaziergang über den Schlossberg eingekehrt ist. Er wurde von dem Verleger Johann Friedrich Cotta **16**, bei dem er zu Gast war, und dem Apotheker Christian Gmelin, dem das Gartenhäuschen damals gehörte, begleitet. Neben dem Goethehäuschen hat ein mutiger Architekt ein paar außerge-

Goethehäuschen

wöhnliche neue Häuser realisiert, die einen wohltuenden Kontrast zu Landhauscharme und Naturholz-idylle bilden.

Am Jakobsweg entlang ...
Wir befinden uns hier übrigens auf dem Jakobsweg, der uns, folgten wir den gelben Muscheln auf blauem Grund, über Rottenburg und Horb immer weiter Richtung Santiago führen würde. Jetzt können wir uns an den Muschelzeichen orientieren, um links neben dem Lichtenberger Weg auf einem kleinen „Geheim-pfad" weiterzulaufen, von dem aus wir schöne Aussichten auf den Albrand genießen können.

8 Der Tübinger Bismarckturm

Am Ende des Lichtenberger Wegs, auf der rechten Seite, etwas abseits der Straße, steht der Bismarck-turm. Von diesen Bismarcktürmen gibt es in Deutschland ungefähr 80, 47 von ihnen sehen so aus wie der Tübinger. Sie wurden zu Ehren des ehemaligen Reichskanzlers Otto von Bismarck errichtet, sind aber auch Ausdruck einer neuen Freizeitkultur. Im Kaiserreich entdeckt das Bürger-tum den Sonntagsspaziergang als Freizeitausgleich und Mittel vaterlän-discher Erbauung. Man ergeht sich im Grünen, erklimmt dabei gerne eine Anhöhe, von der aus man möglichst weit in das nun endlich vereinte Deutsche Kaiserreich schauen kann und fühlt sich – natio-nal. Gesteigert werden konnte dieses Vergnügen, wenn auf der Anhöhe ein Turm stand, dem Andenken an Kanzler oder Kaiser gewidmet. 1899 schrieb die Deutsche Studenten-schaft einen Architekturwettbewerb aus, der die Errichtung möglichst vieler solcher Türme anregen sollte. Sie waren nicht nur zur Verbesse-rung der Aussicht gedacht, sondern dienten auch als Feuersäulen, an denen zu Bismarcks Geburtstag und ähnlichen patriotischen Feiertagen Feuer entzündet werden sollten. Der Architekt Wilhelm Kreis gewann mit seinem Modell „Götterdämmerung" den Wettbewerb. 1907 wurde der Turm in Tübingen eingeweiht. Nachdem er in den 1970er Jahren geschlossen wurde, verfiel er immer mehr. 1999 übernahm ein Tübinger Ehepaar die Kosten für die Sanierung und seit 2000 kann der Turm wieder bestiegen werden. Wer das tun möchte, kann sich gegen die Zahlung einer Kaution beim Kulturamt der Stadt Tübingen einen Schlüssel ausleihen.

Vorbei an idyllischen „Gütle" und „Stückle" geht es bis zum Waldrand. Hier zweigt rechts der Weg ab, der nicht nur zum Schwärz-loch führt, sondern auch zur Wurm-

Bismarckturm

linger Kapelle und von dort weiter nach Rottenburg. Verlaufen ist unmöglich, man muss lediglich den Jakobswegmuscheln folgen und läuft so ein kleines Stück über den Spitz-

berg. Hier in der Nähe lag im Mittelalter die sagenumwobene Ödenburg. Nach verschiedenen Untersuchungen bestand diese ehemalige Burg aus der inneren Burg, dem inneren Graben und der Vorburg. Ein innerer Wall, ein Graben, ein äußerer Wall und ein weiterer Graben bildeten die Außenbefestigung. Ende des 13. Jahrhunderts war die Ödenburg längst untergegangen. Als im Jahre 1291 die Grafen Gottfried und Eberhard von Tübingen als Verbündete des Grafen Ulrich von Württemberg den Grafen Albrecht von Hohenberg bekriegten, wurde die verfallene Burg auf dem Sporn des Spitzberges aus Sicherheitsgründen wieder befestigt, doch bald darauf wieder aufgelassen. Sehen kann man davon allerdings nichts mehr. Aber es ist trotzdem ein „sagen"-hafter Ort, erinnert ein bisschen an Chamisso: „(Die Burg) … ist nun verfallen, die Stätte wüst und leer, du fragest nach den Riesen, du findest sie nicht mehr."

9 Ins Ammertal nach Schwärzloch

Sobald wir den Wegweiser sehen, der rechts nach Schwärzloch hinunterweist, biegen wir ab. Es geht jetzt ein ziemlich steiles Stück bergab, das teilweise über eine Streuobstwiese verläuft. Bei jedem Schritt gibt es

einen neuen, herrlichen Ausblick auf das Ammertal, das sich vor unseren Augen ausbreitet – am schönsten im Frühling, wenn die zahllosen Obstbäume wie fedrige Wolken über den Wiesen zu schweben scheinen.

Am Schwärzlocher Hof angekommen, werden wir vielleicht schon von einer Herde Graugänse oder den Pfauen begrüßt, die auf dem Hofgut leben, das zu den ältesten Wohnplätzen auf Tübinger Stadtgemarkung gehört. Es wird sogar urkundlich früher erwähnt als die Stadt Tübingen selbst: 1085 wurde es dem Kloster Blaubeuren geschenkt. Die seit langem profanierte Kapelle mit Chorapsis und romanischen Skulpturen, in der heute Gesellschaften stilvoll-rustikal speisen können, war vermutlich ursprünglich die Eigenkirche des dortigen Ortsadels. 1477 schenkte sie Abt Heinrich von Blaubeuren der Tübinger Stiftskirche **13** zur Universitätsgründung. Die Kirche wurde so zu einer Kapelle degradiert, die unter der Obhut der Tübinger Pfarrkirche stand. Seit dem 19. Jahrhundert wird die Domäne Schwärzloch von verschiedenen Besitzern als landwirtschaftlicher Betrieb geführt, häufig betreiben die Besitzer auch eine Gastwirtschaft, die immer regen Zulauf hat. Eduard Mörike, Ludwig Uhland, sein Freund Justinus Kerner und die Schriftstellerin Isolde Kurz waren wahrscheinlich hier zu Gast. 1886 kaufte der Bauer Kilian Schmid das Hofgut und erhielt endlich eine Konzession zum Ausschank von Wein und Bier und schließlich auch für Most. Auf den hofeigenen Streuobstwiesen gab es genügend Apfel-

bäume. Noch heute sind Most und Mostbowle – ein Mix aus Most und Zitronensprudel, äußerst lecker, aber mit gebotener Vorsicht zu genießen – die klassischen Schwärzlochdurstlöscher. Zuvor hatte es auf dem Hofgut keinen Alkohol gegeben. Man saß in der Kapelle und erfrischte sich mit einem Becher Milch, weswegen der Hofgutbetreiber im 19. Jahrhundert auch der „Milchkaplan" genannt wurde. Die Gaststätte ist in heutiger Zeit das ganze Jahr über geöffnet und avancierte zu einem der beliebtesten Ausflugslokale.

Seit 1931 befindet sich Schwärzloch im Besitz der Familie Reichert, heute betreibt ein Geschwisterpaar die Gaststätte und die Landwirtschaft, zu der Mastrinder, Hühner und Schweine gehören.

Hier kann man sich in den Biergarten setzen und die Seele über dem Ammertal baumeln lassen. Hin und wieder fährt die rote Ammertalbahn wie ein Spielzeugzug durch die Wiesen und man hat einen schönen Blick über die terrassierten Weinberge – eine einzigartige Kulturlandschaft. „Am wenigsten ein Jammertal ist die Welt im Ammertal" heißt es. Bestellen Sie einen Steinkrug voll Mostbowle und einen Vesperteller mit dem legendären Bauernbrot – und glauben Sie es einfach!

Open spaces

In Tübingen, you scarcely need to walk ten minutes to find open spaces, away from cars and narrow lanes. Why not take a stroll?

1 Town Cemetery

The cemetery was founded in 1829 and is a memorial with its own special charm. 200 years of monumental architecture have much to reveal about how we have dealt with life and death, our belief in God and that which people have considered to be important after death.

Many of Tübingen's most important citizens have their last resting place under beautiful old gravestones, with grieving angels and cast iron crosses covered in ivy and evergreens. It is possible to take what could be classed as an "all stars tour" here.

2 Old Botanic Garden

The park, which was laid out in 1804, was primarily a place of academic research with over 5,550 different types of plants. However its wealth of exotic trees also made it a place to take an unusual and interesting stroll. When the New Botanic Garden was set up in the north of the town in 1967, the Old Botanic Garden was turned into a town park, which, today, is used primarily for fun and relaxation.

3 Mühlstrasse

After the mills, powered by the strong currents of the Ammer Canal, had been abandoned, several impressive Art Nouveau and Art Déco villas were built in this street. It was supposed to be the most attractive street in Tübingen, the most urbane and the most generously proportioned. But, in the second half of the 20th Century, it became the through-route for countless cars and thus the loudest and dirtiest street in the old town. The renovation and cleaning of the supporting wall, the demolition of a building protruding far into the street and a new road surface are all intended to make the road brighter, friendlier and more open.

4 5 Neckar Island

The Neckar Island was formed at the beginning of the 20th Century, when a tideway was created as part of the correction of the flow of the River Neckar in order to relieve flooding. The flow speed and the depth of the Neckar were reduced, allowing the students to begin punting, just like their fellows in Cambridge. This summer pleasure, originally practised only by students, is now enjoyed by all: These days a trip on a punt is an integral part of a visit to Tübingen.

An impressive avenue of plane trees was planted on the left bank of the River Neckar at the beginning of the 19th Century. It is, apparently, the longest in Germany and is regarded as a very special natural monument. At the end of the avenue is a monument to the composer Friedrich Silcher. Silcher wrote countless songs, many of which have become well-known folk songs, such as "Alle Jahre wieder" or "Der Mai ist gekommen". The setting of Uhland's "Ich hatt' einen Kameraden" to music was the inspiration for the monument, which was constructed between 1939 and 1941 and is a perfect example of National Socialist propaganda, incorporating sacrifice and the death of heroes.

The trees behind the Silcher monument have the poetic name "Grove of Sighs". Here, you can take a stroll, alone or with a friend – and sigh.

This is the only monument in Tübingen to a woman – the Tübingen writer Ottilie Wildermuth. In the middle of the 19th Century, Wildermuth wrote countless novels for women, which were extremely successful.

View from Schwärzloch to Tübingen

6 7 Schlossberg

Schlossbergstrasse is the home to the student fraternities, of which Tübingen has about 30. The small hexagonal summerhouse in Lichtenberger Weg is called the "Goethehäuschen" due to the fact that Johann Wolfgang Goethe spent time here during a visit to the town in 1797.

The route is also part of the traditional Way of St. James to Santiago de Compostela in Spain, and it is now possible to follow the waymark of the yellow shell on a blue background.

8 The Bismarck-Tower

At the end of the 19th Century mighty towers started to appear all over Germany. From these it was not only possible to look out over the finally unified German Empire, but upon which fires were to be lit on the birthday of, and as a sign of respect for, the Imperial Chancellor, Otto von Bismarck. The Tübingen Tower is the result of an architectural competition. Out of a total of 80 towers in Germany, 47 are identical to this one.

Spitzberg

If you follow the waymark of the shells, you will walk across Spitzberg which was home to the so-called Ödenburg, which already lay in ruins by the 13th Century. The route leads directly to the Wurmlingen Chapel, a symbol of the District of Tübingen, and from there on to Rottenburg.

9 Schwärzloch

Descending from the Spitzberg, the route runs on to the Schwärzlocher Hof, which is one of the oldest residential areas in the town of Tübingen. The long-deconsecrated chapel was probably the proprietary church of the local nobles. The estate has been used for agricultural purposes since the 19th Century. The estate orchards possess sufficient apple trees for that classic gardener's drink: Cider. The inn is one of the most popular excursion destinations in the area and agriculture is still practised. Cows, pigs, chickens and geese live on the farm along with several peacocks, who always delight the visitors.

  Sous les arbres

1 Le cimetière de la ville

Ce cimetière a été aménagé en 1829. C'est un lieu de souvenir avec un charme tout particulier. 200 ans de culture mortuaire vous apprendront beaucoup sur notre attitude face à la vie et à la mort, notre foi chrétienne et surtout ce qui importe aux gens au-delà de la mort. Sous les belles

A Tübingen il ne vous faut même pas dix minutes à pied pour sortir de la ville, pour être loin des voitures et des rues étroites. Proposition d'une promenade dominicale:

pierres tombales ornées d'anges endeuillés et de croix en fer forgé, envahies par le lierre et les pervenches, de nombreux personnages importants et célèbres ont trouvé leur dernière demeure.

2 L'ancien jardin botanique

Ce parc, fondé en 1804, avait autrefois surtout une importance scientifique avec ses plus de 5500 plantes diverses. Mais avec ses arbres exotiques, il a toujours été un lieu de promenade extraordinaire. Après l'aménagement du nouveau jardin botanique au nord de la ville, l'ancien jardin a été reconverti en parc

public et il est aujourd'hui essentiellement utilisé comme terrain de loisir et de jeu.

3 Mühlstraße

Autrefois, le canal de l'Ammer actionnait des moulins. A la fin du 19ème siècle, on cessa de l'utiliser comme source d'énergie. Les moulins ont été détruits et on a construit dans cette rue des maisons très imposantes de style wilhelminien et Art déco. C'était la rue la plus belle, la plus urbaine et la plus

« Neckarkanal » et « Gartenstraße »

prospère de Tübingen. Mais au milieu du 20ème siècle, d'innombrables voitures ont commencé à l'emprunter et elle est devenue une des rues les plus bruyantes et les plus polluées de la ville. Avec la restauration et le nettoyage des remparts situés à proximité, la démolition d'une maison surplombant la rue et un nouveau revêtement de la chaussée, la Mühlstraße est devenue plus claire, ouverte et accueillante.

4 5 Neckarinsel

L'île sur le Neckar est une île artificielle: Au début du 20ème siècle, dans le cadre d'une modification du cours du Neckar, un canal fut construit pour éviter les crues. Le Neckar a alors perdu en courant et en profondeur, ce qui a donné aux étudiants la possibilité de faire de la barque à perche, comme leurs homologues de Cambridge en Angleterre. Ce qui était autrefois uniquement réservé aux étudiants est maintenant devenu la plus grande attraction touristique de Tübingen.

Au début du 19ème, on a planté l'imposante allée de platanes sur la rive gauche de la rivière. Il s'agit probablement de la plus longue allée d'Allemagne et c'est un patrimoine naturel extraordinaire.

Au bout de l'allée, un monument commémore le souvenir du compositeur Friedrich Silcher. Il a composé d'innombrables chansons dont beaucoup sont devenues des chansons populaires. La mise en musique d'un poème de Ludwig Uhland sur la mort d'un soldat en champ de bataille a inspiré la conception de ce monument réalisé entre 1939 et 1941. Il s'agit d'un parfait exemple de la propagande nazie qui idéalise l'abnégation et la mort héroïque.

Les arbres situés derrière le monument portent le joli nom « le bosquet à soupirs ». Ici, on vient se promener. Seul ou à deux – en soupirant.

Ici se trouve le seul monument à Tübingen dédié à une femme, l'écrivaine Ottilie Wildermuth. Au milieu du 19ème siècle, Wildermuth écrivit de nombreux romans pour un public féminin avec lesquels elle remporta beaucoup de succès.

6 7 Schlossberg

Dans la Schlossbergstraße, on peut encore voir les maisons de quatre corporations d'étudiants qui en comptent encore une trentaine à Tübingen. La petite gloriette hexagonale dans le « Lichtenberger Weg » est nommée « Goethehäuschen », depuis que l'écrivain Johann Wolfgang Goethe y a fait une halte lors d'un bref séjour à Tübingen.

Le chemin emprunte maintenant l'itinéraire de la route de Saint Jacques de Compostelle vers l'Espagne. Vous pouvez suivre dès maintenant son symbole, la coquille jaune sur fond bleu.

8 La tour Bismarck

A la fin du 19ème siècle, on a construit dans toute l'Allemagne ces tours imposantes desquelles on ne pouvait pas seulement jouir d'une belle vue sur l'Empire allemand enfin unifié, mais où on allumait aussi des grands feux d'artifice pour fêter l'anniversaire du chancelier allemand Otto von Bismarck. Le tour de Tübingen a été construit dans le cadre d'un concours architectural. En Allemagne, il existent encore 47 tours tout à fait semblables. En tout, on en compte près de 80.

Spitzberg
En suivant le symbole de la coquille Saint Jacques, vous traversez le Spitzberg où se trouvait au Moyen Age la « Ödenburg » qui était déjà en ruines au 13ème siècle. Le chemin vous conduit directement à la chapelle de Wurmlingen, l'emblème de la région de Tübingen, et de là à Rottenburg.

9 Schwärzloch

Du Spitzberg vous descendez vers le domaine de « Schwärzloch » qui compte parmi les lieux habités les plus anciens du territoire de Tübingen. La chapelle, profanée depuis longtemps, était probablement l'église de la noblesse du lieu. A partir du 19ème siècle, le domaine est devenu une entreprise agricole. Les vergers du domaine fournissent les pommes qui servent à faire le cidre, la boisson traditionnelle proposée par le restaurant avec jardin qui est un lieu de restauration très aimé de la région. Le domaine est toujours une exploitation agricole: on y élève des bœufs, des cochons, des poules, des oies et, pour le plus grand plaisir des clients, quelques paons.

Stand auf dem Umbrisch-Provenzalischen Markt

Serviceteil

Unterwegs im Rollstuhl

„Die Stadt hat eine höchst unbequeme Lage auf einem Bergrücken, von beiden Seiten abhängig. Die Straßen sind daher äußerst uneben. Man muss schief herauf und herab gehen, oft mehrere Stufen steigen, ja in einigen Häusern steigt man von der Spitze des Dachs in eine andere Straße. Dazu kommt, dass die Straßen meist sehr eng, krumm und schlecht gepflastert sind." So abschätzig äußert sich 1781 der Berliner Reisende Friedrich Nicolai über Tübingen. Und noch heute werden ihm zumindest einige Menschen Recht geben: Für Menschen mit Behinderungen, für Alte, Versehrte oder Eltern mit Kinderwagen sind die vielen Treppen und heftigen Steigungen sowie das malerische, aber nicht gerade benutzerfreundliche Kopfsteinpflaster in der Tübinger Altstadt keine reine Freude. Dieser Spaziergang richtet sich also vor allem an all diejenigen, die aus welchen Gründen auch immer schlecht zu Fuß sind. Aber er ist auch eine schöne Möglichkeit, die Tübinger Altstadt zu erkunden, wenn man nur wenig Zeit hat und trotzdem möglichst viel von der Stadt sehen möchte. Andrea Pfanner, eine sehr engagierte junge Frau, die einen Elektrorollstuhl nutzt, war maßgeblich an der Planung beteiligt: Mit einem Elektrorollstuhl ist die Strecke problemlos zu bewältigen. Bei einem Schieberollstuhl braucht man etwas sportliche Kondition oder eine Hilfe. Wir haben einen Rundgang mit gleichem Start- und Zielpunkt erarbeitet, der natürlich an jeder beliebigen Stelle begonnen werden kann. Um Steigungen zu vermeiden, sollten Sie sich jedoch an die vorgeschlagene Richtung halten. Die Erklärungen zu den einzelnen Stationen und Sehenswürdigkeiten finden Sie unter den angegebenen farbigen Nummern in den entsprechenden Kapiteln.

Wer von der Neckarbrücke auf die Platanenallee möchte und keine Treppe steigen kann bzw. keine Lust hat, den Kinderwagen wieder einmal zu tragen, überquert die Brücke, biegt links in die Uhlandstraße ein und fährt bis zum Platz der Stadt Monthey. Hier wird er von Ludwig

Uhland begrüßt, der, von Gustav A. Kietz in Bronze gegossen, seit 1873 über die Stadt wacht. Der Politiker, Wissenschaftler und Dichter wurde als Freiheitskämpfer und Vordenker der nationalen Einheit im Kaiserreich so verehrt, dass es heute angeblich in jeder Stadt Deutschlands eine Uhlandstraße gibt. In Tübingen ist man dem großen Sohn der Stadt zuliebe noch einen Schritt weiter gegangen. Neben einer Uhlandstraße und einem Uhlanddenkmal gibt es noch ein Uhlandbad, eine Uhlandstube, ein Uhlandgymnasium und auch die Polizeiwagen sind nach ihm benannt: „Uhland zwo, bitte kommen!"

Über den Indianersteg gelangt man auf die Neckarinsel **4**. Warum diese Brücke, die die Neckarinsel über dem Flutkanal mit dem Festland verbindet, so heißt, weiß keiner genau. Vermutlich haben sie spie-

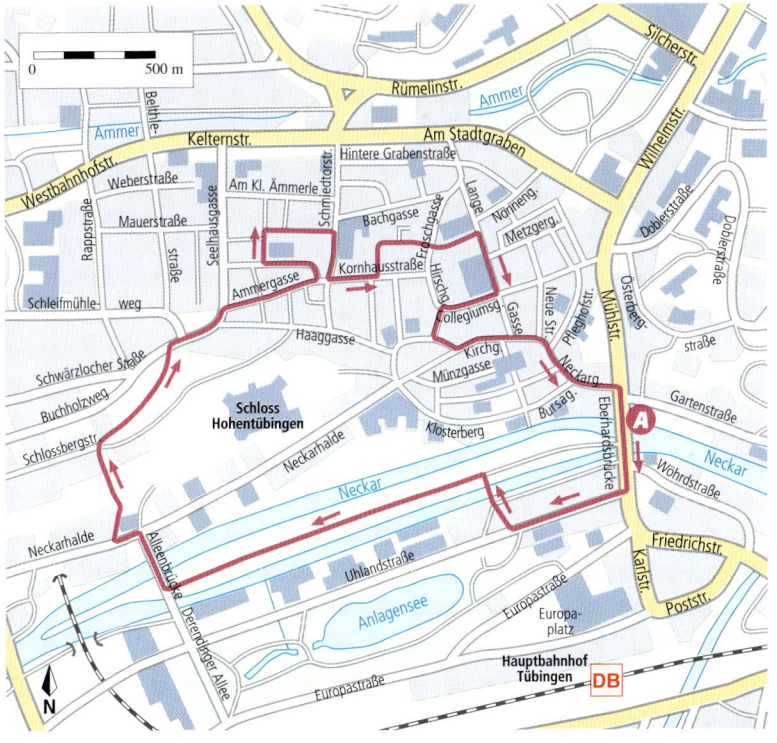

lende Kinder so genannt und irgendwann stand der Name dann offiziell im Kataster.

Von der Neckarinsel aus hat man einen wunderschönen Blick auf die Neckarfront, die Schokoladenseite der Stadt. Zudem kann man viele Sehenswürdigkeiten sehen, ohne Treppen bewältigen zu müssen oder sich vom Kopfsteinpflaster durchrütteln zu lassen: Den Hölderlinturm **12** **3** mit der Stocherkahnanlegestelle, die Burse **11**, das Evangelische Stift **10** und das Schloss **5** **4**. Wir passieren das Silcher-Denkmal, seufzen im Seufzerwäldchen und werfen einen Blick auf das Denkmal für die Tübinger Schriftstellerin Ottilie Wildermuth.

Von der Neckarinsel wieder herunter auf die Alleenbrücke **5** gelangt man nur über einen kurzen, aber steilen Anstieg, der zudem noch in einer Kurve liegt. Wer den Rollstuhl mit Muskelkraft bewegt, ist entweder richtig sportlich oder benötigt Hilfe. Mit einem Elektrorollstuhl, einer Gehhilfe oder einem Kinderwagen ist es jedoch kein Problem.

Wir passieren die Alleenbrücke, durchqueren den Fahrradtunnel unter dem Schlossberg und kommen so zum Haagtorplatz **8**. Durch die idyllische Ammergasse **6** gelangen wir zur Krummen Brücke **4** und biegen von dort links in die Schmiedtorstraße ein. Hinter dem Bürgerheim, dem ehemaligen Spital, das

heute als Alten- und Pflegeheim genutzt wird, befindet sich der herzogliche Fruchtkasten **12**, eines der schönsten und größten Fachwerkhäuser der Stadt. Hier ist mit dem Bürgeramt ein Teil der Stadtverwaltung untergebracht. Ein in Sitzhöhe angebrachter Türöffner und ein mit dem übrigen Bodenbelag deutlich kontrastierender Blindenleitstreifen sollen möglichst vielen Menschen mit Behinderung den selbstständige Besuch des Bürgeramts ermöglichen.

Um die Jakobuskirche **11** von allen Seiten erleben zu können, biegt man am besten gegenüber vom Bürgeramt links in die Madergasse ein und umrundet die Kirche, sodass man schließlich wieder an der Krummen Brücke landet. Von dort geht es weiter durch die Kornhausstraße zum Stadtmuseum **2** **8**, das für RollstuhlfahrerInnen bequem zugänglich ist. Der wunderschöne kleine Platz hinter dem Stadtmuseum wird Stiefelhof genannt. Das Grundstück ist das älteste in Tübingen, das urkundlich erwähnt wird: 1323 ist bereits von einem Ledergerber namens Stiefel die Rede, der hier sein „Gesäß" hatte.

In den Gassen rund um Bürgeramt, Bürgerheim und Stadtmuseum, die vollständig mit Kopfsteinen gepflastert sind, wurden in den letzten Jahren Fahrstreifen für Rollstühle, Kinderwagen und alle

Fahrstreifen im Kopfsteinpflaster

Im Sommer ist hier eine der besten Gelegenheiten, um während eines Stadtbummels ein Baby zu stillen. Statt der Betriebsamkeit eines Cafés bekommen Sie hier manchmal sogar ein bisschen Orgelmusik zu hören, wenn in der Kirche gerade jemand übt.

Unser Rundgang führt uns am Wilhelmstift, dem ehemaligen Collegium illustre, vorbei die Lange Gasse hinauf und dann rechts in die Collegiumsgasse. Über die Hirschgasse kommt man am besten auf den Marktplatz **1** mit Rathaus **2** und Neptunbrunnen **3**. Leider machen die hohen Kantsteine und ein paar Treppenstufen vor dem Rathaus einen Bummel über den Wochenmarkt zu einem etwas umständlichen Vergnügen.

Vom Marktplatz geht es weiter durch die Kirchgasse auf den Holzmarkt **17**. Der Aufgang zur Stiftskirche **13**, zum Cotta-Haus **16**, Martinianum **15** und Alter Aula **14** ist ebenfalls ziemlich steil, aber mit Elektrorollstuhl oder Schiebehilfe zu bewältigen.

Steil ist auch die Neckargasse, die „Hauptgeschäftsstraße" der Stadt, die vom Holzmarkt zum Neckar hinabführt. Sie avancierte durch den Bau der Mühlstraße im 19. Jahrhundert sozusagen zur verkehrsberuhigten Zone und war für wohlhabende Kaufleute und „bessere" Handwerker die Wohnlage

diejenigen angelegt, die auf dem holperigen Kopfsteinpflaster nicht klar kommen – und das sind nicht nur Damen auf Stöckelschuhen!

Wir halten uns rechts Richtung Johanneskirche **15**. Wer in die Kirche hinein möchte und keine Treppen steigen kann oder mag, findet links einen barrierefreien Zugang.

Weiter geht es jedoch rechts durch den schönen Durchgang zwischen Kirche und Wilhelmstift **16**. Es ist einer der vielen zauberhaften Orte in Tübingen, die zwar mitten in der Stadt liegen und trotzdem vollkommen ruhig und verträumt sind:

der Wahl. Ein Zigarrenhändler setzte vor sein Haus einen Anbau, ließ ihn bunt bemalen und verpasste ihm ein goldenes Dach. Das sah hübsch aus und wirkte exklusiv und teuer. Heute sind die Ladenmieten hier so hoch wie nirgendwo sonst in Tübingen. Deshalb haben hier vor allem Ladenketten ihre Filialen. In einer Stadt, in der es noch sehr viele liebevoll gestaltete inhabergeführte Fachgeschäfte gibt, nimmt sich diese Straße deshalb vergleichsweise beliebig aus, eine Zeitlang war in jedem dritten Haus ein Mobiltelefonanbieter beheimatet. Das ändert sich gerade: Mittlerweile sind einige dieser „Handyläden" wieder einem italienischen Feinkostgeschäft oder einem Optiker gewichen.

Unten angelangt, stehen wir wieder auf der Neckarbrücke, dem Ausgangspunkt unseres Spaziergangs.

Tübingen für Menschen mit Behinderungen

Es gibt spezielle Tübingen-Stadtpläne für RollstuhlfahrerInnen und Menschen mit Sehbehinderung, die zum Beispiel im Tourist- und Ticketcenter des Bürger- und Verkehrsvereins an der Neckarbrücke erhältlich sind. Der Bürger- und Verkehrsverein bietet auch spezielle Führungen an: Die „Rolli-Tour" und „Tübingen erfassen" können Sie unter www.tuebingen-info.de buchen.

Das Koordinationstreffen Tübinger Behindertengruppen, ein Arbeitsbereich des Sozialforums Tübingen hat eine Datenbank zur Barrierefreiheit von Ämtern, Geschäften, Cafés, Hotels und vielen anderen Einrichtungen eingerichtet, die Sie unter www.sozialforum-tuebingen.de finden. Den kompletten Stadtführer „Barrierefrei durch Tübingen" gibt es als pdf-Datei zum Download unter www.sozialforum-tuebingen.de/index.php?menuid=50. Er hat 332 Seiten und bietet eine Fülle an Informationen, die weit über das hinausgehen, was ein touristischer Stadtführer bieten kann. Sollten Sie dort eine gewünschte Information zu einer Einrichtung nicht finden, rufen Sie am besten direkt dort an.

Auskünfte über die Zugänglichkeit zentraler Universitätsgebäude oder die Gebäude der Fakultäten erhalten Sie bei der Beratungsstelle für behinderte und chronisch kranke Studierende der Universität Tübingen:

▶ www.uni-tuebingen.de/abz

Ausflüge in die Umgebung

Kloster Bebenhausen

Das ehemalige Zisterzienserkloster Bebenhausen liegt ein paar Kilometer außerhalb der Stadt, mitten im Schönbuch, direkt an der alten B 27. Man kann also sehr bequem einfach mit dem Auto oder Bus hinfahren. Es eignet sich aber auch hervorragend als Ziel für einen ausgedehnten Spaziergang. Dafür startet man entweder auf dem Sand (Bushaltestelle Drosselweg) oder in Tübingen-Lustnau an der Adlerkreuzung. Der Weg ist gut ausgeschildert, man kommt ohne Karte zurecht.

Die Bebenhäuser Zisterzienser waren im 14. Jahrhundert die reichsten Grundherren in der Region und

Kloster Bebenhausen

das sieht man dem unglaublich schönen Kloster auch an: Das filigrane Fächergewölbe des Sommerrefektoriums scheint förmlich zu schweben und im Kreuzgang sind die jeweils völlig unterschiedlichen Maßwerkfenster nicht nur ein Meisterwerk der Steinmetzkunst, sondern auch ein wundervolles Symbol für die Vielfalt von Gottes Schöpfung. Vermutlich wurde das Kloster 1183 von dem Tübinger Pfalzgrafen Rudolf gegründet, der zu diesem Zweck Zisterzienser aus Schönaich nach Tübingen holte. Mit dem Bau der Klosteranlage wurde bereits im 12. Jahrhundert begonnen. Die Anlage entspricht den klassischen Regeln zisterziensischer Klosterarchitektur, die Selbstbeschränkung, Zurückhaltung, Verzicht und Askese vorschreibt und gerade deshalb besonders harmonisch und ausgewogen ist.

Nach der Reformation wurde das Kloster als evangelische Klosterschule genutzt. 1806 ließ König Friedrich I. das ehemalige Abtshaus zum Jagdschloss umbauen. Vor allem König Wilhelm von Württemberg und seine Gemahlin, Königin Charlotte, beide passionierte Jäger, nutzten das Schloss im Schönbuch intensiv und zogen sich nach König Wilhelms Abdankung 1918 sogar dauerhaft dorthin zurück.

In den Jahren 1947 bis 1952 diente das Kloster als Sitz des Landtags von Württemberg-Hohenzollern, die Abgeordneten übernachteten oft in den eigens zu diesem Zweck umgebauten Zellen im Dormitorium.

Die lange und vielfältige Nutzungsgeschichte der ursprünglichen Klosteranlage hat es natürlich mit sich gebracht, dass immer wieder einzelne Gebäudeteile umgebaut oder hinzugefügt worden sind. Während in der Klosterkirche die oberen Wände noch die wuchtige Ausdruckskraft romanischer Architektur vermitteln, verweist der spätgotische Dachreiter mit seiner reichen Formensprache auf eine Lockerung der strengen Ordensvorschriften. Renaissance und Barock haben ebenso Spuren hinterlassen und durch die von Königin Charlotte im frühen 20. Jahrhundert veranlassten Umgestaltungen der Schlossräume verfügen diese über Jugendstilelemente, die schon sehr modern wirken.

Heute stehen Kloster und Schloss ganzjährig für Besichtigungen offen. In die Schlossgemächer kommt man nur im Rahmen einer Führung, die aber auch für das Kloster unbedingt empfehlenswert ist. Neben regulären Führungen gibt es eine ganze Reihe ausgesuchter Spaziergänge und ein umfangreiches museumspädagogisches Programm für den klösterlichen Nachwuchs.

▶ www.kloster-bebenhausen.de

12 km Jakobsweg:
von Tübingen nach Rottenburg

Es muss nicht immer Spanien sein: Wandern auf dem Jakobsweg kann man auch von Tübingen aus. Am besten beginnt man stilecht in der Unterstadt bei der Jakobuskirche **11**. Dem gelben Muschelzeichen auf blauem Grund folgend geht es durch die Judengasse **5** hinauf aufs Schloss Hohentübingen **5** und von dort über Schlossbergstraße **6** und Lichtenberger Weg **7** auf den Spitzberg. Weiter geht es, immer dem Muschelzeichen hinterher durch den Wald Richtung Wurmlinger Kapelle. (Achtung: Auf der Wurmlinger Kapelle gibt es keine öffentlichen Toiletten! Die letzte sanitäre Anlage vor Rottenburg ist also – der Wald!) Die Kapelle, das Wahrzeichen des Landkreises, ist schon von weitem zu sehen:

Luftig, wie ein leichter Kahn,
Auf des Hügels grüner Welle,
Schwebt sie lächelnd himmelan,
Dort die friedliche Kapelle.

Das Gedicht von Nikolaus Lenau hat das Bild sehr treffend eingefangen!

Nach einer alten Legende soll bereits um 1050 der sagenhafte Calwer Graf Anselm die Kapelle auf dem Wurmlinger Berg als Grabkapelle für sich und seine Familie gestiftet haben. Angeblich hat der stets reiselustige Graf zu Lebzeiten verfügt, sein Sarg solle von einem Paar ungebändigter Ochsen dahin

Wurmlinger Kapelle

Weinterrassen bei der Kapelle

gezogen werden, wo diese hinwollten – und die Ochsen zog ihn erstaunlicherweise prompt den steilen Kapellenberg hinauf!

Heute stehen wir vor der vierten Kirche: Während des Dreißigjährigen Krieges brannte die einstige romanische Kapelle 1644 ab und wurde 1683 in der heutigen Form wieder aufgebaut. Sie war ein beliebtes Wallfahrtsziel, das die Augustiner Chorherren des Klosters Kreuzlingen betreuten. Diese wetteiferten vor allem im 17./18. Jahrhundert mit den Rottenburger Jesuiten, die für die Wallfahrtskirche im Weggental zuständig waren, darum, wer mehr Pilger in seine Wallfahrtsstätte locken konnte.

In den Jahren 1962 und 1963 wurde die Kapelle gründlich renoviert und restauriert. Dabei wurde auch die frühromanische Krypta aus der ersten Hälfte des 12. Jahrhunderts mit ihren wuchtigen Pfeilern mit den für die Hirsauer Schule typischen Würfelkapitellen der Öffentlichkeit zugänglich gemacht.

Das Schönste an der Kapelle, die meistens leider geschlossen ist, ist jedoch der weite Blick, den man auch vom kleinen Friedhof aus auf die Umgebung hat und der einem das Herz aufgehen lässt.

Der Kapellenberg ist übrigens einer der sonnenreichsten in der Umgebung, weshalb hier viel Wein ausgebaut wird. Ein Weinlehrpfad rund um den Kapellenberg liefert jede Menge Amüsantes und Wissenswertes rund um den Saft der Reben.

Nach einem letzten Rundblick steigt man den Kreuzweg herunter nach Wurmlingen, durchquert das Dorf und macht sich auf den letzten Abschnitt Richtung Rottenburg, der zwischen Feldern hindurch in die Stadt hinein führt.

Rottenburg am Neckar

Der Dom St. Martin in Rottenburg war bis 1821 eine einfache Stadtpfarrkirche, deren älteste Bauelemente aus dem 15. Jahrhundert stammen. Nach der Erhebung Rottenburgs zur Bischofsstadt hätte man die durch mehrere Brandkatastrophen und den unschönen Achsversprung zwischen Chor und Schiff enorm verunstaltete Kirche gerne abgerissen und durch ein Gotteshaus ersetzt, das es an Schönheit und Eleganz mit anderen Bischofskirchen hätte aufnehmen können. Der katholische Kirchenrat unterband solche Wünsche jedoch mit der Begründung, dass ein großartiger Tempel aus den Rottenburgern auch keine besseren Katholiken machen würde. Daraufhin wurde an der Kirche ständig herumgebaut und renoviert, um sie dem jeweils zeitgenössischen Stil anzupassen: Neogotik, Neobarock, Purismus, Eklektizis-

mus etc.: Irgendwann war der Kirchenraum hoffnungslos überladen. Deshalb entschied man sich zu Beginn des neuen Jahrtausends für eine radikale Lösung. Die äußere, spätgotische Gestalt der Kirche blieb erhalten, aber die eintretenden Besucher werden mit einem völlig modern anmutenden Kirchenraum konfrontiert, der vor allem durch Licht und Weite besticht. Das liegt an einem in sich wunderbar stimmigen Gesamtkonzept, das die Architektur der Raumschale und die Gestaltung der liturgischen Orte wirkungsvoll miteinander verbindet. Nur wenige, besonders wertvolle Elemente der bestehenden Ausstattung wurden erhalten und in den neuen Kirchenraum integriert.

Gelungen ist dieses Konzept vor allem, weil nicht mehr versucht wurde, Chor und Schiff mehr oder weniger zwanghaft miteinander zu verbinden. Stattdessen wurde der Raum unter dem Turm zur Sakramentskapelle umgewidmet und so zwischen Chor, Schiff und Turmraum ein Gleichgewicht geschaffen, das den gesamten Kirchenraum zur Ruhe kommen lässt.

Der neue Altar nimmt die zentrale Stelle der Kirche ein und bildet eine sichtbare Verbindung zwischen Gemeinde, Domkapitel und Bischof. Dadurch wurde es möglich, der Kathedra einen gebührenden Raum zu geben, in dem sich Bischof und

Rottenburg am Neckar

Domgemeinde unter den Schutz des heiligen Martinus stellen, dessen kunstvolle Skulptur aus dem 15. Jahrhundert den Bischofssitz deutlich überragt.

Das helle Kirchengestühl aus kanadischem Ahorn, der helle Boden aus Gauinger Travertin und zeitgenössische liturgische Gerätschaften wurden wirkungsvoll mit den vorhandenen Elementen wie den Apostelfiguren, der Beweinung Christi und den bunten Fenstern aus den 1950er und 70er Jahren kombiniert. Eine ausgeklügelte Lichtinstallation setzt dabei Akzente und schafft Verbindungen. Auf diese Weise ist

ein spannungsvoller und gleichzeitig ausgewogener Kirchenraum entstanden, der nicht nur einer Bischofskirche endlich angemessen ist, sondern in dem sowohl der einzelne Gläubige seiner Gottesbeziehung nachspüren wie auch die gesamte Gemeinde ihre Verbundenheit mit dem christlichen Glauben feiern kann.

Von Rottenburg ins Weggental

Vom Dom aus bummeln wir durch die gemütliche Bischofsstadt, die immer ein wenig gemächlicher daher kommt als das vergleichsweise quirlige Tübingen. Enge Gassen und weite Plätze mit Bauwerken aus acht Jahrhunderten prägen das im Kern immer noch mittelalterliche Stadtbild. Das gelbe Muschelzeichen führt uns an der Justizvollzugsanstalt – neben der Diözese der größte Arbeitgeber der Stadt – vorbei aus Rottenburg hinaus zur Wallfahrtskirche im Weggental. Die Wallfahrt zur Schmerzhaften Muttergottes, einer kleinen volkstümlich-derben Pietà aus Holz, besteht seit Beginn des 16. Jahrhunderts. Sie wurde von Jesuiten betreut, die in jeder Hinsicht Gottesdienst und Sakramentenempfang förderten. Die Pilger erschienen zahlreich und in Geberlaune und so war es Ende des 17. Jahrhunderts möglich, diese wunderschöne und ungewöhnliche Kapelle von dem berühmten Baumeister Michael Thumb aus dem Bregenzer Wald erbauen zu lassen.

Klarheit und Symmetrie bestimmen das Bauwerk. Vergleicht man die Kirche im Weggental mit der grandiosen, rauschhaften Üppigkeit der oberschwäbischen Barockkirchen, überrascht hier eine fast schon protestantische Strenge. Hier fliegen nicht Hunderte von Engeln durch den Raum, hier wölbt sich kein Deckenfresko geradewegs in den Himmel hinein. Die Kirche im Weggental ist erstaunlich schlicht. In symmetrisch strenger Ordnung setzt sie sich aus zwei Teilen zusammen:

dem größeren Gemeinderaum und dem kleineren Chorraum. Der ganze Innenraum ist weiß und lichterhellt. Die Wände sind glatt, nur an den Kapitellen der Pilaster befinden sich rein weiße Stuckaturen.

Auch die Farbgebung überrascht durch ihre Strenge und Schlichtheit, die Kirche ist geradezu „unbunt". Außer Schwarz, Weiß und Gold kommt kaum anderes in der gesamten Gestaltung des Innenraums vor und dabei handelt es sich ja eigentlich nicht um „richtige" Farben. Dieses ungewöhnliche Farbkonzept ist natürlich Programm. Es drückt die Hoffnung aus, dass alle Freude und alles Glück, das im strahlenden Weiß der Wände und des Gewölbes symbolisiert wird, sowie all unser dunkles Leid und unsere schwarze Trauer eines Tages aufgehen werden in der Herrlichkeit des Herrn, die einer strahlenden Sonne gleich im Gold des Hochaltars ihren Ausdruck findet.

Nachdem die Wallfahrt im 19. Jahrhundert fast zum Erliegen kam, strömen heute wieder viele Menschen ins Weggental, das mittlerweile von einem knappen Dutzend Franziskaner betreut wird. Sie kommen natürlich auch „einfach so", vor allem aber zu den vielen Konzerten, die hier stattfinden, zu den Maiandachten und vor allem in der Weihnachtszeit, um die große und liebevoll gestaltete Weihnachtskrippe von 1840 anzuschauen.

Wer nicht weiter „jakobswandern" will, kehrt wieder um nach Rottenburg. Züge und Busse nach Tübingen verkehren auch an Wochenenden und Feiertagen ziemlich regelmäßig. Um die Wartezeit zu verkürzen, kann man sich trefflich im „Prinz Karl", gegenüber dem Bahnhof, mit riesigen Kuchenstücken in hinreißender „Café-Plüsch"-Atmosphäre stärken.

Schloss Hohenentringen

Ein lohnendes Ausflugsziel für einen kleinen Wandertag ist das Schloss Hohenentringen. Natürlich lässt sich die „Mostburg", wie sie spaßeshalber genannt wird, auch mit dem Auto erreichen. Das gilt aber als ziemlich unsportlich … und die legendäre Mostbowle schmeckt auch viel besser, wenn man sie sich auf Schusters Rappen erarbeitet hat.

Am besten startet man auf der Wanne, an der Bushaltestelle „Kunsthalle". Zwischen den mehrgeschossigen Wohnblocks steigt man in einer Unterführung ein paar Treppen hoch und folgt dann der Beschilderung zum Heuberger Tor. Hier gibt es auch einen Parkplatz, wenn man mit dem Auto unterwegs sein sollte.

Von hier aus geht es ganz gemütlich am Schönbuchrand entlang Richtung Hagelloch. Der Ausblick über die Wiesen bis zum Albtrauf ist zu jeder Jahreszeit ein besonderes Erlebnis.

Ab dem nächsten Wanderparkplatz folgen wir der Beschilderung durch den Wald hindurch bis nach Hohenentringen.

Der Schönbuch ist ein über 150 qkm großer Naturpark, Lebensraum für viele seltene Pflanzen und Tiere, darunter auch außergewöhnliche Bäume wie zum Beispiel uralte Eichen, sogenannte Huteeichen, die dem Vieh Schutz boten, als der Schönbuch noch hauptsächlich als Weidewald genutzt wurde. Es gibt nur sehr wenige asphaltierte Straßen in diesem riesigen Waldgebiet, in dem man sich auch heute noch verlaufen kann, wenn man von den ausgeschilderten Wegen abweicht.

Mittlerweile ist der Schönbuch ein Erholungsgebiet für die gesamte Stuttgarter Region geworden, Spaziergänger und Wanderer, Radler (Achtung: man braucht nicht unbedingt ein richtiges Mountainbike, aber eine Bereifung mit einem robusten Profil, um auf den geschotterten Forstwirtschaftswegen nicht ins Schlittern zu kommen!) und Nordic Walker finden hier mehr als genug Möglichkeiten, um sich auszutoben. An schönen Tagen kommen bis zu 100.000 Freunde der Natur und bevölkern die zahlreichen Grillstellen und Waldspielplätze. Der Name Schönbuch, der eigentlich nicht von dem Wort Buche ab-

Kapelle im Weggental

stammt, sondern sich von dem Flüsschen Schaich ableitet, das ihn durchquert, ist trotzdem zutreffend: Die meisten Bäume sind Buchen und es gibt relativ wenig dichten und dunklen Nadelwald. Dazu kommen zahlreiche Lichtungen: An heißen Sommertagen ist der Schönbuch nur bedingt ein kühler Schattenspender.

Die Anfänge von Hohenentringen gehen vermutlich bis ins 11. Jahrhundert zurück, im 15. Jahrhundert wurde eine Burg erbaut. In der Gaststube des Schlosses hängt ein Bild von Gunhild von Ow, das auf eine Begebenheit dieser Zeit anspielt: 1417 wohnten fünf miteinander verwandte Familien auf Hohenentringen, die zusammen mehr als hundert Kinder gehabt haben sollen. Diese machten sich allsonntäglich gemeinsam in langer Prozession zur Kirche auf, sodass, wenn der erste die Kirche betrat, der letzte erst die Haustür hinter sich schloss. Der heutige Bau wurde im 18. Jahrhundert errichtet. Heute ist das Schloss im Besitz der Freiherren von Ow und wird von einer Pächterfamilie als Gastwirtschaft mit Biergarten betrieben. Hier gibt es natürlich Schwäbisch-Deftiges, dazu genießt man ein Weizenbier oder Most und fühlt sich beim prächtigen Ausblick über den Schönbuch und die umliegenden Ortschaften wunderbar „burgherrlich".

24 Stunden Tübingen

Das Beste an einem Tag

9.00 Laufen am Neckar

Start und Ziel sind die Neckarbrücke: Sie laufen durch Platanenallee und Seufzerwäldchen, den Ausblick auf die Neckarfront genießend, bis zur Alleenbrücke, überqueren diese, laufen immer parallel zum Neckarufer an Sportplätzen, Wiesen und Feldern vorbei Richtung Hirschau, überqueren die Brücke vor der L371, der Kingersheimer Straße und laufen auf der anderen Uferseite wieder zurück: Zunächst geht es durch die Streuobstwiesen am Fuß der Weinterrassen, dann durch eine neu angelegte Wohnsiedlung mit einer interessanten Architektur. Hinter dem Campingplatz gibt es die Möglichkeit, über eine Treppe hinunter an den Neckar zu gelangen. Bei der nächsten Brücke wird der Fluss wieder überquert und am Freibad vorbei läuft man durch die schönen Alleen wieder zurück zur Neckarbrücke. Genussläufer brauchen dafür etwa eine Stunde.

11.00 Kaffee im Hanse

Sie bewaffnen sich mit einer Tageszeitung und gehen ins „Hanseatica" in der Neuen Straße. In Tübingens ältestem Stehcafé gibt es Kaffee und leckere Butterbrezeln an 50 Jahre alten Resopaltheken mit Blick auf die Straße. Die Einrichtung ist Original Fifties, der Kaffee frisch gemahlen. Hier planen Sie Ihr Abendprogramm: Theater? Konzert? Kino? Lesung? In Tübingen kommen Kultouristen in jedem Fall auf ihre Kosten. Und wer abends lieber abfeiern möchte: www.partykel.de ist ein übersichtliches Kultur- und Nightlifeportal.

11.30 Turmstürmer sein

Verschaffen Sie sich einen Überblick: Vom Turm der Stiftskirche hat man eine herrliche Aussicht über Stadt und Umland. Und der Aufstieg lohnt sich nicht nur wegen des Blicks: Vom Chor der Kirche geht es über den ganzen Dachboden, den der Astronom Michael Mästlin als Observatorium nutzte, in den Turm mit Uhrwerk und Glockenstube.

12.00 Altstadt erleben

Lassen Sie sich treiben zwischen oberer und unterer Stadt. Bummeln Sie über den Marktplatz, flanieren Sie längs des Ammerkanals, machen

Sie einen Schaufensterbummel oder durchstöbern Sie die Buchhandlungen und Antiquariate. Genießen Sie den Wechsel zwischen verträumten Gässchen und lebhaften Geschäftsstraßen.

13.30 Mittagessen in der Kelter

In dem schönen Ambiente der ehemaligen Kelter lässt es sich stilvoll, aber trotzdem bezahlbar zu Mittag speisen. Die Tageskarte wechselt etwa monatlich und bietet leckeres, häufig mediterran angehauchtes Essen weit abseits von Schnitzel mit Spätzle. Dazu gibt es die passenden Weine, aufmerksamen Service und eine wunderbar entspannte Atmosphäre.

14.30 Schlossführung

Nach dem Essen tut Bewegung gut, deshalb geht es rauf aufs Schloss. Dort begeben wir uns auf eine kleine Reise durch Raum und Zeit, zu fremden Ländern und Menschen. Genießen Sie die pure Schönheit der Skulpturensammlung im Rittersaal, lassen Sie sich anrühren von Pferdchen und Mammut aus dem Lonetal. Jedes Objekt in diesem großartigen Museum erzählt Ihnen eine Geschichte. Hören Sie zu!

16.00 Kaffeepause

Vielleicht im Ranitzky auf dem Marktplatz? Die Anspielung auf Literatur und Osteuropa ist Programm. Es gibt hier außer gutem Kaffee und raffinierten heißen Schokoladen auch immer eine Auswahl an Zeitungen und dazu ein schönes, ästhetisch gelungenes Kaffeehausambiente. Wer mehr Lust hat auf ein richtiges „Kaffee Plüsch", muss zum Café Binder in der Nonnengasse, in dem winzig kleinen Café gibt es auch leckere Kuchen und Torten.

17.00 Stocherkahn fahren

Das muss einfach sein! Es wäre übertrieben zu behaupten, dass Sie sonst nicht in Tübingen gewesen wären, aber eine bessere Möglichkeit, die vielbesungene Tübinger Idylle zu erleben, gibt es nicht. Natürlich ist es ein Touristenvergnügen und das Gegenteil von einem Geheimtipp. Aber manchmal ist eben gerade das eine Empfehlung.

18.00 Zeit für einen Aperitiv

Am besten bei Michele im Piccolo Sole d'oro, der Bar für die italienischen Momente im Leben. Im Sommer auf der Terrasse am Affenfelsen, im Winter in der gemütlichen, angenehm unprätentiösen Bar mit dem unvergleichlichen „Listino prezzi"-Schild über dem Tresen. Starten Sie mit einem Achtel Rosé oder einem Prosecco mit Aperol in den Abend. Am Donnerstag gibt es Live-Musik dazu.

Essen und trinken

Eine völlig unvollständige, willkürliche Liste aller Lieblingsplätze von morgens bis abends:

♿ Hanseatica
Richtig guter Kaffee seit 1959 im Stehen und an Resopal. Bleibende Werte!
Hafengasse 2
Tel. (0 70 71) 5 17 84

♿ Piccolo Sole d'Oro

Eine absolut schnörkellose, aber deshalb umso charmantere Espressobar mit Terrasse. Bei Michele trinkt man morgens Cappuccino, mittags einen schnellen Espresso und abends den Aperitiv. Ein richtiges kleines Stück Italien. Donnerstags gibt es Live-Musik.
Metzgergasse 39
Tel. (0 70 71) 5 28 37

Chocolat
Manchmal mag man keinen Kaffee. Dann ist zum Beispiel eine Trinkschokolade mit Chili eine gute Alternative. Sehr schön, zum Stehen und mit Ausblick.
Kirchgasse 9
Tel. (0 70 71) 25 27 17

Ranitzky
Die Anspielungen sind beabsichtigt: stylisher, osteuropäischer Kaffeehauscharme, eine schöne Mittagskarte, gute Weine und viele Zeitungen. Alleine, zu zweit oder in einer größeren Gruppe. Super-zentral am Marktplatz gelegen und für alle Lebenslagen geeignet.
Tel. (0 70 71) 2 13 91
▶ www.ranitzky.de

Ludwig's
Der kleine, flippigere Bruder des gediegenen Hotel Krone. Für den Kaffee nach dem Stadtbummel, zum Mittagessen mit der Freundin oder zum Business-Lunch. Und am Sonntag gibt es hier Langschläfer-Frühstück bis 18.00 Uhr!
Uhlandstraße 1
Tel. (0 70 71) 13 31 21
▶ www.ludwigs.cc

Gasthaus Ritter – Susies Mittagstisch

Susie ist Kult! Bei ihr gibt es Essen wie „bei Muttern": Königsberger Klopse oder Pellkartoffeln mit Quark, Schweinebraten oder Ofenschlupfer mit Äpfeln und Rosinen. Täglich wechselnde Gerichte mit vegetarischer Variante, Suppe und Salat. Wie daheim eben und gerade deshalb überaus angesagt: Das Publikum ist ein bunter Querschnitt durch die Tübinger Szene oder das, was sich dafür hält. Alle lieben Susie und wer mittags nicht da war, kommt abends zu Wein und Tapas.
Am Stadtgraben 25
Tel. (0 70 71) 55 07 51
▸ www.ritter-tuebingen.com

Kornblume

Vegetarisches Essen in Feinkultur, superlecker! Der Naturkost-Imbiss befindet sich in einem Bioladen, man sitzt zwischen den Ladenregalen, trinkt zum Essen frisch gepresste Säfte, blättert in der neuesten Aus-

gabe von „Schrot und Korn" und hat neben dem kulinarischen Genuss das Gefühl, richtig gut für sich gesorgt zu haben.
Haaggasse 15
Tel. (0 70 71) 5 27 08

Café Latour

Leben im Süden! Mittags gibt es sehr gutes und raffiniertes Essen quer durch Europa, abends gibt es Jazz, oft live und immer entspannt.
Bei den Pferdeställen 2
Tel. 15 75 47
▸ www.cafelatour.de

Schöne Aussichten

Gemütliches und verwinkeltes Café mit viel Flair in Uni-Nähe. Nachmittags gibt es Kaffee und Kuchen, abends ein Glas Wein. Manchmal spielt jemand Klavier. Perfekt geeignet für das erste Date an einem windigen Spätherbsttag!
Wilhelmstraße 16
Tel. (0 70 71) 2 28 84
▸ www.schoene-aussichten-tuebingen.de

Mayerhöfle

Eine der ältesten und gemütlichsten Weinstuben Tübingens: Hier probiert man Weine aus der Region und verzehrt dabei das mitgebrachte Vesper! Für Gruppen werden individuelle Weinproben angeboten. Das Mayerhöfle hat nur zweimal im Monat geöffnet. Das verleiht ihm den

diskreten Charme des Außergewöhnlichen!
Haaggasse 8
Tel. (01 51) 15 70 43 22
▶ www.mayerhoefle.de

Weinstube Göhner

Die älteste Weinstube in der Unterstadt: Seit 170 Jahren kann man hier Württemberger Wein trinken und äußerst bodenständig essen: urig und ur-schwäbisch!
Schmiedtorstraße 5,
Tel. (0 70 71) 56 70 78
▶ www.alteweinstubegoehner.de

♿ Manufaktur

Hier gibt es ausschließlich Pizza und zwar besonders lecker und mit Liebe gemacht. Die Preise sind ausgesprochen zivil, die Atmosphäre studentisch, lustig und laut. Gut geeignet für Familien mit hungrigen Teenagern!
Vor dem Haagtor 1/2
Tel. (0 70 71) 2 34 85

♿ Casino am Neckar

1913 wurde das schöne Gebäude direkt am Neckarufer als Offizierskasino errichtet. 2006 wurde es zu einem modernen Wirtshaus umgestaltet. In großzügigen Gasträumen, stilvollen Besprechungszimmern und einem gemütlichen Biergarten mit Stocherkahnanlegestelle gibt es regionale und bodenständige Küche. Genießen wie Gott in Tübingen!
Wöhrdstraße 25
Tel. (0 70 71) 65 07 50
▶ www.casino-am-neckar.de

♿ Neckarmüller

Die Gasthausbrauerei ist das einzige Gasthaus im Landkreis Tübingen, in dem das Bier vor den Augen der Gäste gebraut wird: ganz frisch und naturtrüb. Das Essen passt dazu. Am besten schmeckt es im Sommer unter den großen Kastanienbäumen im wunderschönen Biergarten oder im Winter in der gemütlichen Gaststube neben den großen kupfernen Braukesseln.
Gartenstraße 4
Tel. (0 70 71) 2 78 48
▶ www.neckarmueller.de

Mauganeschtle

Wer Hotelrestaurants lieber meidet, wird hier bekehrt: Im Mauganeschtle gibt es schwäbische Spezialitäten vom Feinsten und alles andere als gutbürgerlich, vor allem Maulta- schen in ungewöhnlichen Variatio- nen: saisonal, regional, genial!
Burgsteige 18
Tel. (0 70 71) 9 29 40
▶ www.mauganeschtle.de

Forelle

Hinter den romantisch verschnörkel- ten Fensterscheiben der Weinstube erwartet Sie eine aufwändig restau- rierte historische Gaststube mit Eichenvertäfelung und üppiger Deckenmalerei. Der Service ist extrem freundlich und das Essen passt dazu: modern interpretierte regionale Küche, viel Wild und alles markt- und zappelfrisch. Besonders fein sind die schwäbischen Tapas, kleine Versucherle quer durch die schwäbische Küche, schön für einen Abend mit Freunden.
Kronengasse 8
Tel. (0 70 71) 2 40 94
▶ www.weinstube-forelle.de

♿ Kelter

Was mittags schon gut war, wird abends fast noch besser: leichte, mediterran angehauchte Küche, dazu sehr gute Weine in einem modern inszenierten historischen Rahmen. In fröhlicher Runde mit einem Teller Antipasti oder bei einem stilvollen Abendessen, zum weinseligen Plauderabend mit der besten Freun- din oder zum romantischen Essen zu zweit: Topadresse!
Schmiedtorstraße 17
Tel. (0 70 71) 25 46 90
▶ www.diekelter.de

Centrale

Modern eingerichtete und trotzdem gemütliche Kneipe mit guten Wei- nen, ideal zum Freunde treffen.
Doblerstraße 10
Tel. (0 70 71) 2 22 27

Saints & Scholars

Irischer Pub mitten im Univiertel,
studentisch und sympathisch, mit
Billardtisch und Raucherzimmer.
Manchmal gibt es Live-Musik oder
Salsa-Partys.
Wilhelmstraße 44
Tel. (0 70 71) 25 64 08
▶ www.saintsandscholars.de

Pfauen

Eine wirklich ausgesprochen nette,
unkomplizierte Altstadtkneipe mit
Kölsch, französischem Rotwein und
kleiner Karte.
Kornhausstraße 1
Tel. (0 70 71) 2 30 95
▶ www.pfauen-tuebingen.de

♿ Collegium

Wer befürchtete, dass es irgendwann
statt „richtiger" Studentenkneipen nur
noch superchice Lounges zum Cock-
tailschlürfen geben würde, kann
aufatmen: Im Collegium kann man in
liebevoller Flohmarktatmosphäre ein
Bier aus der Plopp-Buddel oder eine
selbst gemachte Limonade trinken.

Das Ambiente folgt dem Trend zum
geordneten Chaos: Kein Stuhl ist wie
der andere, ein bisschen Kitsch, ein
bisschen antiker Charme. Richtig nett!
Lange Gasse 8
Tel. (0 70 71) 9 20 81 48

Nachtleben?

Eine Vergnügungsmeile hat Tübingen nicht. Es gibt eine „richtige"
Disco, das Top Ten in der Reutlinger
Straße, und diverse Clubs zum
Tanzen, viele Salsa- und Tango-Mög-
lichkeiten, Kneipen, in denen bis in
die frühen Morgenstunden Musik
aufgelegt wird und natürlich eine
Menge (halb-)öffentlicher Feten
und Partys. Da die Szene aber von
Semester zu Semester wechseln kann
und deshalb ungefähr so greifbar ist
wie eine Handvoll Quecksilber –
dafür aber ebenso lebendig – informiert man sich am besten bei
▶ www.partykel.de,
▶ www.partymoon.de oder
▶ www.tuebinger-kalender.de.

Bummeln und einkaufen

Tübingen ist eine Stadt für Bummelanten und Flaneure, für die Liebe auf den ersten Blick und das gewisse Etwas. Für Billigturnschuhe oder preiswerte Kinderkleidung ist diese Stadt nicht gemacht und das ist auch gut so: Beim Spaziergang durch die Altstadt finden Sie ausgesprochen viele schöne kleine Läden für die vielen schönen Dinge im Leben, mit liebevoll dekorierten Schaufenstern und freundlicher Beratung. Hier finden Sie, was Sie gar nicht gesucht haben!

Essen

Der Wochenmarkt

Am Montag, Mittwoch und vor allem am Freitag auf dem Marktplatz, am Samstag rund um die Jakobuskirche. Kommen Sie nicht hungrig, das ist gefährlich. Probieren Sie Käse und Oliven, Obst der Saison, genießen Sie knackiges Gemüse, das meiste aus der Region und aus naturnahem Anbau. Die Forelle ist zappelfrisch und das Huhn hat gestern noch gegackert. Ein Fest für die Sinne und der allerschönste Start ins Wochenende.

Mokka

Der Laden duftet! Nach Kindheit und Kaffeebohnen! Sie finden hier ausgesuchte Kaffees, viele schöne Teesorten, leckere Pralinen, aber auch rote Himbeerbonbons wie aus dem Kaufmannsladen und Nougat aus Montélimar. Ein bisschen wie der Süßigkeiteneinkauf bei Pippi Langstrumpf – erinnern Sie sich?
Collegiumsgasse 12
Tel. (0 70 71) 55 16 99
▶ www.mokka-tuebingen.de

Vinum

Keine puristische Weinhandlung, sondern ein Laden der trinkbaren Genüsse. Ungefähr 40 Sorten Whisky und jede Menge Liköre und Schnäpse können direkt aus dem Fass in die Flasche Ihrer Wahl abgefüllt werden. Dazu gibt es natürlich viele, viele wunderbare Weine, vor allem aus Frankreich und Italien, teilweise aus biologischem Anbau und die meisten zu moderaten Preisen. Eine schöne Auswahl an Essigen und Ölen rundet das Angebot ab. Wer hier nur Geschenke kauft, verpasst etwas.

Lange Gasse 6
Tel. (0 70 71) 5 20 52
▶ www.vinum-tuebingen.de

Safran

Persien trifft Schwaben! Bei Shirin und Gerhard Krauss gibt es außer dem sagenhaftem Safran über hundert verschiedene Gewürze und Kräuter, ausgefallene Honigsorten, verschiedene Senfarten, Balsamico-Essig und überhaupt alle möglichen Kochzutaten, die man sonst nirgends findet, dazu das komplette Sortiment an Zotter-Schokoladen. Genüsse aus aller Herren Länder eben. Eine ebenso persisch-geheimnisvolle wie schwäbisch-bodenständige Verführung.

Metzgergasse 13
Tel. (0 70 71) 94 66 99
▶ www.safran-tuebingen.de

Blumen

Florian

„Blumen, Pflanzen, Pötte" beschreibt Martin Barth gut gelaunt sein Warensortiment. Hier gibt es Blumensträuße, die aussehen wie ein Spaziergang über eine Wiese, alles frisch gepflückt. Rosen, von deren Duft einem schwindlig werden kann, ausgefallene Zimmerpflanzen und Stauden aus heimischen Gärtnereien. Keine Grünlilien und keine Gerbera an Drahtstielen. Schöne Übertöpfe und Vasen sowie eine Menge allerliebster Nippes von edel-schlicht bis glitzerbunt setzen Blumen und Pflanzen wirkungsvoll in Szene. Die detailverliebte und romantische Ladeneinrichtung bildet zu alldem die perfekte, inspirierende Kulisse.

Metzgergasse 31
Tel. (0 70 71) 55 02 11
▶ www.florianblumen.de

Blumen Florian

Anziehen

Marbello und Marbello gossip

Bei Monica Berglund gibt es Kleidung statt Klamotten! In zwei einander ergänzenden Boutiquen finden Mütter und Töchter Ausgefallenes und Schönes für den besonderen Anlass und für jeden Tag, vor allem von skandinavischen und spanischen Modemachern, viele kleine Marken, elegant oder flippig und immer weit weg von jedem Einheitsdesign. Dazu gibt es Schmuck und Schuhe. Eine außerordentlich liebenswerte (ehrliche!), kompetente Beratung und eine lockere Atmosphäre verführen dazu, lange zu bleiben, den halben Laden durchzuprobieren – und alles behalten zu wollen…
Neue Straße 16
Tel. (0 70 71) 2 38 65
▶ www.marbello.de

Risiko und Risiko Fashion

In einem Laden gibt es Casual-Klamotten, im anderen Elegantes für junge Männer und Frauen (wobei zahlende Väter und Mütter durchaus auch das eine oder andere finden…). Sehr angenehm: Von jedem Kleidungsstück hängt nur ein einziges Exemplar auf dem Bügel, die passende Größe wird gerne gebracht und der stylish eingerichtete Laden mit der indirekten Beleuchtung ist immer wunderbar aufgeräumt!
Hirschgasse 8
Tel. (0 70 71) 25 66 17
▶ www.risikofashion.de

Italian Shoes

Versteckt in einem idyllischen Hinterhof gibt es feines italienisches Schuhwerk, Lieblingsschuhe in allen Varianten vom Zickenschläppchen bis zum klassischen Herrenschuh. Kein Schnäppchenladen, aber ein faires Preis-Leistungs-Verhältnis. Die extrem fachkundige und sympathische Beratung macht Fehlgriffe auch fast unmöglich, sodass sich die Investition lohnt. Es soll Menschen geben, die nur wegen Italian Shoes nach Tübingen kommen – oder die nirgendwo anders mehr Schuhe kaufen!
Neue Straße 10
Tel. (0 70 71) 2 60 26

die brille

Kein Brillengeschäft, sondern ein
Meisteroptiker mit einer ungewöhnlichen, feinen und hochwertigen
Auswahl an guten Designbrillen. Das
freundliche Personal betreut kompe-
tent und weit über den Brillenkauf
hinaus. Keine Lockangebote, keine
Billigfassungen, sondern einfach nur
gute Brillen und guter Service.
Lange Gasse 8
Tel. (0 70 71) 5 15 35

Deko

Läden mit „schönem Kruscht" gibt
es in dieser Flanierstadt noch viel
mehr als anderswo. Edel, ausgefallen, verspielt, klassisch, von fremden
Ländern und Menschen, hochpreisig
oder auch für den schmalen Geldbeutel geeignet. Zwei davon sind:

Limon

Hier gibt es alles für die Sehnsucht
nach dem Süden Frankreichs. Pro-
venzalische Baumwolldruckstoffe,
Naturkosmetik von Occitane, erle-
sene Raumdüfte … Leben wie im
Süden! Außerdem kann man hier
auch Wolle kaufen: feine Garne für
fantasievolle Handstrickmode oder
Sockenwolle lassen bei trendbewuss-
ten Strickliesel die Nadeln klappern.
Collegiumsgasse 4
Tel. (0 70 71) 25 33 52
▶ www.limon-tuebingen.de

Dreiraum

„Ausgedacht und handgemacht" ist
das treffende Motto für diese wunderschöne Galerie für exklusive
Handwerkskunst in den ursprünglichen klösterlichen Wirtschaftsräu-
men des historischen Nonnenhauses.
Hier gibt es Schmuck, Kleidung,
Taschen, Wohnungsdeko, Keramik –
alles in Unikaten oder Kleinstserien.
Individueller kann ein Laden nicht
sein – zum Verweilen, Staunen und
Entdecken.
Beim Nonnenhaus 7
Tel. (0 70 71) 86 09 23
▶ www.drei-raum.com

Bücher

Rosa Lux

Keine Bestsellerverkaufsstelle,
sondern ein Laden für Lieblingsbü-
cher zum stundenlangen, selbstver-
gessenen, anregenden Lesen ist die
Buchhandlung von Ulrike Dahmen.
Hier entdeckt man aufregende neue
und alte Autoren aus aller Welt,
kleine Verlage mit einem Faible für

besonders schöne Bücher und ausgesprochen viele Bücher über Kunst. Wer gar nicht weiß, was er will, dem wird das richtige Buch passgenau empfohlen: Über Bücher zu reden ist hier fast ebenso wichtig wie Bücher zu lesen.
Lange Gasse 27
Tel. (0 70 71) 2 33 58
▶ www.rosa-lux.de

Quichotte

In Tübingens kleinster und charmantester Buchhandlung handelt Wolfgang Zwierzinsky mit einem besonderen Sortiment ausgesuchter Literatur kleinerer Verlage. Lyrik, Philosophie, viel Klassisches… eine ungewöhnliche, anregende Mischung, hinter der die Überzeugung steht, mit Büchern die Welt vielleicht doch ein bisschen verändern zu können. Darüber hinaus bietet Quichotte Literaturrecherchen und Lektoratstätigkeiten an und hilft bei der Beschaffung antiquarischer Bücher. Übrigens ist schon die Homepage ein literarisches Erlebnis.
Neckarhalde 10
Tel. (0 70 71) 99 28 37
▶ www.quichotte-buch.de

Osiander

Die Osiandersche Buchhandlung besteht seit 1596 und ist damit nicht nur die größte, sondern auch die

Quichotte

älteste der Stadt. Mittlerweile gibt es vier Innenstadtfilialen mit verschiedenen Schwerpunkten: Wissenschaft, Kinder, Regionales sowie eine Ausbildungsbuchhandlung. Die Auswahl ist riesig, der Service erstklassig, das Veranstaltungsprogramm üppig und anspruchsvoll. Obwohl Osiander mit 18 Filialen im Südwesten längst zum regionalen Marktführer avanciert ist, hebt die Buchhandlung sich wohltuend von den großen Büchersupermärkten ab.
Wilhelmstraße 12
Wilhelmstraße 14
Metzgergass 25
Holzmarkt 3
Auf der Morgenstelle
▶ www.osiander.de

Feste und Märkte

Neben den großen Kulturveranstaltungen wie Filmtage und Bücherfest feiert Tübingen das ganze Jahr über größere und kleinere Feste oder richtet Märkte in der Altstadt aus, die Besucher von nah und fern anziehen. Die wichtigsten und schönsten im Jahreslauf:

Regionalmarkt

Regional ist genial! Zweimal im Jahr, im Frühling und im Herbst, packt das Tübinger Umland seine Schätze aus: Whisky aus dem Ammertal und Lammfleisch von der Schwäbischen Alb, Dinkelspätzle und Champagner aus Birnenmost. Einen Samstag lang wird die Tübinger Altstadt zu einer Kulisse für Urlaub auf dem Bauernhof, Traktor und lebendige Albbüffel zum Streicheln inbegriffen.
▶ www.tuebinger-regionalmarkt.de

Markt der Möglichkeiten

An einem Wochenende im Juni präsentieren ausgesuchte Künstler, Handwerker und Kunsthandwerker ihre fantasievollen und vielfältigen Arbeiten, alles handverlesen und ausgesprochen hochwertig, auf dem Platz rund um die Jakobuskirche, der dafür ein besonders schönes Ambi-

Regionalmarkt

Markt der Möglichkeiten

Stadtfest

ente bietet. Der Markt wird von der Stadt in Zusammenarbeit mit der Jakobusgemeinde organisiert, die ihren Kirchenraum zur Verpflegungsstation mit Orgelmusik umfunktioniert und auf diversen Führungen die Kirche vom Keller bis unters Dach der Öffentlichkeit zugänglich macht. Zauberhaftes zum Anschauen und Kaufen in fröhlich-familiärer Stimmung mit Kuchen und Kinderprogramm.

▶ www.marktdermoeglichkeiten.de

Stadtfest

Eine bunte Sause in der gesamten Altstadt, die alle zwei Jahr kurz vor den Sommerferien stattfindet. Gut gelaunt feiert Tübingen sich selbst in sommerlicher Atmosphäre. Die Tübinger Vereine verproviantieren die zahlreichen Gäste mit Leckerem aus aller Welt und dazu gibt es auf allen Plätzen und an allen Ecken Musik, zum Zuhören, Abtanzen, Wohlfühlen. Cooler Jazz und Blasmusik, türkischer Pop und Trommeln aus Afrika: Für jeden Geschmack wird etwas geboten. Und für die Kleinen gibt es das traditionelle Kinderfest am Samstag im Alten Botanischen Garten.

▶ www.info-tuebingen.de

Sommerinsel am Anlagensee

Mit allen Sinnen genießen lässt es sich eine Sommerwoche lang am Ufer des Anlagensees. Unter Bäumen und weißen Zeltdächern verwöhnen die Tübinger Spitzengastronomen ihre Gäste mit kulinarischen Köstlichkeiten und einem Programm voller sommerlicher Zerstreuungen in einem malerischen Ambiente: Beachvolleyball und Bootspartie gehören ebenso zur Sommerinsel wie Sommerwein und Maultaschenvariationen vom Feinsten. Gepflegte Gastlichkeit von ihrer schönsten Sommerseite!

▶ www.tuebinger-sommerinsel.de

Umbrisch-Provenzalischer Markt

Umbrisch-Provenzalischer Markt

Am ersten Wochenende nach Schulanfang, zum Sommerausklang, dreht Tübingen noch einmal richtig auf und hat für drei Tage seine Partnerstädte Aix-en-Provence und Perugia zu Gast. Die ganze Stadt duftet nach Lavendel, umbrischem Spanferkelbraten, Olivenpaste und Trüffeltagliatelle. Aber es gibt nicht nur zu essen: Seife aus Marseille, Silberschmuck, Lederwaren und viele andere traditionelle und bezaubernde Dinge aus Umbrien und dem tiefen französischen Süden bringen mediterranes Flair in die Universitätsstadt. Und

zum Kommerz kommt die Kultur mit hochkarätigen Ausstellungen, stimmungsvollen Konzerten und vielen kleinen Überraschungen wie den hinreißenden italienischen Gauklern auf ihren meterhohen Stelzen. Am Sonntag findet der Markt seinen Höhepunkt im Tübinger Stadtlauf, einem 8,5 km-Rennen durch die Straßen der Altstadt, das nicht nur eines der wichtigsten Sportereignisse der Stadt ist, sondern unbestritten eines der sympathischsten „Events", das Tübingen zu bieten hat. Unbedingt hingehen! Und noch besser: Mitmachen!
▶ www.tuebingen-info.de/umbrien,
▶ www.stadtlauf-tuebingen.de

chocolART

In der ersten Dezemberwoche, pünktlich zum Nikolaus, duftet es in Tübingen nicht mehr nach Lavendel,

chocolART

sondern nach Schokolade. Kein Schokoladenfest wird hier gefeiert, sondern gleich ein Schokoladenfestival, auf dem ausgesuchte Chocolatiers ihre Produkte einem begeisterten Publikum präsentieren. Dazu gibt es ein üppig-schokoladiges Begleitprogramm mit vielen Verkostungen, Schokolesungen, Pralinenkursen und anderen süßen Genüssen, sogar Schokomassagen werden angeboten. Schokolade macht glücklich. Probieren Sie es aus!
▶ www.chocolart.de

Weihnachtsmarkt

Der Tübinger Weihnachtsmarkt ist ein besonders anrührendes, unverwechselbares und sympathisches Exemplar seiner Gattung. Er findet nur am dritten Adventswochenende statt, dafür aber in der gesamten

Weihnachtsmarkt

Altstadt und er ist vollkommen und hundertprozentig handgemacht! Hier findet sich Fantasievolles, Hübsches, Witziges, Nützliches an überwiegend privaten Ständen, selbst gestrickt, geklebt, gebastelt, geschreinert, ge… ein Stelldichein der Künstlerinnen und Künstler „Marke Eigenbau". Das gilt übrigens auch für die Musik: kein Jingle-Bells-Gedudel, sondern ein bunter Querschnitt durch die Tübinger (Kinder-)Musikszene mit einem leichten Überhang an Blockflöten sorgt für die akustische Untermalung. Tübinger Vereine schenken Glühwein aus, es gibt Schupfnudeln mit Filderkraut und auf dem Marktplatz dreht sich ein nostalgisches Karussell. Wer sich nach dem Weihnachtsgefühl aus Kindertagen zurücksehnt, hat gute Chancen, es hier zu finden.

Tübingen für Kinder

Tübingen ist eine junge Stadt. Zu den jungen Leuten gehören nicht nur die rund 23.000 Studierenden, sondern auch jede Menge junger Familien mit erstaunlich vielen Kindern – es scheint eine tübingentypische Geisteshaltung zu sein, mehr als die bundesdurchschnittüblichen 1,7 Kinder pro Haushalt zu haben. Deshalb gibt es eine große Anzahl an Kultur-, Sport- und Freizeitangeboten für Kinder. Viele dieser Angebote richten sich natürlich in erster Linie an Kinder, die in Tübingen zu Hause sind. Aber es gibt auch eine Menge zu unternehmen, wenn man nur ein paar Ferientage hier verbringt – selbst bei schlechtem Wetter und für größere Kinder. Und wenn alles ausprobiert ist, bleiben immer noch Freibad und Kino!

Spielplätze

„Auf den Spieli gehen" ist vor allem für die meist gartenlosen Kinder der Kernstadt eine Selbstverständlichkeit – und für die Eltern eine gute Gelegenheit, mit dem besten Gewissen der Welt auf einer Bank zu sitzen und zu lesen oder andere Eltern zu treffen. Sehr schöne Stadtspielplätze sind im „Zwingerle" am Haagtorplatz, im Alten Botanischen Garten und im Volksgarten in der Südstadt, die letzten beiden sind auch für etwas größere Kinder noch attraktiv. Etwas außerhalb, aber sehr schön und für einen längeren Picknickaufenthalt geeignet, liegt der Holzackerspielplatz zwischen Tübingen und Hirschau. Eine vollständige Liste mit Lageplänen findet sich unter www.tuebingen.de/26_8631.html

Teenager finden an der Paul-Horn-Arena beim Freibad eine Kletterwand und eine Halfpipe. Die Kletterwand ist gegen eine Gebühr frei benutzbar, man sollte allerdings etwas Klettererfahrung besitzen. Für Anfänger und Fortgeschrittene finden regelmäßig Kletterkurse statt. Utensilien wie Gurte und Seile können ausgeliehen werden. Weitere Informationen über Öffnungszeiten, Preise etc.: www.tsg-tuebingen.de, Abteilung „Klettern".

Sollte es regnen, gibt es in Tübingen-Hirschau einen Indoor-Spielplatz, der auch für Kindergeburtstage bestens geeignet ist: www.freizeitcenter-hirschau.de/kinderwelt

Tretboot fahren

Eine Stocherkahnfahrt ist für Erwachsene oft DER Höhepunkt ihres Tübingen-Ausflugs. Da man auf dem Kahn still sitzen muss und nur begrenzt selber aktiv werden kann, wird es Kindern schnell langweilig. Die aktivere Alternative ist Tretboot fahren. Wer in einer Stunde die Neckarinsel umrunden will, muss tüchtig treppeln. Der Bootsverleih ist direkt an der Neckarbrücke:
▶ www.bootsvermietung-tuebingen.de

Stadtführungen

Todlangweilig? Sicher nicht, denn es gibt viele Angebote speziell für Kinder (die durchaus auch für deren Eltern geeignet sind):

Stadtführungen für Kinder vermittelt der Bürger- und Verkehrsverein www.tuebingen-info.de oder die Autorin www.andrea-bachmann.de.

Museum Schloss Hohentübingen

Im Museum Schloss Hohentübingen kann man malen wie in der Steinzeit, ägyptische Hieroglyphen zeichnen oder sich kleiden wie die Römer, die zahlreichen museumspädagogischen Angebote sind vor allem für Gruppen geeignet. Man findet sie auf www.uni-tuebingen.de/museum-

Sommer auf dem Affenfelsen

schloss/aktuell unter „Veranstaltungen für Kinder". Telefonisch können Sie sich unter Tel. (0 70 71) 2 97 73 84 über das aktuelle Angebot informieren.

Stadtmuseum

Die Ausstellung über die Scherenschnittkünstlerin und Trickfilmerin Lotte Reiniger im Stadtmuseum begeistert Kinder auch ohne museumspädagogische Anleitung. Diese gibt es aber auch, dazu noch eine ganze Reihe weiterer Angebote für Kinder: www.tuebingen.de/stadtmuseum. Unter (0 70 71) 2 04 17 11 erteilt man Ihnen gerne weitere Auskünfte.

Paläontologische Sammlung

In Tübingen gibt es ein richtiges Dinomuseum! Eigentlich handelt es sich um eine Lehr- und Schausammlung der Universität, die allerdings in Deutschland eine Spitzenstellung einnimmt und in der zum Teil weltweit einmalige Objekte gezeigt werden: Schwimm- und Flugsaurier, Dinosaurierskelette, eiszeitliche Säugetiere und vieles mehr. Besichtigen kann man die Sammlung im Institut für Geologie und Paläontologie in der Sigwartstraße 10 nur nach telefonischer Vereinbarung: Tel. (0 70 71) 2 97 24 88

Kinderkunsthalle

Erst in der Kunsthalle eine Ausstellung anschauen und dann selber zum Pinsel greifen! Die unmittelbare Begegnung mit dem in den aktuellen Ausstellungen Gezeigtem motiviert, es selber einmal auszuprobieren. Neben längeren Kursen gibt es immer wieder einzelne Workshops, vor allem in den Schulferien oder samstags. Das aktuelle Programm finden Sie in der www.kinderkunsthalle.de

Kinderuni

In Tübingen wurde die Kinder-Uni als Gemeinschaftsprojekt der Tageszeitung Schwäbisches Tagblatt und der Eberhard Karls Universität erfunden – mittlerweile gibt es Kinder-Unis an rund 200 Standorten in ganz Europa.

Die Vorlesungen, in denen Fragen nachgegangen wird wie „Warum hat ein Regenwurm keine Beine?" oder „Warum spinnen die Römer?" oder „Warum brauchen wir Grammatik?", beginnen in der Regel nach den Pfingstferien. Sie sind immer Dienstags um 17.15 Uhr im Kupferbau, Hörsaal 25, Ecke Hölderlin-/Gmelinstraße. Anmeldungen sind nicht nötig und auch nicht möglich, die Kinder können einfach hinkommen. Wer mehr wissen möchte, klickt bei www.uni-tuebingen.de/aktuell auf den Themenbereich „Kinder-Uni".

Theater für Kinder

Vorstadttheater
In der Katharinenstraße im Lorettoviertel gibt es ein zauberhaftes Puppentheater, die Tübinger Puppenbühne. Der klassische Kasperl ist dort ebenso zu finden wie märchenhaftes Schattentheater, Stabfigurenspiele oder modernes Figurentheater. Den Spielplan und weitere Informationen bekommen Sie bei www.vorstadttheater.de

Teo Tiger
Bei Teo Tiger in der Herrenberger Straße 40 gibt es Märchen, Zuruftheater, Abenteuergeschichten und immer viel zu lachen. Das wechselnde Programm ist für Kinder von 3 bis 10 Jahren geeignet. Hin und wieder finden Gastspiele mit Zauberern, Geschichtenerzählern oder auch Konzerte statt. Den Spielplan findet man bei www.theater-teo-tiger.de. Karten gibt es beim Bürger- und Verkehrsverein oder telefonisch: (0 70 71) 92 86 53 Außerdem betreut das Theater die www.clowns-im-dienst.de, die auf verschiedenen Stationen der Kinderkliniken in Tübingen und Reutlingen sowie in Einrichtungen für alte und an De-

menz erkrankte Menschen unterwegs sind.

Landestheater Tübingen
Das LTT bietet mit einem eigenen Kinder- und Jugendtheater ein fantastisches, anspruchsvolles und abwechslungsreiches Repertoire, die Bandbreite reicht von Stücken für ganz Kleine bis zu Projekten für junge Erwachsene, von Klassikerinszenierungen bis zu Uraufführungen. Was es alles gibt, steht unter www.landestheater-tuebingen.de in der Rubrik „kjt".

Familienbildungsstätte

Die ehemalige „Mütterschule" ist mittlerweile eine wichtige und vielseitige Bildungseinrichtung in der Region. Neben den klassischen „Wickelkursen" bietet sie ein abwechslungsreiches Familienprogramm mit vielen Angeboten für Kinder und junge Erwachsene, vom Bogenschießen bis zum Silberschmieden. Vor allem in den Ferien gibt es auch eine Menge Workshops. Schauen Sie vorbei und holen Sie sich Anregungen: www.fbs-tuebingen.de

Junge vhs

Die „junge vhs" ist der jüngste Angebotsbereich der Volkshochschule Tübingen. Hier gibt es interessante und spannende Veranstaltungen zu großen und kleinen Themen, für alle zwischen 4 und 18 Jahren. Das Angebot reicht vom Kinderschwimmkurs über die Tonwerkstatt in den Ferien bis hin zur Berufsorientierung:

▶ www.vhs-tuebingen.de

Unter den zahlreichen Märkten und Festen, die in Tübingen stattfinden – und während derer die Stadt manchmal so voll ist, dass das Mitfeiern für kleine Menschen eher eine Strapaze als ein Vergnügen ist –, sind zwei für Kinder besonders sympathisch:

Drachenfest

Jedes Jahr am dritten Sonntag im Oktober steigen Tausende kleiner und großer Drachen vom Österberg in den – hoffentlich – blauen Himmel auf. Ein wunderschönes Bild und ein absolutes Muss für alle Tübingerinnen und Tübinger unter 12. Gäste sind natürlich herzlich willkommen! Angeschlagene Drachen versorgt die Drachenklinik, es gibt Kaffee und Kuchen oder Rote Wurst im Freien. Ein perfekt schöner Herbstnachmittag!

Regionalmarkt

Ende April und Anfang Oktober werden in der historischen Altstadt rund um den Marktplatz Spezialitäten von heimischen Feldern, Gärten, Wäldern und Streuobstwiesen angeboten. Tübinger Apfelsaft, sortenreiner Birnensaft, Schaffelle und Lammwürste, Honig, Linsen von der Schwäbischen Alb – alle Erzeugnisse stammen aus der Region. Es sieht schön aus, es riecht gut, es schmeckt gut – und auf dem Marktplatz gibt es auch immer einen Albbüffel oder ein paar Ziegen zum Streicheln. Für Kinder, die nur noch Supermarktregale voll eingeschweißtem Plastikkäse kennen, ein sinnenfreudiges Kontrastprogramm!

▶ www.tuebinger-regionalmarkt.de

Wer mit Kindern einen Ausflug in die Umgebung plant, dem seien diese Bücher wärmstens empfohlen:

Neubauer, Christiane
Paradiese mit Ketchup
Die besten Ausflüge mit Kindern
Tübingen 2008[3]

Neubauer, Christiane
Die besten Auflüge mit Kindern II
Tübingen 2008

Sport und Freizeit

Stocherkahn fahren

Genießen Sie die romantischste Seite Tübingens! Stocherkahn fahren ist eine wunderbare Übung in der Kunst, das Leben von seiner langsamen Seite kennen zu lernen und das Entspannteste, Verträumteste und Unaufgeregteste, was man im Tübinger Sommer machen kann. Einfach so oder als poetische Stocherkahnfahrt, mit Champagner oder einem zünftigen Vesper: Lehnen Sie sich zurück! Entschleunigen Sie!

Kahn und Kapitän können Sie beim Bürger- und Verkehrsverein Tübingen (www.tuebingen-info.de) buchen. Auch die Autorin organisiert Ihnen einen Kahn: www.andrea-bachmann.de.

Viele Stocherkahnfahrer und der Bürger- und Verkehrsverein unternehmen aber auch Sammelfahrten zu festen Uhrzeiten, die vor allem für Individualreisende geeignet sind. Am besten informieren Sie sich direkt an der Anlegestelle am Hölderlinturm.

Freibad

Ein großer Nichtschwimmerbereich mit Riesenrutsche und vielen Planschmöglichkeiten, ein Schwimmerbecken mit Wettkampfbahnen, ein Sprungbecken sowie schöne, gepflegte Liegewiesen mit Ballsportbereich und großzügigem Kinderspielplatz bieten Urlaubstage in der Stadt für die ganze Familie und jeden Badespaßanspruch!
▶ www.swtue.de/baeder/freibad

Emka Freizeitcenter

Klassischer Sport- und Spielspaß mit Squashcourts und Badmintonplätzen, Kegelbahnen und Kletterparcours, Sauna und Solarium. Für Essen und Trinken ist natürlich ebenfalls gesorgt, im Sommer kann man auf einer schönen Gartenterrasse Platz nehmen. Für Kinder gibt es einen großzügigen Indoor-Spielplatz, ein Garant für entspannte Kindergeburtstage.
▶ www.freizeitcenter-hirschau.de

Boule spielen

In einem Stadtführer mit Spaziergang durch das Französische Viertel darf der Hinweis auf eine Möglichkeit, Boule und Pétanque zu spielen, natürlich nicht fehlen. Am Stadtrand von Tübingen betreibt der Bouleverein mit dem witzigen Namen „La Fanny Joyeuse" ein Boulodrome. Boulespieler wissen, warum der Verein so heißt, allen anderen wird es unter www.l-f-j.de erklärt.

Namasté Yoga Studio

Auch bei kürzeren Tübingen-Aufenthalten besteht die Möglichkeit, eine Matte in diesem wunderschönen Yoga-Studio im Französischen Viertel auszurollen: An den täglich stattfindenden Yogastunden kann man jederzeit ohne Voranmeldung teilnehmen, ohne gleich einen ganzen Kurs buchen zu müssen. Praktiziert wird hauptsächlich Vinyasa Flow Yoga, ein dynamischer, kraftvoller Yogastil, bei dem die einzelnen Asanas fließend ineinander übergehen. Ein helles, freundliches Studio, ein warmherziger, gelassener, aber fordernder Übungsstil – perfekt für alle, die sportliches Yoga wollen, das trotzdem nicht nur Gymnastik ist. OM, Shanti!
▶ www.power-yoga-tuebingen.de

Laufen

Die für die Entwicklung einer Stadt etwas problematische geografische Lage und die fehlende Industrialisierung machen es heute möglich, direkt von der Wohnungstür aus loslaufen zu können und in kürzester Zeit im Grünen zu sein: Im Wald oder am Fluss, durch die Weinterrassen oder die Streuobstwiesen. In Tübingen gibt es viele schöne und abwechslungsreiche Strecken, für Genussläufer ebenso geeignet wie für ambitionierte Marathonis: Sehr zu empfehlen sind das Neckarufer oder die gut ausgeschilderten Laufstrecken auf dem Sand (Waldsportpfad Falkenweg). Wer nicht alleine laufen mag, kann sich einem der vielen Lauftreffs anschließen (www.lauftreff.de) oder sich von der Autorin begleiten lassen:
▶ www.andrea-bachmann.de

Yogastudio Namasté

Museen und Galerien

Denken Sie daran: Die Öffnungszeiten gerade kleinerer Ausstellungsräume können sich schnell ändern. Wenn Sie sich besonders für das eine oder andere interessieren, sollten Sie mit der Einrichtung Kontakt aufnehmen. Stadtführungen mit Galeriebesuch unternimmt die Autorin gerne mit Ihnen!

1 Galerie Gottschick
Uhlandstraße 10a, 72072 Tübingen
Tel. (0 70 71) 3 44 23
www.galerie-gottschick.de

2 d.a.i.:
Karlstraße 3, 72072 Tübingen
Tel. (0 70 71) 7 95 26-0
www.dai-tuebingen.de

3 Hölderlin-Gesellschaft
Bursagasse 6, 72070 Tübingen
Tel. (0 70 71) 2 20 40
www.hoelderlin-gesellschaft.de

4 Museum Schloss Hohentübingen
Burgsteige 11, 72070 Tübingen
Tel. (0 70 71) 2 97 73 84
www.uni-tuebingen.de/museum-schloss

5 Die Antiquariate, Kunsthandlungen und Antiquitätengeschäfte in der Haaggasse haben zu den üblichen Ladenöffnungszeiten geöffnet. Viele von ihnen machen allerdings eine Mittagspause.

6 „H. Fischer"
im Marquardtei-Gebäude
Herrenberger Str. 34, 72070 Tübingen
www.elisabeth-barth.de

7 Ugge Bärtle Museum
Herrenberger Straße 12,
72070 Tübingen
Öffnungszeiten:
Dienstag und Freitag: 14–17 Uhr;
Eingang nur am Föhrberg.

8 Stadtmuseum Tübingen
Kornhausstraße 10, 72070 Tübingen
Tel. (0 70 71) 2 04 17 11
www.tuebingen.de/stadtmuseum
Öffnungszeiten: Täglich außer montags 11–17 Uhr

9 Galerie Druck und Buch
Susanne Padberg
Bachgasse 15
Tel. (0 70 71) 2 11 35
www.druckundbuch.de
Öffnungszeiten:
Donnerstag und Freitag 11–19 Uhr,
Samstag 10–14 Uhr und nach Verein-
barung

10 Künstlerbund Tübingen e.V.
Metzgergasse 3, 72070 Tübingen
Tel. (0 70 71) 5 15 02
www.kuenstlerbund-tuebingen.de
Öffnungszeiten: Mittwoch 15–18
Uhr, Donnerstag 15–18 Uhr, Freitag
15–18 Uhr, Samstag 11–14 Uhr

11 Kulturhalle Tübingen
Nonnengasse 19, 72070 Tübingen
Tel. (0 70 71) 2 04 13 41
www.tuebingen.de/1564_14636.html
Öffnungszeiten: Dienstag bis Freitag
15–19 Uhr, Samstag 11–13 Uhr

12 Kunstamt Tübingen
Doblerstraße 21, 72070 Tübingen
www.kunstamt-tuebingen.de
Öffnungszeiten: Donnerstag, Freitag
17–21 Uhr, Samstag 13–16 Uhr und
nach Vereinbarung

13 Shedhalle Tübingen
Verein zur Förderung zeitgenössischer Künste
Schlachthausstraße 13,
72074 Tübingen
www.shedhalle.de

14 Ausstellungsraum Ursula Werz
Neue Straße 12, 72070 Tübingen
Tel. (0 70 71) 5 15 07
www.ursulawerz.de

15 art-shop Galerie Grießhaber
Hafengasse 9, 72070 Tübingen
Tel. (0 70 71) 2 25 29
www.art-shop.de

16 Kunsthandlung Christfried
Wenke
Kirchgasse 8, 72070 Tübingen
Tel. (0 70 71) 2 22 71
www.wenke-kunst.de

17 Kunsthalle Tübingen
Philosophenweg 76, 72076 Tübingen
Tel. (0 70 71) 9 69 10
www.kunsthalle-tuebingen.de

Und außerdem:

Nicht in dem „Kunstrundgang", aber
sehr sehenswert, besonders für
„große Jungs", ist das Auto- und
Spielzeugmuseum Boxenstop. Hier
gibt es auf 850 qm Autos, Motorräder
und Fahrräder. Alle sind fahrbereit,
alle haben in ihrem früheren Leben
Rennstallluft geatmet – ein Muss für
Oldtimerfans und solche, die es
werden wollen. Passend zu den alten
Autos gibt es altes Spielzeug von
der Schildkrötpuppe aus Zelluloid bis
zur Dampfmaschine zu sehen, alles
ungeheuer liebevoll gesammelt und

Boxenstop

präsentiert. Das Museum veranstaltet auch Reisen, Events und Incentives.

Boxenstop
Auto- und Spielzeugmuseum
Brunnenstraße, 72074 Tübingen
Tel. (0 70 71) 55 11 22
▶ www.boxenstop-tuebingen.de

Museum der Universität Tübingen

Außer dem Museum auf Schloss Hohentübingen besitzt die Universität natürlich noch viele weitere Sammlungen, die teilweise besichtigt werden können. Am bekanntesten ist das „Dino-Museum", die Paläontologische Schausammlung, aber es gibt noch viel mehr, von der anatomischen Lehrsammlung bis zum Computermuseum. Seit 2006 arbeitet das Museum der Universität Tübingen daran, die Sammlungen organisatorisch miteinander zu verbinden und mit wechselnden Ausstellungen die Geschichte der Wissenschaft für die Öffentlichkeit erlebbar zu machen. Die vielen einzelnen Sammlungen können hier unmöglich alle aufgeführt werden. Über Öffnungszeiten und besondere Veranstaltungen informieren Sie sich am besten unter www.unimuseum/uni-tuebingen.de. Es lohnt sich!

Theater und Literatur

Landestheater Tübingen – LTT

„Die Klaviatur der Widersprüche menschlichen Seins in allen Schattierungen zu spielen" ist der Anspruch des Landestheaters Tübingen, das seit 1979 in der ehemaligen Stuhlfabrik Schäfer zu Hause ist. Mit einem eigenwilligen Programm, einem charakterstarken Ensemble und ungewöhnlichen ästhetischen Lösungen bei Bühnenbild und Kostümen gibt es hier sinnliches, innovatives und erhellendes Theater.

Szenenfoto LTT

Landestheater Württemberg-Hohenzollern Tübingen Reutlingen
Eberhardstraße 6, 72070 Tübingen
Tel. (0 70 71) 15 92 70
▶ www.landestheater-tuebingen.de

Zimmertheater

Seit 1958 hat sich das kleine Theater in der Bursagasse als erstklassige Adresse für zeitgenössisches Theater auch überregional einen Namen gemacht. In zwei Räumen, einem Gewölbe und einem Zimmer finden nur maximal 80 Zuschauer Platz, was jede Vorstellung zu einem sehr persönlichen Theatererlebnis werden lässt. Ein überdurchschnittlich junges Ensemble spielt experimentierfreudig, begeistert und begeisternd Stücke meist neuer Autoren.

Zimmertheater Tübingen GmbH
Bursagasse 16, 72070 Tübingen
Tel. (0 70 71) 9 27 30
▶ www.zimmertheater-tuebingen.de

Freie Gruppen

Neben diesen beiden etablierten Theatern mit festen Spielräumen gibt es in Tübingen eine große Zahl Laienensembles und Freie Gruppen.

Vom Harlekin-Theater mit seinen absolut unvergleichlichen Theatersportabenden, einem Improvisationstheater vom Allerfeinsten, bis zur studentischen Theatergruppe wird eine Menge geboten, darunter auch Exotisches wie Schattentheater und Figurentheater für Erwachsene. Schlagen Sie einen Veranstaltungskalender auf, bleiben Sie neugierig und lassen Sie sich überraschen.

Hölderlinturm 12 3

Texte von und über Friedrich Hölderlin und seinen Zeitgenossen, aber auch und vor allem zeitgenössische Lyrik, oft in Verbindung mit einem Konzert oder einer Ausstellung in einem einzigartigen Ambiente.
▶ www.hoelderlin-gesellschaft.de

Literaturcafé 17

Nach den Bildern die Literatur und dazu noch gutes Essen: Im Literaturcafé bei der Kunsthalle finden regelmäßig Lesungen, Gespräche über Literatur, Vorträge und Konzerte statt – oder Themenabende mit alldem plus passendem Essen. Eine synästhetische Location!
▶ www.literaturcafé-tuebingen.de

buch & bühne

Literatur aus der Altersklasse der 20-bis 40-Jährigen, die sich lesen und hören lassen kann: Einmal im Monat nehmen namhafte junge Schriftsteller auf den Plüschsesseln der Probebühne im Landestheater Platz und lesen aus ihren Werken vor – eine Literaturveranstaltung, die sich vor allem, aber nicht nur, an ein studentisches Publikum richtet. Gäste waren z. B. Uwe Tellkamp, Juli Zeh, Thomas Lang oder Clemens Meyer.
▶ www.bub.mk-systems.eu

Tübinger Poetik-Dozentur

Ein ganz besonderes Forum der kulturellen Begegnung! In einer von der Universität organisierten Veranstaltungsreihe, die sich gleichermaßen an Studierende, Dozenten und die breite Öffentlichkeit richtet, bietet sich die Gelegenheit, herausragende Autorenpersönlichkeiten aus dem In- und Ausland kennen zu lernen und mit ihnen in Vorlesungen und Workshops ins Gespräch zu kommen. Mit großem Erfolg werden Literatur, Wissenschaft und öffentliche Debatte in einem einzigartigen intellektuellen Diskurs verbunden.
▶ www.germ-serv.de/poetikvl

Tübinger Bücherfest

Deutschlands lebendigstes Bücherfest! Alle zwei Jahre verwandelt sich die Stadt zur Bühne für Literatur. Ein Wochenende lang wird an historischen oder ungewöhnlichen Orten gelesen, diskutiert, gespielt, es ist eine Zeit voller überraschender Begegnungen und literarischer Entdeckungen, das Buch erobert sich Straßen, Plätze, Gärten, Modehäuser und Schwurgerichtssäle. Bunt, lebendig und wunderbar. Hingehen!
▶ www.tuebinger-buecherfest.de

Noch mehr lesen

In Tübingen gibt es weit über zwanzig Buchhandlungen und Antiquariate sowie eine ganze Reihe renommierter Verlage. Dementsprechend groß ist das Spektrum an Veranstaltungen rund ums Buch. Vom intimen Lyrikabend bei Wein und Käse in einer kleinen Buchhandlung bis zum Event mit einem Popstar der Literaturszene wird so ziemlich alles angeboten, was man mit dem Inhalt zwischen zwei Buchdeckeln machen kann. Buchhandlungen, Tagespresse und Internet-Veranstaltungskalender informieren Sie gerne über das aktuelle Programm. Und schließlich kann man Bücher auch einfach nur lesen und das wird in Tübingen ausreichend und überall getan: Im Café und auf der Stadtmauer, im Alten Botanischen Garten und auf einer Bank in der Altstadt. Probieren Sie es aus und – lesen Sie gut!

Lesung beim Bücherfest

Musik und Film

Musik

In Tübingen gibt es kein professionelles Symphonieorchester. Es wird aber behauptet, dass es in keiner anderen Stadt Deutschlands so viele Klaviere in Privathaushalten gibt: Hier wird aktiv musiziert: Musikschule, Jam-Club, jede Menge Bands, Orchester und Chöre bilden eine lebendige Musiklandschaft von überraschend herausragender Qualität.

Konzerte des Kulturreferates der Universität Tübingen

Seit über 50 Jahren organisiert das Kulturreferat der Universität Tübingen zusammen mit der Museumsgesellschaft Tübingen und der Stadt klassische Konzerte. Dazu gehören eine Winterkonzertreihe im Festsaal der Neuen Aula, zu denen Jahr für Jahr Weltstars der klassischen Musik nach Tübingen eingeladen werden, ein zweitägiges Pianistenfestival und die Bebenhäuser Sommerkonzerte: Im fantastisch stimmungsvollen Sommerrefektorium des Zisterzienserklosters Bebenhausen mit seinem filigranen Fächergewölbe und einer ausgezeichneten Akustik lässt sich hier bei brillanter Kammermusik der Sommer genießen.

▶ www.konzerte-tuebingen.de

Stiftskirche

Ein wichtiger Ort für Liebhaber klassischer oder sakraler Musik ist die Stiftskirche: Seit mehr als 60 Jahren findet dort jeden (wirklich: jeden!) Samstagabend um 20 Uhr die „Tübinger Motette" statt, eine Mischung aus Gottesdienst und Konzert. Eine Liturgie mit Lesung, Psalm und Liedern verbindet sich mit Chor-, Orchester- oder Orgelmusik zu einem Gesamtkunstwerk, das perfekt geeignet ist, die Woche ausklingen zu lassen – oder um sich auf eine besondere Weise auf die Stiftskirche einzulassen. Der Eintritt ist übrigens frei, es wird nur um eine (angemessene) Spende gebeten.

Außerdem wird jedes Jahr im August der Tübinger Orgelsommer gefeiert. Er beginnt an Bachs Todestag, dem 28. Juli. Es folgen Konzerte an den Samstagen und Donnerstagen, bei denen oft bekannte und immer erstklassige Organisten zu hören sind.

Außer diesen beiden regelmäßigen Veranstaltungen finden in der

Stiftskirche zahlreiche Konzerte mit Kirchenmusik, Klassik und hin und wieder das eine oder andere Jazzkonzert statt.

▶ www.stiftskirche-tuebingen.de

Noch mehr Klassik

Klassische Musik hören kann man außerdem in der Hochschule für Kirchenmusik, vor allem in der Reihe „acht nach acht" an den Donnerstagabenden im Semester (www.kirchenmusikhochschule.de), sowie bei den Konzerten der Tübinger Musikschule (www.tuebinger-musikschule.de) und den zahlreichen Laienorchestern

Konzert in der Stiftskirche

und Chören, wie zum Beispiel dem Collegium musicum, dem Ärzteorchester, der Studentenphilharmonie etc. Das klingt gut.

Jazz- und Klassiktage

Jedes Jahr im Oktober steht Tübingen eine Woche lang ganz im Zeichen der Musik. Die komplette regionale Musikszene, von Jazz bis Klassik, vom Anfänger bis zum Profi, gibt sich hier ein Stelldichein, um die unterschiedlichsten und ungewöhnlichsten Orte zum Klingen zu bringen, auch solche, die normalerweise nicht zum Musikhören bestimmt sind. Mehr als 80 große und kleine Konzerte sowie ein Samstag, an dem zum „beSwingten" Einkaufs-

bummel animiert wird, bringen in ganz Tübingen die Ohren zum Glühen.

▶ www.jazzklassiktage.de

Jazzkeller

Im Jazzkeller in der Haaggasse gibt es täglich bis nachts um 2 Uhr Musik. Viel Jazz, aber auch Hip Hop und alles, was sonst noch tanzbar ist. Dabei ist der Mittwoch der klassische Jazztag, an dem Veranstaltungen des Jazzclubs stattfinden. Keller ist dabei wörtlich zu nehmen: Das Gewölbe ist direkt in den Stein des Schlossbergs gehauen. Eine urige Location zum Musikhören und Tanzen.

▶ www.jazzclub.de

Sudhaus

Das Sudhaus, eine ehemalige Brauerei am Stadtrand, ist eigentlich ein soziokulturelles Zentrum, wo es außer Musik auch viel Theater, Comedy, Kabarett etc. zu sehen und zu hören gibt, wo man tanzen und in einem schönen Biergarten laue Sommerabende genießen kann. Vor allem gibt es dort aber Musik: Jazz, Weltmusik, Independent: alles, was interessanter ist als die Radiocharts.

▶ www.sudhaus-tuebingen.de

♿ Hauptbahnhof

Eine Bahnhofsgaststätte ohne Plastikblumen und traurigen Biertrin-

Im Sudhaus

kern. Stattdessen ein ausgesprochen nettes Kneipenrestaurant mit viel Musik: Rock und Jazz und viel Latin, jeden Samstagabend ab 21 Uhr.

▶ www.hauptbahnhof-tue.de

Film

Wie es sich für eine anständige Universitätsstadt gehört, gibt es in Tübingen zwar kein Multiplex-Kinocenter mit riesigen Leinwänden und den dazu passenden Popcorneimern, dafür aber gleich mehrere Filmfestivals, zwei Programmkinos und ein Kinoprogramm mit vielen ungewöhnlichen Überraschungen. Natürlich können Sie auch James Bond oder Harry Potter anschauen. Aber Tübingen hat erheblich mehr zu bieten. Das aktuelle Kinoprogramm finden Sie unter www.arsenalkinos.de und www.tuebinger-kinos.de

Französische Filmtage

Die aktuellsten und interessantesten Produktionen des französischsprachigen Films stehen im Mittelpunkt dieses Festivals. Nicht nur Filme aus Frankreich, sondern aus der gesamten Frankophonie, aus Frankreich, Afrika und Kanada. Eine Woche lang können kinobegeisterte Frankophile eine ungewöhnliche Bandbreite an Filmen vor allem junger Cineasten entdecken, Kino gucken, mit Schauspielern und Regisseurinnen ins Gespräch kommen und auch wunderbar feiern, denn die Französischen Filmtage, die seit 1984 einen festen Platz in der Tübinger Kulturlandschaft haben, sind auch ein wichtiges und manchmal sogar ein bisschen glamouröses gesellschaftliches Ereignis.

▶ www.filmtage-tuebingen.de

CineLatino

Das Festival CineLatino ist die kleine, aber sehr schöne und lebenslustige Schwester der Französischen Filmtage. Junge und aufregende Filmemacherinnen und Filmemacher aus Spanien und Lateinamerika zeigen ihre Arbeiten: Kurzfilme, abendfüllende Spielfilme und Dokumentationen bieten einen guten Einblick in das cineastische Geschehen in Lateinamerika und Spanien und auf diese Weise auch in die kulturellen und gesellschaftlichen Entwicklungen.

▶ www.filmtage-tuebingen.de

Filmfest FrauenWelten

Terre des Femmes, eine gemeinnützige Menschenrechtsorganisation für Frauen und Mädchen, die ihre Bundesgeschäftsstelle in Tübingen hat, organisiert seit einigen Jahren ein Filmfest in der Universitätsstadt, auf dem Regisseurinnen aus aller Welt ihre Arbeiten zeigen, die sich facettenreich und tiefgründig mit dem Thema Frauenrechte auseinandersetzen. Außer den Filmen finden Workshops und Gespräche mit den Filmemacherinnen statt, zum Beispiel 2008 mit der mehrfachen Cannes-Gewinnerin Samira Makhmalbaf aus Iran, die zu den 40 wichtigsten RegisseurInnen der Welt zählt. Oft bitterernste Themen, wie die memory books AIDS-kranker afrikanischer Mütter, werden hier in einer ungemein anregenden, empathischen und warmherzigen Atmosphäre angegangen.

▶ www.frauenrechte.de

Übernachten

In der eigenen Stadt übernachtet man selten im Hotel. Deshalb fallen Empfehlungen hier besonders schwer. Aber ob elegantes Stadthotel oder gemütliche Familienpension: Sie werden die Unterkunft finden, die zu Ihnen und zu Ihrem Aufenthalt in Tübingen passt und dort freundlich aufgenommen werden. Bei der Vermittlung hilft Ihnen sehr gerne der Bürger- und Verkehrsverein, der auch über ein vollständiges Gastgeberverzeichnis mit preiswerten Privatzimmern verfügt:
▶ www.tuebingen-info.de

Hier eine kleine, nicht repräsentative Auswahl:

Campingplatz Tübingen
Zwischen Dauercampern mit Gartenzwergidylle und künftigen Studenten auf Zimmersuche können Sie direkt am Neckarufer Ihr Zelt aufschlagen.
Rappenberghalde 61
Tel. (0 70 71) 4 31 45
▶ www.neckarcamping.de

Gasthof-Hotel Lamm
Die ehemalige Poststation im Stadtteil Unterjesingen ist etwa 6 km von Tübingen entfernt, aber mit öffentlichen Verkehrsmitteln noch gut erreichbar. Wer nicht superzentral wohnen muss, genießt hier eine familiäre Atmosphäre und selbst gebrannten Whisky aus dem Ammertal mit Blick auf die Wurmlinger Kapelle.
Jesinger Hauptstraße 55–57
Tel. (0 70 73) 9 18 20
▶ www.lamm-tuebingen.de

♿ Hotel am Bad
Idyllisch am Neckar gelegen und vor allem im Sommer ein Traum für Sportfreaks: Freibad und Kletterwand sind gleich nebenan, die Laufstrecken beginnen direkt vor der Haustür und Fahrradfahrer sind besonders willkommen. Zu Fuß braucht man etwa zwanzig Minuten bis zur Innenstadt.
Freibad 2
Tel. (0 70 71) 7 97 40
▶ www.hotel-am-bad.de

Hotel am Schloss
Hier erleben Sie Altstadtcharme pur in verwinkelten Häusern am Fuß des Tübinger Schlosses. Zentral und trotzdem ruhig, freundlicher und aufmerksamer Service, gepflegtes

Ambiente und eine sehr leckere Küche.
Burgsteige 18
Tel. (0 70 71) 9 29 40
▶ www.hotelamschloss.de

♿ Hotel Domizil

Modernes, komfortables City-Hotel direkt am Neckar mitten in der Stadt. Mehr Business als Fachwerkromantik, dafür aber behindertengerecht.
Wöhrdstraße 5–9
Tel. (0 70 71) 13 90
▶ www.hotel-domizil.de

Hotel Hospiz

Die zweckmäßige und sympathische Unterkunft für alle, die gerne zentral wohnen möchten, ohne allzu viel Geld auszugeben.
Neckarhalde 2
Tel. (0 70 71) 92 40
▶ www.hotel-hospiz.de

Hotel Krone

Traditionsreiches, sehr gepflegtes Haus mit individuellen, verspielt eingerichteten Zimmern und viel Charme mitten in der Stadt. Die romantische Interpretation des Stadthotels.
Uhlandstraße 1
Tel. (0 70 71) 1 33 10
▶ www.krone-tuebingen.de

Hotel La Casa

Im Loretto-Viertel im neuen Tübinger Süden erwartet Sie morgenländisch-mediterranes Flair: elegante Zimmer und ein schöner Wellnessbereich mit Spa und orientalischem Hammam sind ein angenehmer und entspannender Kontrast zu Stocherkahn und Maultaschen.
Hechingerstraße 59
Tel. (0 70 71) 9 46 66-0
▶ www.lacasa-tuebingen.de

♿ Jugendherberge Tübingen

Wunderschöne Lage direkt am Neckar und in fünf Minuten ist man in der Innenstadt: Die Jugendherberge ist nicht nur für Schulklassen und Jugendgruppen, sondern auch für Familien mit Kindern eine echte Alternative zum Hotel. Es gibt ausreichend Zweibett- und Vierbettzimmer mit Dusche und WC.
Gartenstraße 22/2
Tel. (0 70 71) 2 30 02
▶ www.jugendherberge-tuebingen.de

Pension Binder

Preiswert, familiär, ruhig und mitten in der Stadt. Im Erdgeschoss gibt es ein richtiges „Café Plüsch" mit leckeren, selbst gebackenen Kuchen.
Nonnengasse 4
Tel. (0 70 71) 5 26 43

Noch mehr Tübingen

Wer nicht nur auf eigene Faust durch die Stadt zu streifen, sondern unter kompetenter und charmanter Führung noch mehr über Tübingen wissen will, kann an zahlreichen Stadtspaziergängen und Führungen teilnehmen.

Der Bürger- und Verkehrsverein bietet von März bis Oktober jeden Tag eine **Stadtführung an**, die um 14.30 auf dem Marktplatz vor dem Rathaus startet (www.tuebingen-info.de).

Für **Stadtführungen zu Ihrem Wunschtermin**, zu bestimmten Themen oder sogar maßgeschneidert auf Ihre Wünsche zusammengestellt, können Sie sich ebenfalls an den Bürger- und Verkehrsverein oder direkt an die Autorin (www.andrea-bachmann.de) wenden.

An jedem ersten Dienstag im Monat können Sie morgens um 10 Uhr an einer Führung zur **astronomischen Rathausuhr** teilnehmen. Treffpunkt ist auf dem Marktplatz vor dem Rathauseingang.

Studierende des **Evangelischen Stifts** bieten Führungen zu festen Terminen und für Gruppen auch auf Anfrage an und zeigen Ihnen Bereiche des Stifts, die der Öffentlichkeit normalerweise nicht zugänglich sind (www.evstift.de).

Die **Hölderlin-Gesellschaft** bietet nicht nur eine Reihe Konzerte, Lesungen, Ausstellungen, Vorträge an, sondern auf Anfrage auch Führungen durch das Haus und das Museum (www.hoelderlin-gesellschaft.de).

Für **Stiftskirchenführungen** kann man sich direkt an die Autorin (www.andrea-bachmann.de), den Bürger- und Verkehrsverein (www.tuebingen-info.de) oder das Pfarramt der Stiftskirche (www.stiftskirche-tuebingen.de) wenden. Mitarbeiterinnen und Mitarbeiter der Stiftskirchengemeinde veranstalten darüber hinaus in den Sommermonaten immer wieder öffentliche Führungen zu bestimmten Themen. Die Termine sind ebenfalls im Pfarramt zu erfragen.

Führungen durch das **Stadtmuseum** im Kornhaus finden regelmäßig sonntags um 15 Uhr zu verschiedenen Themen statt. Außerdem können Sie natürlich auch Führungen zu Ihrem Wunschtermin buchen:
www.tuebingen.de/stadtmuseum

Das **Museum Schloss Hohentübingen** veranstaltet zahlreiche Führungen, Vorträge, museumspädagogische Events:
www.uni-tuebingen.de/museum

Dankeschön

Wer nach zehn Jahren Erfahrung als Gästeführerin in Tübingen einen Stadtführer schreiben darf, darf diese schöne Gelegenheit zum Anlass nehmen, einmal herzlich „Dankeschön!" zu sagen. All denen, die zum Entstehen des Buches beigetragen haben, und vor allem all denen, die mich in diesen zehn Jahren ein Stück weit auf meinem beruflichen Weg begleitet haben: Sie haben vor allem dafür gesorgt, dass ich es überhaupt schreiben konnte.

Bedanken möchte ich mich bei den Mitarbeiterinnen und Mitarbeitern von Oertel + Spörer, Anne Wehland, Claudia Lensch, Eva Masche, Petra Wägenbaur, Nina Ostertag, Christian Heid und Gabriele Schäfer-Lehari für ihre tatkräftige und moralische Unterstützung und ihre unerschöpfliche Geduld.

Die meisten Fotos für dieses Buch habe ich selber machen dürfen. Aber manche musste ich mir auch erbetteln. Deshalb bedanke ich mich bei Beate Rudischhauser, Rainer E. Müller, Wolfgang Zwierzinsky, Alexander Gonschior, Monica Berglund, Margit Wenke, Dieter Löchle, Rainer Klink, Hans Peter Horn, Petra Fischer, Martin Bertele, Tobias Hiller, Anne-Géraldine Faudé, Jörg Umrath, dem Landestheater Tübingen, der Buchhandlung Osiander, dem Stadtmuseum Tübingen und den Stadtwerken Tübingen für die spontane und freundliche Bereitstellung von zusätzlichem Bildmaterial.

Danke sage ich all denen, die Teile des Manuskripts gegengelesen, ergänzt und berichtigt haben: Cord Soehlke, Margot Gottschick, Margit Wenke, Friedemann Bauschert, Karlheinz Wiegmann, Shirin Krauss, Ulrike Dahmen und Ernst Gumrich. Andrea Pfanner hat nicht nur gelesen, sondern mich auch in ihrem Elektrorollstuhl begleitet und mich mit zahlreichen Informationen über Tübingen für Menschen mit Behinderung versorgt: Herzlichen Dank dafür!

Viele, viele Informationen und Geschichten, die in dieses Buch eingeflossen sind, verdanke ich unzähligen Menschen, die sie mir in den letzten zehn Jahren erzählt haben, die ich auf Führungen von Kolleginnen und Kollegen aufgeschnappt, auf Vorträgen gehört, in Ausstellungen erfahren habe. Unmöglich, sie alle zu erwähnen oder sich auch nur an alle zu erinnern.

„In die Lehre gegangen" bin ich sicherlich vor allem bei Wilfried Setzler. Bei ihm habe ich nicht nur Zahlen, Daten, Fakten gelernt, sondern vor allem, Geschichten zur Geschichte zu erzählen.

Ganz sicher gehören ebenfalls dazu: meine wunderbaren Kolleginnen und Kollegen vom Bürger- und Verkehrsverein, sowohl diejenigen vom Tourist- und Ticket-Center an der Neckarbrücke als auch die, die mit mir „auf der Straße" sind. Euer Vertrauen, eure Kollegialität und eure Erfahrung bedeuten mir viel, seid dafür bedankt!

Auch dazu gehören die Mitarbeiterinnen und Mitarbeiter des Stadtarchivs, deren Hilfsbereitschaft und berufliche Kompetenz ich immer wieder beanspruchen durfte und natürlich der komplette Stab des Stadtmuseums Tübingen, das seit einigen Jahren einer meiner allerliebsten Kooperationspartner ist. Udo Rauch, Karlheinz Wiegmann, Evamarie Blattner: Ihr seid

fantastische Kollegen, Mentoren und Freunde, ohne euch und eure Teams wäre ich nicht da, wo ich jetzt bin. Danke.

Ein riesiges Dankeschön geht natürlich an meine hinreißenden Kinder Yann-Henrik, Saskia, Cornelius und Jette, die sich mit meinen unkonventionellen Arbeitszeiten, meiner häufigen Abwesenheit und unserem ungewöhnlichen Familienleben nicht nur abgefunden haben, sondern sogar stolz auf mich sind: Eine größere Motivation gibt es nicht!

Am allerwichtigsten in dieser Liste sind jedoch meine Gäste. Sie waren bereit, sich auf Tübingen und meinen Blick auf diese Stadt einzulassen. Ihre Neugier und Aufgeschlossenheit, ihre Begeisterung und Unternehmenslust machen meine Arbeit zu einem Traumberuf. Für sie habe ich dieses Buch geschrieben.

Andrea Bachmann
März 2010

Literatur

Binder, Hans-Otto (Hrsg.): Mit Ernst und Liebe – Zur Geschichte der Alten Silcherschule in Tübingen, Tübingen 2005

Binder, Hans-Otto; Schönhagen, Benigna; Setzler, Wilfried: Kleine Tübinger Stadtgeschichte, Tübingen 2006

Blattner, Evamarie; Braungart, Georg; Mojem, Helmut; Wiegmann, Karlheinz (Hrsg.): Von der Zensur zum Weltverlag – 350 Jahre Cotta, Tübingen 2009

Bredt-Thöne, Irmela: Komm mit in unsere Stadt – Ein Streifzug durch Tübingen um 1820, Tübingen 1991

Fastnacht, Kathrin; Pachnicke, Claudine: Der stadthistorische Spaziergang. Begleitbuch zur Dauerausstellung im Stadtmuseum Tübingen, Tübingen 2005

Feldmann, Susanne: Tübingen und der Wein – Weinbau und Weingärtner in der Universitätsstadt, Tübingen 2005

Ferdinand, Artur C.: Reutlingen – Der Stadtführer, Reutlingen 2007

Happ, Alfred: Lotte Reiniger – Schöpferin einer neuen Silhouettenkunst, Tübingen 2004

Hornbogen, Helmut: Tübinger Dichter-Häuser. Literaturgeschichte aus Schwaben, Tübingen 1999

Jantzen, Hermann: Stiftskirche in Tübingen, Tübingen 1993

Marstaller, Tilmann: Spurensuche im Tübinger Kornhaus, Tübingen 2006

Niepelt, Meike; Wiegmann, Karlheinz: Hin und Weg – Tübingen in aller Welt, Tübingen 2007

Petersmann, Johanna: Energisch für Tübingen – Ein Streifzug durch die Geschichte der Tübinger Energieversorgung, Tübingen 2002

Rauch, Udo (Hrsg.): Herausgeputzte Renaissance – Deckenmalereien in einem Tübinger Weingärtnerhaus, Tübingen 1996

Rauch, Udo (Hrsg.): Zwischen Ammer und Neckar – Das Tübinger Stadtbild im Wandel, Tübingen 1994

Rauch, Udo; Zacharias, Antje: Tübinger Szenenwechsel 1950–1970, Alfred Göhner und seine Pressefotos, Tübingen 2006

Rauch, Udo; Zacharias, Antje: …und grüßen Sie mir die Welt. Tübingen – eine Universitätsstadt auf alten Postkarten, Tübingen 2007

Schmid, Karl: Die astronomische Uhr am Tübinger Rathaus, Tübingen 2003

Setzler, Wilfried: Tübingen. Auf alten Wegen Neues entdecken, Tübingen 1998

Weiß, Michael: Das Tübinger Schloss – Von der Kriegsfeste zum Kulturbau, Tübingen 1996

Bildnachweis

Alexander Gonschior: 23, 97, 162

Andrea Bachmann: Umschlagklappe, 11, 12, 15, 16, 25, 29, 31, 39, 40, 50, 52, 54, 55, 57, 59, 62, 65, 66, 68, 73, 74, 80/81, 84, 88, 89, 90, 92, 94, 98, 102, 109, 114, 119, 125, 128, 131, 136, 144, 149, 154, 157, 158/159, 160, 164, 170, 172, 175, 177, 185, 190, 198, 201, 204, 206, 213

Anne-Géraldine Faude: 218

Casino/Gonschior: 200

Der gestiefelte Kater: 69

Gerlinde Trinkhaus: 211

Jürgen Meyer: 34, 187, 208, 210

Kelter: 201

Knweiss: 189

Kunsthalle Tübingen: 134/135, 150

Künstlerbund Dieter Löchle: 145

Martin Schreier: 208, 209

Michael Brandstätter: 8/9, 58, Buchrückseite

Michael Fiegle: 167

Monica Berglund: 205

Neckarmüller/Meyer: 165

Otto Buchegger: 21

Patrick Pfeiffer: 222

Philipp Förder: 77

Rainer Klink: 221

Ralf Koch: Cover, Umschlagklappe, 42/43, 47, 49, 61, 101, 110/111, 180/181, 192, 195, 200, 224

Ritter: 199

Roman Eisele: 18

Shedhalle: 147

Silke Sommer: 6

Stadtmuseum Tübingen: 142

Sudhaus/Gonschior: 227

Tobias Hiller: 226

Universitätsstadt Tübingen: 5, 116, 121

Wolfgang Zwierzinsky: 207

Register

Aixer Straße 119–221
Alte Aula 14, 28, 63, 185
Alter Botanischer Garten 162 f., 209, 212, 224
Altes Schlachthaus 99, 144 f.
Altstadtsanierung 28 f., 32, 44
Ammerkanal 11, 82, 86–88, 96, 99, 100–102, 163, 196
Antiquitäten 140, 219
Astronomie 45, 53, 196, 231
Augustinerkloster 12, 17, 54 f.

Bärtle, Ugge 89 f., 140 f., 219
Barbara von Mantua 14, 61
Bauherrengemeinschaft 114, 117
Bebenhäuser Pfleghof 12, 66 f.
Bebenhausen 13, 66, 187 f., 225
Behinderte 182–186
Bismarckturm 171 f.
Botanischer Garten 22, 100, 102, 163
Boule 167, 218
Boxenstop 220 f.
Breuning, Konrad 15 f., 46

Bücherfest 208, 224
Buchhandlungen 65, 67, 143, 197, 206 f., 224
Buchkunst 143 f.
Burse 14, 28, 57 f., 138, 184

Campingplatz 196, 229
chocolART 210 f.
CineLatino 228
Clubhaus 68
Collegium illustre 18, 21, 97–100, 185
Cotta-Haus 64, 185
Cotta, Johann Friedrich 46, 64, 138, 142, 170

Deutsch-Amerikanisches Institut 137, 219
Dreißigjähriger Krieg 18 f., 55, 90, 99, 190

Evangelisches Stift 16–19, 55 f., 58, 98, 138, 165, 184, 231

Fachwerk 18, 29, 44, 53, 63–65, 85 f., 94 f., 184
Film 141–143, 214, 225, 227 f.
französische Besatzung 27, 29, 50, 112–114
französische Garnison 112, 120

Französisches Viertel 31, 110, 114 f., 118–126, 218
Freibad 26, 196, 212, 217, 229
Fruchtkasten 51, 94–96, 184
Frühe Neuzeit 13, 44, 47, 62, 82
Fuchs, Leonhart 17, 100, 102

Galerien 99, 102, 136, 140, 143–145, 148–150, 206, 219 f.
Garnisonsstadt 24
Graf Eberhard im Barte 13–15, 47, 61 f., 67
Gründerzeit 24, 51, 163 f.

Haagtor 19, 87 f., 140, 184, 212
Hegel, Georg Friedrich Wilhelm 56, 64
Herzog Karl Eugen 20, 46, 55, 63, 65
Herzog Friedrich 48 f., 52, 98
Herzog Ulrich 15, 17, 50, 52, 55, 61
Hesse, Hermann 65
Hölderlin, Friedrich 56, 58–60, 138, 160 f., 219, 223, 231

Hölderlinturm 58–60, 138, 184, 217, 223
Hohenentringen 194 f.
Holzmarkt 65 f., 185
Hotels 186, 229 f.

Industrialisierung 24, 167, 218

Jakobsweg 171 f., 189–195
Jakobuskirche 12, 14, 91–94, 97, 184, 189
Jazz 199, 209, 226 f.
Juden 26, 86 f.

Kaiserreich 24, 46, 171, 183
Kasernen 24, 112 f., 115, 117, 121, 123
Kelter 96, 197, 201
Kepler, Johannes 17, 53, 56
Kinder 115, 117, 121 f., 163, 209, 212–216
Kino 86, 227
Kornhaus 13 f., 83–85, 141 f., 184, 231
Künstlerbund 99, 144 f., 220
Kulturhalle 145 f., 220
Kunstamt 146, 220
Kunsthalle 149 f., 220

Lateinschule 13, 57, 85
Laufen 196, 218
Loretto 31, 115–118, 215
Lustnauer Tor 67, 163

Mästlin, Michael 53, 196
Martinianum 63 f., 185

Mechthild von der Pfalz 14, 61
Melanchthon, Philipp 57, 142
Metzgergasse 19, 99, 144
Mörike, Eduard 56, 173
Mühlstraße 24, 87, 163 f., 185
Museum der Universität Tübingen 221
Museum Schloss Hohentübingen 52, 138–140, 213 f., 219, 231

Nationalsozialismus 26 f., 143, 162, 168
Neckar 14, 24 f., 112, 138, 164 f., 167, 217
Neckarbrücke 137, 163 f., 166 f., 196
Neckarinsel 164–169, 183 f.
Neue Aula 22, 67 f., 162, 225
Neue Straße 21, 65
Nonnenhaus 100–102, 163

Österberg 23, 50, 216
Osiander 46, 67, 207

Pfalzgrafen 11–13, 54, 61, 188
Platanenallee 166 f., 182, 196

Rathaus 45–48, 82 f., 185, 231
Rebmännle 48, 82 f.
Reformation 17 f., 55, 57 f., 100, 188

Reiniger, Lotte 141–143, 214
Renaissance 49, 52 f., 82, 98, 188
Rittersaal 52, 139, 197
Rottenburg am Neckar 10, 99, 171 f., 189–194

Schloss Hohentübingen 21, 28, 48–53, 138–140, 169, 184, 189, 197, 213 f., 219, 231
Schlossberg 25, 169 f., 189
Schlossküche 52
Schlossportal 48–50
Shedhalle 146 f., 220
Silcher, Friedrich 167 f., 184
Spielplätze 88, 115, 122, 163
Spital 12, 51, 93, 184
Stadtfriedhof 161 f.
Stadtführungen 213, 219, 231
Stadtmuseum 83–85, 141–143, 184, 214, 219, 231
Stiftskirche 17–19, 53, 60–63, 93, 173, 185, 196, 225 f., 231
St. Johannes 97, 185
Stocherkahn 59, 165 f., 184, 197, 217
Studentenverbindung 22, 24, 26, 165, 169 f.
Studentenwohnheim 57, 67, 123, 165

Theater 25, 30, 60, 84, 215, 222 f., 227
Tübinger Vertrag 16, 46

Uhland, Ludwig 46, 64, 168, 173, 182 f.
Universitätsbibliothek 52, 69
Universitätsklinikum 26 f., 51 f., 58, 138, 162, 215
Universitätsviertel 14, 19, 22, 44, 67, 83

Vogelherdfiguren 139
Volkshochschule 30, 115 f., 215 f.

Weggental 190, 192–195
Weimarer Republik 26
Wein 190, 199–201, 203 f.
Weinbau 12, 18 f., 51, 82 f., 89 f., 98
Weingärtner 19, 22, 44, 66, 86, 89 f., 96
Weltkrieg I 26, 65, 69, 115, 162
Weltkrieg II 26 f., 47, 112, 119, 124
Wildermuth, Ottilie 17, 168 f., 184
Wilhelmstift 18, 97–100, 185
Wilhelmstraße 22, 44, 54, 67 f.
Württemberg 10, 13–21, 23, 27, 29, 47–50, 55, 60–63, 97, 100, 169
Württemberg-Hohen- zollern 27, 188
Wurmlinger Kapelle 189–191

Zisterzienser 12 f., 66, 187 f.

Unterwegs
mit Andrea Bachmann

Andrea Bachmann

**Wallfahrtsorte
zwischen
Neckar und Bodensee**

Oertel+Spörer

€16,95

ISBN 978-3-88627-416-1

Oertel+Spörer – der Buchverlag in der Region Neckar-Alb
Oertel+Spörer Verlags GmbH & Co. KG, Beutterstraße 10, Reutlingen,
Telefon: 07121/302552, E-Mail: info@oertel-spoerer.de

www.oertel-spoerer.de

Liniennetzplan Nacht
Stadt und Landkreis Tübingen

naldo
Verkehrsverbund
Neckar-Alb-Donau GmbH

Allgemeine Informationen und Fahrplanauskünfte,
naldo-Hotline: 07471 - 93 01 96 96

Fahrplanauskunft Baden-Württemberg: Tel. 01805 - 77 99 66
(14 Cent/Min. dt. Festnetz, höchstens 42 Cent/Min. aus Mobilnetzen)
Rund um die Uhr, 7 Tage die Woche

www.naldo.de

Tübingen

S1 von Böblingen/Stuttgart

Kayh — Rathaus
Altingen — Bahnhof
Herrenberg — Bahnhof
Kirche
Reusten — Rathaus
Poltringen — Rathaus
Pfäffingen — Rathaus
Breitenholz
Lamm
Obere Str.
Entringen — Hauffstr./Bahnhof
Bahnhof
Unterjesingen — Mitte / 764
Hasenbühl
Kreissparkasse
Westbahnhof

Hagelloch — Dörnackerweg
Hagellocher Weg

Weststadt
Breiter Weg
Aischbachstr.
Gerstenmühlstr.
Schleifmühlweg

Wanne — Kunsthalle
Waldhäuser Ost — Ulmenweg
BG Unfallklinik
Uni-Kliniken Berg
Schönblick
Quenstedtstr.
Parkhaus König
Rümelinstr.
Hölderlinstr.
Nonnenhaus/Wilhelmstr.
Uni/Neue Aula

Ahornweg
Brunnstr.
Pauline-Krone-Heim

Dettenhausen — Alte Post
Bahnhofstr.
Bebenhausen — Waldhorn
Lindenstr.
Sand — Drosselweg
Pfrondorf — Rathaus
Seestr.
Stauden
Dorfstr.
Lustnau

Kirchentellinsfurt — Reutlinger Straße
Bahnhof

Wurmlingen — Rössle
Hirschau — Kirchplatz

Freibad
Hegelstr.
nach Dettenhausen
Brühlstr.
Neuffenstr.

Hauptbahnhof/Omnibusbahnhof
Landestheater
Hügelschule

Sternplatz
Hechinger Str.
Feuerhägle
Loretto
Fuchsstr.

760 nach Reutlingen

Kusterdingen — Altes Rathaus
Jettenburg — Brunnenplatz
nach Reutlingen
Wankheim — Volksbank
Mähringen — Ortsmitte
Immenhausen — Ochsen

Südstadt — Königsberger Str.
Aixer Straße
Waldhörnle

Weilheim — Kneiple
Rathaus
Kilchberg — Rathaus
Schloss
Kiebingen — Löwen
Bühl — Rathaus
Eugen-Bolz-Platz
Rottenburg — Bahnhof
Kreuzfeldsiedlung

Derendingen — Bahnhof

Blumenstraße
Dußlingen — Hechinger Straße
Steinlachstr.
Krone

Nehren — Ortsmitte
Stockach
Gomaringen — ZOB
Ziegelgrubenstr.
Löwen

Ofterdingen — Jakob-Stotz-Platz
Mössingen — Bahnhof

Bodelshausen — Ortsmitte / Fa. Ruoff
Belsen — Bahnhof
Abzw. Bad Sebastiansweiler

7616 nach Talheim
7624 nach Öschingen

Umsteigefreie Fahrtmöglichkeiten Omnibusbahnhof

N91 ↔ N97
N93 ↔ N98
N94 ↔ N95

Nicht alle Haltestellen sind dargestellt.

18 nach Oberndorf
7623 nach Hirrlingen
7626 nach Felldorf
7627 nach Halfingen
7629 nach Börstingen
7633 nach Ergenzingen

Stand: Dezember 2009
Herausgeber: Verkehrsverbund Neckar-Alb-Donau GmbH
Grafik: © 2009, digitale Kartografie F. Ruppenthal GmbH, 76131 Karlsruhe

Nicht alle Haltestellen sind dargestellt.

SVT
Stadtverkehr Tübingen

swt.
Stadtwerke Tübingen